普通高等教育“十一五”规划教材
普通高等院校数学精品教材

经贸数学

线性代数与概率统计

主　编　梅家斌　柳宿荣
副主编　袁泽政　陈晶晶　曹剑文

华中科技大学出版社
中国·武汉

本书是为经管、经贸、财经类大专生所编写的数学教材，该教材共分上、下两册. 本书是下册部分，内容包括行列式、矩阵、初等变换与解线性方程组、随机事件及其概率、随机变量及其分布、随机变量的数字特征、样本及其统计量、参数估计、假设检验，共九章.

本书针对经管、经贸、财经类大专生数学知识相对薄弱的特点，在取材上以“必须、够用”为原则，同时注重结合专业特点，在选题上尽量与经济问题相结合，在教法上坚持“数学为人人”的理念，力求通俗、实用、生动、有趣.

对数学要求不高的其他专业的大专生也可使用本书.

图书在版编目(CIP)数据

经贸数学:线性代数与概率统计/梅家斌，柳宿荣主编. —武汉:华中科技大学出版社，2010年1月 (2019.9重印)

ISBN 978-7-5609-5950-4

Ⅰ.经… Ⅱ.①梅… ②柳… Ⅲ.①经济数学-高等学校-教材 ②线性代数-应用-经济-高等学校-教材 ③概率论-应用-经济-高等学校-教材 ④数理统计-应用-经济-高等学校-教材 Ⅳ.F224

中国版本图书馆 CIP 数据核字(2010)第 006563 号

经贸数学:线性代数与概率统计 梅家斌 柳宿荣 主编

策划编辑:周芬娜

责任编辑:姚同梅 封面设计:潘 群

责任校对:李 琴 责任监印:朱 玢

出版发行:华中科技大学出版社(中国·武汉) 电话:(027)81321913

武汉市东湖新技术开发区华工科技园 邮编:430223

录 排:武汉市洪山区佳年华文印部

印 刷:武汉邮科印务有限公司

开本:710mm×1000mm 1/16 印张:10.25 字数:200 000

版次:2010年1月第1版 印次:2019年9月第5次印刷 定价:19.00元

ISBN 978-7-5609-5950-4/F·557

前　　言

本书是专为经管、经贸、财经类大专生量身定做的教材，其内容包括行列式、矩阵、初等变换与解线性方程组、随机事件及其概率、随机变量及其分布、随机变量的数字特征、样本及其统计量、参数估计、假设检验，共九章.

线性代数与概率统计是各类本、专科学生必修的重要基础课，它既是学习其他后续课程的基础和工具，又是专业技术人员素质教育的重要组成部分.

本书是编者根据教育部高等学校大专经济类各专业线性代数与概率统计课程的基本要求，结合编者长期从事该课程教学与研究的经验编写而成的. 针对经管、经贸、财经类大专生数学知识和训练相对薄弱的特点，本着"数学为人人"的理念，本书在内容的取舍上，不拘泥于追求理论上的完整性与系统性，而是按照"必须、够用"要求；在教学观念上，不过分强求学生去更深刻地理解数学概念、原理与研究过程，而注重更多地让学生去理解数学的思想，掌握数学的方法与运算技巧.

本书在编写过程中，始终结合学生的专业特点，利用数学方法解决经济问题. 在各章都列举了大量的经济应用例子及一些简单的数学模型，这也是本书的一大特色. 这样有助于激发学生的学习兴趣，同时对提高学生解决实际问题的能力也是大有裨益的.

全书语言流畅，内容深入浅出，通俗易懂，可读性强，形象直观，便于自学.

本书由梅家斌、柳宿荣担任主编，由袁泽政、陈晶晶、曹剑文担任副主编. 由于作者水平有限，错误和疏漏在所难免，恳请有关专家、同行及广大读者批评指正.

编　者

2010 年 1 月

目　　录

第1章　行　列　式

行列式的概念最初是在解线性方程组的过程中形成的，它也是矩阵的一个重要的数值特征，在研究矩阵的秩及讨论向量组的线性相关性等问题中起着重要作用.

本章首先在介绍二、三阶行列式的基础上给出 n 阶行列式的定义，然后讨论行列式的性质和按行(列)展开方法，最后给出 Cramer 定理.

1.1　行列式的概念

1.1.1　二、三阶行列式

设有二元线性方程组

$$\begin{cases} a_{11}x_1+a_{12}x_2=b_1 & ① \\ a_{21}x_1+a_{22}x_2=b_2 & ② \end{cases} \tag{1-1}$$

其中 $a_{ij}(i,j=1,2)$ 为系数，$b_i(i=1,2)$ 为常数项.

对方程组(1-1)用消元法求解，由 $a_{22}\times①-a_{12}\times②$，消去 x_2，得

$$(a_{11}a_{22}-a_{12}a_{21})x_1=b_1a_{22}-b_2a_{12}$$

当 $a_{11}a_{22}-a_{12}a_{21}\neq0$ 时，得

$$x_1=\frac{b_1a_{22}-b_2a_{12}}{a_{11}a_{22}-a_{12}a_{21}}$$

用同样的方法消去 x_1，得

$$x_2=\frac{b_2a_{11}-b_1a_{21}}{a_{11}a_{22}-a_{12}a_{21}}$$

为了方便记忆，引入 $D=\begin{vmatrix} a_{11} & a_{12} \\ a_{21} & a_{22} \end{vmatrix}$，并规定

$$\begin{vmatrix} a_{11} & a_{12} \\ a_{21} & a_{22} \end{vmatrix}=a_{11}a_{22}-a_{12}a_{21} \tag{1-2}$$

D 称为**二阶行列式**.它由两行、两列组成，$a_{ij}(i,j=1,2)$ 称为元素，其中 i 称为**行标**，表示该元素所在的行，j 称为**列标**，表示该元素所在的列，如元素 a_{12} 位于一行二列等.从左上角到右下角的对角线称为**主对角线**，从右上角到左下角的对角线称为**副对角线**.

利用式(1-2)得二阶行列式对角线法则如下：

二阶行列式等于主对角线两元素的积减去副对角线两元素的积.

经过观察不难发现，x_1，x_2 的分母及分子分别为行列式

$$D=\begin{vmatrix} a_{11} & a_{12} \\ a_{21} & a_{22} \end{vmatrix},\quad D_1=\begin{vmatrix} b_1 & a_{12} \\ b_2 & a_{22} \end{vmatrix},\quad D_2=\begin{vmatrix} a_{11} & b_1 \\ a_{21} & b_2 \end{vmatrix}$$

因此，当 $D\neq 0$ 时，方程组(1-1)的解可唯一地表示为

$$x_1=\frac{D_1}{D},\quad x_2=\frac{D_2}{D}$$

于是得二元线性方程组的 Cramer 法则如下：

如果线性方程组(1-1)的系数行列式 $D\neq 0$，则有唯一的解 $x_1=\dfrac{D_1}{D}$，$x_2=\dfrac{D_2}{D}$，其中 D 是由方程组的系数构成的系数行列式，D_j $(j=1,2)$ 分别为用常数项置换 D 中的第 j 列后得到的行列式.

例 1　解二元线性方程组.

$$\begin{cases} x_1-2x_2=1 \\ 2x_1-3x_2=0 \end{cases}$$

解　$D=\begin{vmatrix} 1 & -2 \\ 2 & -3 \end{vmatrix}=1$，　$D_1=\begin{vmatrix} 1 & -2 \\ 0 & -3 \end{vmatrix}=-3$，　$D_2=\begin{vmatrix} 1 & 1 \\ 2 & 0 \end{vmatrix}=-2$

故
$$x_1=\frac{D_1}{D}=-3,\quad x_2=\frac{D_2}{D}=-2$$

通过上面的讨论，我们自然会联想到，对于三元线性方程组能否引入相应的三阶行列式，并建立相应的 Cramer 法则求解呢？下面讨论这个问题.

设有三元线性方程组

$$\begin{cases} a_{11}x_1+a_{12}x_2+a_{13}x_3=b_1 \\ a_{21}x_1+a_{22}x_2+a_{23}x_3=b_2 \\ a_{31}x_1+a_{32}x_2+a_{33}x_3=b_3 \end{cases} \tag{1-3}$$

用消元法逐步消去 x_2，x_3，得

$$\begin{aligned}&(a_{11}a_{22}a_{33}+a_{13}a_{21}a_{32}+a_{12}a_{23}a_{31}-a_{13}a_{22}a_{31}-a_{11}a_{23}a_{32}-a_{12}a_{21}a_{33})x_1 \\ &=b_1a_{22}a_{33}+b_2a_{13}a_{32}+b_3a_{12}a_{23}-b_1a_{23}a_{32}-b_2a_{12}a_{33}-b_3a_{22}a_{13}\end{aligned} \tag{1-4}$$

将 x_1 的系数记为

$$D=\begin{vmatrix} a_{11} & a_{12} & a_{13} \\ a_{21} & a_{22} & a_{23} \\ a_{31} & a_{32} & a_{33} \end{vmatrix}$$

D 称为**三阶行列式**，它由三行三列的 9 个元素构成.

由等式可确定三阶行列式的对角线法则如下：

主对角线及与之平行的两对角线(如图 1-1 中实线部分所示)三元素之积取正

号，副对角线及与之平行的两对角线三元素之积(如图 1-1 中虚线部分所示)取负号. 三阶行列式等于上述各项乘积的代数和.

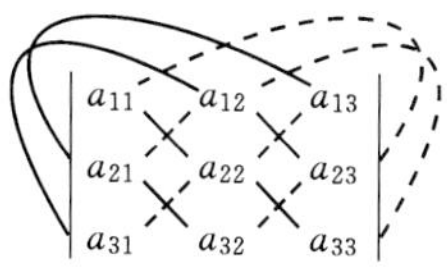

图 1-1　三阶行列式

利用三阶行列式的对角线法则可将式(1-4)右端的项表示为

$$D_1=\begin{vmatrix} b_1 & a_{12} & a_{13} \\ b_2 & a_{22} & a_{23} \\ b_3 & a_{32} & a_{33} \end{vmatrix}$$

因此，当 $D\neq 0$ 时，有

$$x_1=\frac{D_1}{D}$$

同理可得

$$x_2=\frac{D_2}{D},\quad x_3=\frac{D_3}{D}$$

其中

$$D_2=\begin{vmatrix} a_{11} & b_1 & a_{13} \\ a_{21} & b_2 & a_{23} \\ a_{31} & b_3 & a_{33} \end{vmatrix},\quad D_3=\begin{vmatrix} a_{11} & a_{12} & b_1 \\ a_{21} & a_{22} & b_2 \\ a_{31} & a_{32} & b_3 \end{vmatrix}$$

于是可建立三元线性方程组的 Cramer 法则如下：

对于三元线性方程组(1-3)，当系数行列式 $D\neq 0$ 时，有唯一解 $x_1=\frac{D_1}{D}$，$x_2=\frac{D_2}{D}$，$x_3=\frac{D_3}{D}$. 其中 D_j 为 D 中第 j 列用常数项置换所得的行列式.

例 2　解三元线性方程组.

$$\begin{cases} 3x_1+2x_2-x_3=4 \\ x_1-x_2+2x_3=5 \\ 2x_1-x_2+x_3=3 \end{cases}$$

解

$$D=\begin{vmatrix} 3 & 2 & -1 \\ 1 & -1 & 2 \\ 2 & -1 & 1 \end{vmatrix}=8,\quad D_1=\begin{vmatrix} 4 & 2 & -1 \\ 5 & -1 & 2 \\ 3 & -1 & 1 \end{vmatrix}=8$$

$$D_2=\begin{vmatrix} 3 & 4 & -1 \\ 1 & 5 & 2 \\ 2 & 3 & 1 \end{vmatrix}=16,\quad D_3=\begin{vmatrix} 3 & 2 & 4 \\ 1 & -1 & 5 \\ 2 & -1 & 3 \end{vmatrix}=24$$

故

$$x_1=\frac{D_1}{D}=1,\quad x_2=\frac{D_2}{D}=2,\quad x_3=\frac{D_3}{D}=3$$

1.1.2　n 阶行列式

二、三阶行列式的对角线法则能否直接推广到更高阶的行列式上去呢？回答是否定的. 这是因为，对角线法则是由二、三元线性方程组的解来确定的，高于三元的线性方程组的解是不能用由对角线法则确定的行列式来表示的. 事实上，对于四元线性方程组的解，其分子、分母都是每项由 4 个元素组成的 24 项的代数和，而按四阶行列式的对角线法则仅能计算 8 项. 因此，对角线法则仅适用于二、三阶行列式. 要将行列式作一般性定义，必须研究行列式的结构，同时还要引入逆序数的概念，这里不作介绍.

需要指出的是，n 阶行列式可表示为

$$D=\begin{vmatrix} a_{11} & a_{12} & \cdots & a_{1n} \\ a_{21} & a_{22} & \cdots & a_{2n} \\ \vdots & \vdots & & \vdots \\ a_{n1} & a_{n2} & \cdots & a_{nn} \end{vmatrix} \tag{1-5}$$

它是一个数. 对于高于三阶的行列式可以利用行列式的性质及展开法则来计算，这在下一节再介绍. 下面介绍几个常见的重要行列式.

（1）行列式

$$D=\begin{vmatrix} a_{11} & 0 & \cdots & 0 \\ a_{21} & a_{22} & \cdots & 0 \\ \vdots & \vdots & & \vdots \\ a_{n1} & a_{n2} & \cdots & a_{nn} \end{vmatrix}$$

称为**下三角行列式**，其特点是主对角线以上的元素全为零.

（2）行列式

$$\begin{vmatrix} a_{11} & a_{12} & \cdots & a_{1n} \\ 0 & a_{22} & \cdots & a_{2n} \\ \vdots & \vdots & & \vdots \\ 0 & 0 & \cdots & a_{nn} \end{vmatrix}$$

称为**上三角行列式**，其特点是主对角线以下元素均为 0. 可以证明，无论是上三角行列式还是下三角行列式，其值都等于主对角元素的乘积，即

$$D=\begin{vmatrix} a_{11} & 0 & \cdots & 0 \\ a_{21} & a_{22} & \cdots & 0 \\ \vdots & \vdots & & \vdots \\ a_{n1} & a_{n2} & \cdots & a_{nn} \end{vmatrix}=\begin{vmatrix} a_{11} & a_{12} & \cdots & a_{1n} \\ 0 & a_{22} & \cdots & a_{2n} \\ \vdots & \vdots & & \vdots \\ 0 & 0 & \cdots & a_{nn} \end{vmatrix}=a_{11}a_{22}\cdots a_{nn}$$

作为特殊情况，有对角线行列式

$$\boldsymbol{\Lambda}=\begin{vmatrix} a_{11} & 0 & \cdots & 0 \\ 0 & a_{22} & \cdots & 0 \\ \vdots & \vdots & & \vdots \\ 0 & 0 & \cdots & a_{nn} \end{vmatrix}=a_{11}a_{22}\cdots a_{nn}$$

练　习　1.1

1. 计算下列三阶行列式的值.

$$\begin{vmatrix} 0 & 1 & 2 \\ 1 & 2 & 0 \\ 2 & 0 & 1 \end{vmatrix};\quad \begin{vmatrix} 0 & a & b \\ -a & 0 & c \\ -b & -c & 0 \end{vmatrix}$$

2. 解下列线性方程组.

(1) $\begin{cases} x_1\cos\theta - x_2\sin\theta = a \\ x_1\sin\theta + x_2\cos\theta = b \end{cases}$; (2) $\begin{cases} x_1 - 2x_2 + x_3 = -2 \\ 2x_1 + x_2 - 3x_3 = 1 \\ x_1 - x_2 + x_3 = 0 \end{cases}$.

1.2 行列式的性质与计算

下面将不加证明地给出行列式的有关性质,并利用这些性质进行计算.

先介绍转置行列式.

设

$$D = \begin{vmatrix} a_{11} & a_{12} & \cdots & a_{1n} \\ a_{21} & a_{22} & \cdots & a_{2n} \\ \vdots & \vdots & & \vdots \\ a_{n1} & a_{n2} & \cdots & a_{nn} \end{vmatrix}$$

把 D 的行换成同序数的列所得的行列式称为 D 的**转置行列式**,记为 D^{T} 或 D',即

$$D^{\mathrm{T}} = \begin{vmatrix} a_{11} & a_{21} & \cdots & a_{n1} \\ a_{12} & a_{22} & \cdots & a_{n2} \\ \vdots & \vdots & & \vdots \\ a_{1n} & a_{2n} & \cdots & a_{nn} \end{vmatrix}$$

显然,

$$(D^{\mathrm{T}})^{\mathrm{T}} = D$$

性质 1 行列式与其转置行列式相等,即 $D^{\mathrm{T}} = D$.

上述性质说明行列式的行、列是对称的,凡对行成立的性质,对列必然成立.下面的性质仅对行给出,要注意它们对列也都是成立的(读者可自行验证).

性质 2 用数 k 乘行列式 D 等于 k 乘 D 的任一行(列).

例如

$$k\begin{vmatrix} a_{11} & a_{12} & \cdots & a_{1n} \\ \vdots & \vdots & & \vdots \\ a_{i1} & a_{i2} & \cdots & a_{in} \\ \vdots & \vdots & & \vdots \\ a_{n1} & a_{n2} & \cdots & a_{nn} \end{vmatrix} = \begin{vmatrix} a_{11} & a_{12} & \cdots & a_{1n} \\ \vdots & \vdots & & \vdots \\ ka_{i1} & ka_{i2} & \cdots & ka_{in} \\ \vdots & \vdots & & \vdots \\ a_{n1} & a_{n2} & \cdots & a_{nn} \end{vmatrix}$$

推论 1 行列式中某行(列)元素的公因子可提到行列式外面来.

将 D 的第 i 行(列)的公因子 k 提到行列式外面来,用记号 $r_i \div k(c_i \div k)$ 表示.

性质 3 若交换行列式任意两行(列),则行列式变号.

交换行列式 i,j 两行(列)用 $r_i \leftrightarrow r_j$ ($c_i \leftrightarrow c_j$)表示.

推论 2　行列式有两行(列)相同,则其值为 0.

证明　设 D 的 i,j 两行相同,由性质 3 有

$$D \xlongequal[r_i \leftrightarrow r_j]{} -D \Rightarrow 2D=0 \Rightarrow D=0$$

推论 3　行列式中有两行(列)对应元素成比例,则其值为 0.

利用推论 1 及推论 2 即得,证明略.

性质 4　若行列式的第 i 行(列)的每个元素都可表示成两数之和,即

$$a_{ij}=b_{ij}+c_{ij}\ (j=1,2,\cdots,n)$$

则行列式可表示为两个行列式之和,即

$$\begin{vmatrix} a_{11} & a_{12} & \cdots & a_{1n} \\ \vdots & \vdots & & \vdots \\ b_{i1}+c_{i1} & b_{i2}+c_{i2} & \cdots & b_{in}+c_{in} \\ \vdots & \vdots & & \vdots \\ a_{n1} & a_{n2} & \cdots & a_{nn} \end{vmatrix} = \begin{vmatrix} a_{11} & a_{12} & \cdots & a_{1n} \\ \vdots & \vdots & & \vdots \\ b_{i1} & b_{i2} & \cdots & b_{in} \\ \vdots & \vdots & & \vdots \\ a_{n1} & a_{n2} & \cdots & a_{nn} \end{vmatrix} + \begin{vmatrix} a_{11} & a_{12} & \cdots & a_{1n} \\ \vdots & \vdots & & \vdots \\ c_{i1} & c_{i2} & \cdots & c_{in} \\ \vdots & \vdots & & \vdots \\ a_{n1} & a_{n2} & \cdots & a_{nn} \end{vmatrix}$$

性质 5　把行列式的第 j 行(列)的各元素的 k 倍加到第 i 行(列)的对应元素上去,行列式的值不变,即

$$D=\begin{vmatrix} a_{11} & a_{12} & \cdots & a_{1n} \\ \vdots & \vdots & & \vdots \\ a_{i1}+ka_{j1} & a_{i2}+ka_{j2} & \cdots & a_{in}+ka_{jn} \\ \vdots & \vdots & & \vdots \\ a_{j1} & a_{j2} & \cdots & a_{jn} \\ \vdots & \vdots & & \vdots \\ a_{n1} & a_{n2} & \cdots & a_{nn} \end{vmatrix}$$

证明　由性质 4 将上式展开得

$$\begin{vmatrix} a_{11} & a_{12} & \cdots & a_{1n} \\ \vdots & \vdots & & \vdots \\ a_{i1}+ka_{j1} & a_{i2}+ka_{j2} & \cdots & a_{in}+ka_{jn} \\ \vdots & \vdots & & \vdots \\ a_{j1} & a_{j2} & \cdots & a_{jn} \\ \vdots & \vdots & & \vdots \\ a_{n1} & a_{n2} & \cdots & a_{nn} \end{vmatrix} = \begin{vmatrix} a_{11} & a_{12} & \cdots & a_{1n} \\ \vdots & \vdots & & \vdots \\ a_{i1} & a_{i2} & \cdots & a_{in} \\ \vdots & \vdots & & \vdots \\ a_{j1} & a_{j2} & \cdots & a_{jn} \\ \vdots & \vdots & & \vdots \\ a_{n1} & a_{n2} & \cdots & a_{nn} \end{vmatrix} + \begin{vmatrix} a_{11} & a_{12} & \cdots & a_{1n} \\ \vdots & \vdots & & \vdots \\ ka_{j1} & ka_{j2} & \cdots & ka_{jn} \\ \vdots & \vdots & & \vdots \\ a_{j1} & a_{j2} & \cdots & a_{jn} \\ \vdots & \vdots & & \vdots \\ a_{n1} & a_{n2} & \cdots & a_{nn} \end{vmatrix}$$

$$\xlongequal{\text{推论 3}} D$$

证毕.

将行列式第 j 行(列)各元素的 k 倍加到第 i 行(列)对应元素上,记为 r_i+kr_j (c_i+kc_j).

性质 2、3、5 为行列式的三种初等变换，通常分别称为**数乘变换、对换变换和消元（倍加）变换**．这三种变换是在行列式的计算中用得最多的，要特别注意．

在行列式的计算中通常是利用上述三种初等变换将其化成三角形行列式，从而求得其值．

例 3 计算下列行列式．

$$(1)\ D=\begin{vmatrix}3&1&1&3\\1&0&2&1\\2&1&-5&5\\0&2&-7&1\end{vmatrix};\qquad (2)\ D=\begin{vmatrix}3&1&1&1\\1&3&1&1\\1&1&3&1\\1&1&1&3\end{vmatrix}$$

解 (1)
$$D=\begin{vmatrix}3&1&1&3\\1&0&2&1\\2&1&-5&5\\0&2&-7&1\end{vmatrix}\xlongequal{r_1\leftrightarrow r_2}-\begin{vmatrix}1&0&2&1\\3&1&1&3\\2&1&-5&5\\0&2&-7&1\end{vmatrix}$$

$$\xlongequal[r_3-2r_1]{r_2-3r_1}-\begin{vmatrix}1&0&2&1\\0&1&-5&0\\0&1&-9&3\\0&2&-7&1\end{vmatrix}\xlongequal[r_4-2r_2]{r_3-r_2}-\begin{vmatrix}1&0&2&1\\0&1&-5&0\\0&0&-4&3\\0&0&3&1\end{vmatrix}$$

$$\xlongequal{r_4+\frac{3}{4}r_3}-\begin{vmatrix}1&0&2&1\\0&1&-5&0\\0&0&-4&3\\0&0&0&\frac{13}{4}\end{vmatrix}=-1\times1\times(-4)\times\frac{13}{4}=13$$

这里第一步对换第一、二两行的目的，是为了使第一行第一个元素变成 1，以便将第一列其他元素化为 0．

(2) 稍加观察不难发现，该行列式每列元素之和均为 6，由此可将各行加到第一行，再提出公因子．

$$D=\begin{vmatrix}3&1&1&1\\1&3&1&1\\1&1&3&1\\1&1&1&3\end{vmatrix}\xlongequal{r_1+r_2+r_3+r_4}\begin{vmatrix}6&6&6&6\\1&3&1&1\\1&1&3&1\\1&1&1&3\end{vmatrix}\xlongequal{r_1\div 6}6\begin{vmatrix}1&1&1&1\\1&3&1&1\\1&1&3&1\\1&1&1&3\end{vmatrix}$$

$$\xlongequal[\substack{r_3-r_1\\ r_4-r_1}]{r_2-r_1}6\begin{vmatrix}1&1&1&1\\0&2&0&0\\0&0&2&0\\0&0&0&2\end{vmatrix}=6\times2\times2\times2=48$$

例 4 试证明

$$D=\begin{vmatrix}1+x_1y_1&1+x_1y_2&1+x_1y_3\\1+x_2y_1&1+x_2y_2&1+x_2y_3\\1+x_3y_1&1+x_3y_2&1+x_3y_3\end{vmatrix}=0$$

证明 $D\xlongequal{\text{按第一列展开}}\begin{vmatrix}1 & 1+x_1y_2 & 1+x_1y_3\\1 & 1+x_2y_2 & 1+x_2y_3\\1 & 1+x_3y_2 & 1+x_3y_3\end{vmatrix}+\begin{vmatrix}x_1y_1 & 1+x_1y_2 & 1+x_1y_3\\x_2y_1 & 1+x_2y_2 & 1+x_2y_3\\x_3y_1 & 1+x_3y_2 & 1+x_3y_3\end{vmatrix}$

从右边第一式第二、三列中分别减去第一列，从第二式中第一列提取 y_1 得

$$D=\begin{vmatrix}1 & x_1y_2 & x_1y_3\\1 & x_2y_2 & x_2y_3\\1 & x_3y_2 & x_3y_3\end{vmatrix}+y_1\begin{vmatrix}x_1 & 1+x_1y_2 & 1+x_1y_3\\x_2 & 1+x_2y_2 & 1+x_2y_3\\x_3 & 1+x_3y_2 & 1+x_3y_3\end{vmatrix}$$

从上式右边第一式第二、三列中提取公因子 y_2,y_3，第二式第二列减第一列的 y_2 倍，第三列减第一列的 y_3 倍得

$$D=y_2y_3\begin{vmatrix}1 & x_1 & x_1\\1 & x_2 & x_2\\1 & x_3 & x_3\end{vmatrix}+y_1\begin{vmatrix}x_1 & 1 & 1\\x_2 & 1 & 1\\x_3 & 1 & 1\end{vmatrix}=0$$

练　习　1.2

1. 已知 204，527，255 都能被 17 整除，利用行列式的性质证明 $\begin{vmatrix}2 & 5 & 2\\0 & 2 & 5\\4 & 7 & 5\end{vmatrix}$ 亦能被 17 整除.

2. 计算下列行列式的值.

(1) $\begin{vmatrix}2 & 1 & 1 & 1\\1 & 2 & 1 & 1\\1 & 1 & 2 & 1\\1 & 1 & 1 & 2\end{vmatrix}$；　(2) $\begin{vmatrix}-ab & ac & ae\\bd & -cd & de\\bf & cf & -ef\end{vmatrix}$；

(3) $D_n=\begin{vmatrix}a & 0 & \cdots & 1\\0 & a & \cdots & 0\\\vdots & \vdots & & \vdots\\1 & 0 & \cdots & a\end{vmatrix}$.

3. 证明：

(1) $\begin{vmatrix}1 & 1 & 1\\a & b & c\\a^2 & b^2 & c^2\end{vmatrix}=(b-a)(c-a)(c-b)$；

(2) $\begin{vmatrix}x & a & \cdots & a\\a & x & \cdots & a\\\vdots & \vdots & & \vdots\\a & a & \cdots & x\end{vmatrix}=[x+(n-1)a](x-a)^{n-1}$.

4. 求方程 $\begin{vmatrix}1+\lambda & 1 & 1\\1 & 1+\lambda & 1\\1 & 1 & 1+\lambda\end{vmatrix}=0$ 的根.

1.3 行列式的展开计算

考虑三阶行列式

$$\begin{vmatrix} a_{11} & a_{12} & a_{13} \\ a_{21} & a_{22} & a_{23} \\ a_{31} & a_{32} & a_{33} \end{vmatrix} = a_{11}a_{22}a_{33}+a_{12}a_{23}a_{31}+a_{13}a_{21}a_{32}-a_{11}a_{23}a_{32}-a_{12}a_{21}a_{33}-a_{13}a_{22}a_{31}$$

$$=a_{11}(a_{22}a_{33}-a_{23}a_{32})-a_{12}(a_{21}a_{33}-a_{23}a_{31})+a_{13}(a_{21}a_{32}-a_{22}a_{31})$$

$$=a_{11}\begin{vmatrix} a_{22} & a_{23} \\ a_{32} & a_{33} \end{vmatrix}-a_{12}\begin{vmatrix} a_{21} & a_{23} \\ a_{31} & a_{33} \end{vmatrix}+a_{13}\begin{vmatrix} a_{21} & a_{22} \\ a_{31} & a_{32} \end{vmatrix}$$

这样便把三阶行列式展开成第一行各元素与对应的二阶子行列式乘积的代数和.对于一般行列式能否这样展开？如能展开,其展开规律如何？下面来研究这一问题.先介绍余子式及代数余子式的概念.

定义 1(余子式、代数余子式) 在 n 阶行列式 D 中划去元素 a_{ij} 所在的第 i 行、第 j 列,剩余的 $n-1$ 阶行列式称为元素 a_{ij} 的**余子式**,记为 M_{ij}.令 $A_{ij}=(-1)^{i+j}M_{ij}$,称 A_{ij} 为元素 a_{ij} 的**代数余子式**.

显然,行列式中每个元素都对应有一个余子式及代数余子式.

例如行列式 $\begin{vmatrix} 1 & 2 & 5 & 4 \\ 0 & 7 & 2 & 1 \\ 0 & 4 & 2 & 2 \\ 1 & 0 & 1 & 3 \end{vmatrix}$,元素 a_{32} 的余子式 $M_{32}=\begin{vmatrix} 1 & 5 & 4 \\ 0 & 2 & 1 \\ 1 & 1 & 3 \end{vmatrix}=2$,代数余子式 $A_{32}=(-1)^{3+2}\cdot 2=-2$.

注意:在求元素的余子式及代数余子式时,一定要写明该元素所在的位置.例如上例中共有 4 个 2,因此说 2 的余子式就不明确,必须要写明该元素所在的位置.

下面利用代数余子式给出展开定理.

定理 1(Laplace 展开定理) n 阶行列式 D 等于它的任一行(列)的所有元素与其对应的代数余子式的乘积之和.

例如,第 i 行元素 $a_{i1},a_{i2},\cdots,a_{in}$ 所对应的代数余子式为 $A_{i1},A_{i2},\cdots,A_{in}$,则有(按行的展开式)

$$D=a_{i1}A_{i1}+a_{i2}A_{i2}+\cdots+a_{in}A_{in}\quad(i=1,2,\cdots,n)$$

同理,可得按列的展开式:

$$D=a_{1j}A_{1j}+a_{2j}A_{2j}+\cdots+a_{nj}A_{nj}\quad(j=1,2,\cdots,n)$$

由 Laplace 展开定理即知:如果行列式有一行(列)为零,则该行列式的值为零.

在做行列式计算时,通常是将 Laplace 展开定理与行列式的性质结合起来应用,即先利用行列式的性质使某行(列)含较多的零,再按该行(列)展开.

例 5　计算 $D=\begin{vmatrix} 3 & 1 & -1 & 2 \\ -5 & 1 & 3 & -4 \\ 2 & 0 & 1 & -1 \\ 1 & -5 & 3 & -3 \end{vmatrix}$.

解　保留 a_{33},将第三行其余元素变为 0,再按该行展开.

$$D\xlongequal[c_4+c_3]{c_1-2c_3}\begin{vmatrix} 5 & 1 & -1 & 1 \\ -11 & 1 & 3 & -1 \\ 0 & 0 & 1 & 0 \\ -5 & -5 & 3 & 0 \end{vmatrix}=(-1)^{3+3}\begin{vmatrix} 5 & 1 & 1 \\ -11 & 1 & -1 \\ -5 & -5 & 0 \end{vmatrix}$$

$$\xlongequal{r_2+r_1}\begin{vmatrix} 5 & 1 & 1 \\ -6 & 2 & 0 \\ -5 & -5 & 0 \end{vmatrix}\xlongequal{\text{按第三列展开}}(-1)^{1+3}\begin{vmatrix} -6 & 2 \\ -5 & -5 \end{vmatrix}=40$$

推论 4　行列式任一行(列)各元素与另一行(列)对应元素的代数余子式乘积之和为 0,即

$$\left.\begin{array}{l} a_{i1}A_{j1}+a_{i2}A_{j2}+\cdots+a_{in}A_{jn}=0 \\ a_{1i}A_{1j}+a_{2i}A_{2j}+\cdots+a_{ni}A_{nj}=0 \end{array}\right.\quad (i\neq j)$$

证略.

练　习　1.3

1. 计算下列行列式.

(1) $\begin{vmatrix} 1 & -1 & 2 & 3 \\ 2 & 2 & 0 & 2 \\ 4 & 1 & -1 & -1 \\ 1 & 2 & 3 & 0 \end{vmatrix}$;　　(2) $\begin{vmatrix} 1 & 1 & 1 & 1 \\ a_1 & a_2 & a_3 & 1 \\ a_1^2 & a_2^2 & a_3^2 & 1 \\ a_1^3 & a_2^3 & a_3^3 & 1 \end{vmatrix}$.

2. 计算 n 阶行列式.

(1) $\begin{vmatrix} x & y & 0 & \cdots & 0 \\ 0 & x & y & \cdots & 0 \\ \vdots & \vdots & \ddots & \ddots & \vdots \\ 0 & 0 & \cdots & x & y \\ y & 0 & \cdots & 0 & x \end{vmatrix}$;　　(2) $\begin{vmatrix} a & 0 & \cdots & 0 & b \\ 0 & a & \cdots & 0 & 0 \\ \vdots & \vdots & & \vdots & \vdots \\ 0 & 0 & \cdots & a & 0 \\ b & 0 & \cdots & 0 & a \end{vmatrix}$.

1.4　Cramer 法则

设有 n 元线性方程组

$$\begin{cases} a_{11}x_1+a_{12}x_2+\cdots+a_{1n}x_n=b_1 \\ a_{21}x_1+a_{22}x_2+\cdots+a_{2n}x_n=b_2 \\ \qquad\qquad\qquad\qquad\vdots \\ a_{n1}x_1+a_{n2}x_2+\cdots+a_{nn}x_n=b_n \end{cases}\tag{1-6}$$

的系数行列式

$$D=\begin{vmatrix} a_{11} & a_{12} & \cdots & a_{1n} \\ a_{21} & a_{22} & \cdots & a_{2n} \\ \vdots & \vdots & & \vdots \\ a_{n1} & a_{n2} & \cdots & a_{nn} \end{vmatrix}\neq 0$$

又设

$$D_i=\begin{vmatrix} a_{11} & \cdots & b_1 & \cdots & a_{1n} \\ a_{21} & \cdots & b_2 & \cdots & a_{2n} \\ \vdots & & \vdots & & \vdots \\ a_{n1} & \cdots & b_n & \cdots & a_{nn} \\ & & i & & \end{vmatrix}\quad (i=1,2,\cdots,n) \tag{1-7}$$

定理 2(Cramer 法则) 若线性方程组(1-6)的系数行列式 $D\neq 0$,则方程组有唯一解 $x_i=\frac{D_i}{D}$ $(i=1,2,\cdots,n)$,其中 D_i 如式(1-7)所示.

证明过程略.

应该注意的是,用 Cramer 法则解线性方程组是有条件的,它必须满足:

(1) 方程个数=未知数个数;

(2) $D\neq 0$,若 $D=0$,D_i 中只要有一个为非零,则方程组(1-6)就无解.

另外,在满足上述条件的情况下,只是在 n 较小时(通常为 $n\leqslant 3$)才用 Cramer 法则解线性方程组,当 n 较大时用 Cramer 法则解线性方程组通常计算量很大,在实际中不可用,关于线性方程组的一般情况将在第 2 章中讨论.

例 6 解线性方程组

$$\begin{cases} x_1+x_2+x_3+x_4=1 \\ 2x_1+3x_2+4x_3+5x_4=1 \\ 4x_1+9x_2+16x_3+25x_4=1 \\ 8x_1+27x_2+64x_3+125x_4=1 \end{cases}$$

解 先计算该线性方程组的系数行列式 D:

$$D=\begin{vmatrix} 1 & 1 & 1 & 1 \\ 2 & 3 & 4 & 5 \\ 4 & 9 & 16 & 25 \\ 8 & 27 & 64 & 125 \end{vmatrix} \xlongequal{r_4-2r_3,r_3-2r_2,r_2-2r_1} \begin{vmatrix} 1 & 1 & 1 & 1 \\ 0 & 1 & 2 & 3 \\ 0 & 3 & 8 & 15 \\ 0 & 9 & 32 & 75 \end{vmatrix}$$

$$\xlongequal{\text{按第一列展开}} \begin{vmatrix} 1 & 2 & 3 \\ 3 & 8 & 15 \\ 9 & 32 & 75 \end{vmatrix} \xlongequal{c_2\div 2,c_3\div 3} 6\begin{vmatrix} 1 & 1 & 1 \\ 3 & 4 & 5 \\ 9 & 16 & 25 \end{vmatrix}$$

$$\xlongequal{r_3-3r_2,r_2-3r_1} 6\begin{vmatrix} 1 & 1 & 1 \\ 0 & 1 & 2 \\ 0 & 4 & 10 \end{vmatrix} \xlongequal{\text{按第一列展开}} 6\begin{vmatrix} 1 & 2 \\ 4 & 10 \end{vmatrix}=12$$

同理可得　　$D_1=48$，　$D_2=-72$，　$D_3=48$，　$D_4=-12$

故方程组有唯一解，即

$$x_1=4,\quad x_2=-6,\quad x_3=4,\quad x_4=-1$$

在式(1-6)中，如果常数项皆为 0，这种方程组称为**齐次线性方程组**，即

$$\begin{cases}a_{11}x_1+a_{12}x_2+\cdots+a_{1n}x_n=0\\a_{21}x_1+a_{22}x_2+\cdots+a_{2n}x_n=0\\\qquad\qquad\vdots\\a_{n1}x_1+a_{n2}x_2+\cdots+a_{nn}x_n=0\end{cases}\tag{1-8}$$

当 b_i 不全为 0 时，该方程组称为**非齐次线性方程组**.

下面讨论齐次线性方程组解的情况.

由 Cramer 法则可得以下定理.

定理 3　当系数行列式 $D\neq0$ 时，齐次线性方程组(1-8)有唯一零解：$x_i=0$ $(i=1,2,\cdots,n)$.

注　对于齐次线性方程组，若 $D=0$，方程组(1-8)有无穷多非零解(本书第 3 章将对此予以证明).

例 7　当 μ、λ 为何值时，齐次线性方程组

$$\begin{cases}\lambda x_1+x_2+x_3=0\\x_1+\mu x_2+x_3=0\\x_1+2\mu x_2+x_3=0\end{cases}$$

有非零解？

解　令

$$D=\begin{vmatrix}\lambda&1&1\\1&\mu&1\\1&2\mu&1\end{vmatrix}=0$$

解得

$$\mu=0\quad 或\quad \lambda=1$$

由定理 3 的注知，当 $\mu=0$ 或 $\lambda=1$ 时该齐次方程组有非零解.

Cramer 法则形式简洁，在理论分析上有着十分重要的意义. 但该法则只能用来解一类特殊的线性方程组，且当 n 较大时，计算量较大，因此在实用上求解线性方程组时一般不用 Cramer 法则，而利用矩阵来求解. 下一章将介绍矩阵及其应用，以便为求解线性方程组打下基础.

练　习　1.4

1. 求解下列线性方程组.

$$\begin{cases}x_1+x_3-x_4=1\\x_2+x_3+3x_4=-2\\2x_2+x_3+x_4=-8\\x_1+4x_2-7x_3+6x_4=0\end{cases}$$

2. 判断下列线性方程组是否有非零解.

$$\begin{cases}2x_1+2x_2-x_3=0\\x_1-2x_2+4x_2=0\\5x_1+8x_2-2x_3=0\end{cases}$$

3. 当 k 为何值时,下列齐次线性方程组有非零解?

$$\begin{cases}kx_1+x_2-x_3=0\\x_1+kx_2-x_3=0\\2x_1-kx_2+x_3=0\end{cases}$$

4. 已知抛物线 $y=ax^2+bx+c$ 经过点(1,0),(2,3),(3,0),求该抛物线的方程.

内容小结

一、基本概念

行列式、代数余子式、转置.

二、基本内容

1. 行列式的性质

(1) 转置性质;

(2) 拆分性质;

(3) 数乘变换

(4) 对换变换 } 行列式的初等变换

(5) 消元变换

2. 按行(列)展开式

$$\begin{cases}D=a_{i1}A_{i1}+a_{i2}A_{i2}+\cdots+a_{in}A_{in}\\D=a_{1j}A_{1j}+a_{2j}A_{2j}+\cdots+a_{nj}A_{nj}\end{cases}\quad(i,j=1,2,\cdots,n)$$

3. 求行列式的基本方法

(1) 二、三阶行列式的对角线法则;

(2) 用性质化为上(下)三角形或对角形;

(3) 按 Laplace 展开定理降阶((2)、(3)两方法通常结合应用);

(4) 利用特殊计算公式,如上(下)三角形及对角形行列式等.

4. Cramer 公式(定理)

若线性方程组 $\sum_{j=1}^{n}a_{ij}x_j=b_i(i=1,2,\cdots,n)$ 的系数行列式 $D\neq 0$,则有唯一解

$$x_j=\frac{D_j}{D}\quad(j=1,2,\cdots,n)$$

推论:n 元 n 个方程的齐次线性方程组有非零解,则 $D=0$.

综合练习一

一、填空题.

1. $\begin{vmatrix} a_1 & 0 & 0 & b_1 \\ 0 & a_2 & b_2 & 0 \\ 0 & a_3 & b_3 & 0 \\ a_4 & 0 & 0 & b_4 \end{vmatrix} =$ ______.

2. 对于 $\begin{vmatrix} 3 & 1 & -1 & 2 \\ -5 & 1 & 3 & 4 \\ 2 & 0 & 1 & -1 \\ 1 & -5 & 3 & -3 \end{vmatrix}$, $A_{31}+3A_{32}-2A_{33}+2A_{34}=$ ______.

二、计算下列行列式.

1. $\begin{vmatrix} 1 & 1 & 1 & 1 \\ a & b & c & d \\ a^2 & b^2 & c^2 & d^2 \\ a^3 & b^3 & c^3 & d^3 \end{vmatrix}$;

2. $\begin{vmatrix} 1+a_1 & 1 & \cdots & 1 \\ 1 & 1+a_2 & \cdots & 1 \\ \vdots & \vdots & & \vdots \\ 1 & 1 & \cdots & 1+a_n \end{vmatrix}$.

第 2 章　矩　　阵

矩阵是线性代数中最基础最重要的内容之一，它是求解线性方程组、表示和研究二次型等的一个有力工具，在自然科学、工程技术、经济管理等诸多领域中都有着广泛的应用. 本章重点讨论矩阵的各种代数运算，包括线性运算、乘法、求逆等.

2.1　矩阵的概念

先看有关矩阵的实际问题.

例 1　某工厂向三个商店发送四种产品的数量可列表如下：

表 2-1　发送产品的数量

商店	产品			
	1	2	3	4
Ⅰ	a_{11}	a_{12}	a_{13}	a_{14}
Ⅱ	a_{21}	a_{22}	a_{23}	a_{24}
Ⅲ	a_{31}	a_{32}	a_{33}	a_{34}

其中，a_{ij} 是向第 i $(i=1,2,3)$ 个商店发送的第 j $(j=1,2,3,4)$ 个产品的数量.

表 2-1 可用一个矩阵表示成

$$\begin{bmatrix} a_{11} & a_{12} & a_{13} & a_{14} \\ a_{21} & a_{22} & a_{23} & a_{24} \\ a_{31} & a_{32} & a_{33} & a_{34} \end{bmatrix}$$

该矩阵为一个 3×4 矩阵.

这四种产品的单价及单件质量也可以用一个矩阵表示成

$$\begin{bmatrix} b_{11} & b_{12} \\ b_{21} & b_{22} \\ b_{31} & b_{32} \\ b_{41} & b_{42} \end{bmatrix}$$

其中，b_{i1} 是第 i 种产品的单价，b_{i2} 是第 i 种产品的单件质量.

例 2　线性方程组

$$\begin{cases} a_{11}x_1+a_{12}x_2+\cdots+a_{1n}x_n=b_1 \\ a_{21}x_1+a_{22}x_2+\cdots+a_{2n}x_n=b_2 \\ \qquad\qquad\vdots \\ a_{m1}x_1+a_{m2}x_2+\cdots+a_{mn}x_n=b_m \end{cases}$$

的系数可表示为

$$\boldsymbol{A}=\begin{bmatrix} a_{11} & a_{12} & \cdots & a_{1n} \\ a_{21} & a_{22} & \cdots & a_{2n} \\ \vdots & \vdots & & \vdots \\ a_{m1} & a_{m2} & \cdots & a_{mn} \end{bmatrix}$$

该矩阵称为该线性方程组的系数矩阵.

定义 1　数域 F 上的 $m\times n$ 个数 $a_{ij}(i=1,2,\cdots,m,j=1,2,\cdots,n)$ 排成 m 行 n 列的数表,记为

$$\boldsymbol{A}=\begin{bmatrix} a_{11} & a_{12} & \cdots & a_{1n} \\ a_{21} & a_{22} & \cdots & a_{2n} \\ \vdots & \vdots & & \vdots \\ a_{m1} & a_{m2} & \cdots & a_{mn} \end{bmatrix}$$

称为 $m\times n$ **矩阵**,简记为 $(a_{ij})_{m\times n}$,其中 a_{ij} 为矩阵的 i 行 j 列**元素**. 元素属于实数域的矩阵称为**实矩阵**;元素属于复数域的矩阵称为**复矩阵**. 本书一般只涉及实矩阵.

矩阵也可简单地用黑体大写英文字母 $\boldsymbol{A},\boldsymbol{B},\cdots$ 或 $\boldsymbol{A}_i,\boldsymbol{B}_i,\cdots$ 表示. 有时为强调矩阵的行列数,写成 $\boldsymbol{A}_{m\times n}$ 等.

注意:矩阵与行列式在形式上有着某种类似之处,但在实际上有着本质的区别,除非是一行一列的矩阵;一般矩阵是一个数表,而行列式是一个数.

若两矩阵的行数、列数相同,则称它们是**同型矩阵**.

设 $\boldsymbol{A}$ 与 $\boldsymbol{B}$ 是两个 $m\times n$ 同型矩阵

$$\boldsymbol{A}=\begin{bmatrix} a_{11} & a_{12} & \cdots & a_{1n} \\ a_{21} & a_{22} & \cdots & a_{2n} \\ \vdots & \vdots & & \vdots \\ a_{m1} & a_{m2} & \cdots & a_{mn} \end{bmatrix},\quad \boldsymbol{B}=\begin{bmatrix} b_{11} & b_{12} & \cdots & b_{1n} \\ b_{21} & b_{22} & \cdots & b_{2n} \\ \vdots & \vdots & & \vdots \\ b_{m1} & b_{m2} & \cdots & b_{mn} \end{bmatrix}$$

如果 $a_{ij}=b_{ij}$,其中 $i=1,2,\cdots,m,j=1,2,\cdots,n$,则称矩阵 $\boldsymbol{A}$ 与 $\boldsymbol{B}$ 相等,记为

$$\boldsymbol{A}=\boldsymbol{B}.$$

注意:只有同型矩阵才可能相等,不同型的矩阵不能相等.

下面介绍一些常用的特殊矩阵.

(1) 零矩阵　所有元素都为零的矩阵称为**零矩阵**,即

$$\begin{bmatrix} 0 & 0 & \cdots & 0 \\ 0 & 0 & \cdots & 0 \\ \vdots & \vdots & & \vdots \\ 0 & 0 & \cdots & 0 \end{bmatrix}$$

称为**零矩阵**,记为 $\mathbf{0}$.

注意:不同型的零矩阵是不能相等的.

(2) n 阶方阵:行列数均为 n 的矩阵称为 n **阶方阵**,简记为 $\boldsymbol{A}_n$.

(3) 对角矩阵:如果 n 阶方阵除主对角线上的元素外,其余元素皆为 0,则称为**对角矩阵**,记为

$$\boldsymbol{\Lambda}=\begin{bmatrix}\lambda_1 & 0 & \cdots & 0\\ 0 & \lambda_2 & \cdots & 0\\ \vdots & \vdots & & \vdots\\ 0 & 0 & \cdots & \lambda_n\end{bmatrix}$$

或记为 $\mathbf{diag}(\lambda_1,\lambda_2,\cdots,\lambda_n)$.

(4) 单位矩阵:如果对角矩阵中对角元素都是 1,即

$$\begin{bmatrix}1 & 0 & \cdots & 0\\ 0 & 1 & \cdots & 0\\ \vdots & \vdots & & \vdots\\ 0 & 0 & \cdots & 1\end{bmatrix}$$

则这种矩阵称为**单位矩阵**,通常简记为 $\boldsymbol{I}$ 或 $\boldsymbol{E}$.

(5) 上(下)三角矩阵:矩阵

$$\begin{bmatrix}a_{11} & a_{12} & \cdots & a_{1n}\\ 0 & a_{22} & \cdots & a_{2n}\\ \vdots & \vdots & & \vdots\\ 0 & 0 & \cdots & a_{nn}\end{bmatrix}$$

称为**上三角矩阵**,其特点是主对角线以下的元素全为 0.

矩阵

$$\begin{bmatrix}a_{11} & 0 & \cdots & 0\\ a_{21} & a_{22} & \cdots & 0\\ \vdots & \vdots & & \vdots\\ a_{n1} & a_{n2} & \cdots & a_{nn}\end{bmatrix}$$

称为**下三角矩阵**,其特点是主对角线以上的元素全为 0.

(6) 行(列)矩阵:只有一行元素的矩阵称为**行矩阵**或**行向量**,记为

$$\boldsymbol{A}=\begin{bmatrix}a_1 & a_2 & \cdots & a_n\end{bmatrix}$$

只有一列元素的矩阵称为**列矩阵**或**列向量**,记为

$$\boldsymbol{A}=\begin{bmatrix}a_1\\ a_2\\ \vdots\\ a_n\end{bmatrix} \quad 或 \quad \begin{bmatrix}a_1 & a_2 & \cdots & a_n\end{bmatrix}^{\mathrm{T}}$$

练　习　2.1

1. 某仓库中维生素 C 和维生素 E 的库存量如表 2-2 所示，写出其库存量矩阵 **A**.

表 2-2　维生素 C 和维生素 E 的库存量

品种 \ 数量 \ 型号	100 片/瓶	200 片/瓶	300 片/瓶
维生素 C	22	19	16
维生素 E	18	15	13

2. 某种物质由 3 个产地运往 4 个销地，两次调运方案分别如表 2-3 和表 2-4 所示，写出二次调运方案的矩阵 $\boldsymbol{A}$ 与 $\boldsymbol{B}$.

表 2-3　调运方案 A

产地 \ 销地	S_1	S_2	S_3	S_4
甲	3	7	5	2
乙	0	2	1	4
丙	1	3	0	6

表 2-4　调运方案 B

产地 \ 销地	S_1	S_2	S_3	S_4
甲	1	0	1	2
乙	3	2	4	3
丙	0	1	5	2

3. 设矩阵 $\boldsymbol{A}=\boldsymbol{B}$，求 x,y.

$$\boldsymbol{A}=\begin{bmatrix}2 & 1 & 0\\ 0 & x & -1\\ 1 & -2 & 3\end{bmatrix},\quad \boldsymbol{B}=\begin{bmatrix}y & 1 & 0\\ 0 & 2 & -1\\ 1 & -2 & 3\end{bmatrix}$$

2.2　矩阵的线性运算与乘法

2.2.1　矩阵的加(减)法及数乘运算

设某公司下属Ⅰ、Ⅱ、Ⅲ三个工厂，生产甲、乙两种产品，上、下半年的产量分别用矩阵表示为

$$\boldsymbol{A}=\begin{matrix}\text{Ⅰ}\\ \text{Ⅱ}\\ \text{Ⅲ}\end{matrix}\overset{\begin{matrix}\text{甲} & \quad\text{乙}\end{matrix}}{\begin{bmatrix}a_{11} & a_{12}\\ a_{21} & a_{22}\\ a_{31} & a_{32}\end{bmatrix}},\quad \boldsymbol{B}=\begin{matrix}\text{Ⅰ}\\ \text{Ⅱ}\\ \text{Ⅲ}\end{matrix}\overset{\begin{matrix}\text{甲} & \quad\text{乙}\end{matrix}}{\begin{bmatrix}b_{11} & b_{12}\\ b_{21} & b_{22}\\ b_{31} & b_{32}\end{bmatrix}}$$

则全年三个工厂生产的两种产品的总产量为

$$\boldsymbol{C}=\begin{matrix}\text{Ⅰ}\\ \text{Ⅱ}\\ \text{Ⅲ}\end{matrix}\overset{\begin{matrix}\text{甲} & \qquad\qquad\text{乙}\end{matrix}}{\begin{bmatrix}a_{11}+b_{11} & a_{12}+b_{12}\\ a_{21}+b_{21} & a_{22}+b_{22}\\ a_{31}+b_{31} & a_{32}+b_{32}\end{bmatrix}}$$

设甲、乙两石油公司分别给三城市供应汽油，数量以万吨计，且每月供应量相同，都可用矩阵表示为

$$\begin{array}{c} \\ 甲 \\ 乙 \end{array}\begin{array}{c} \begin{array}{ccc} A & B & C \end{array} \\ \begin{bmatrix} 20 & 40 & 60 \\ 30 & 50 & 70 \end{bmatrix} \end{array}$$

则全年供应情况为

$$\begin{array}{c} \\ 甲 \\ 乙 \end{array}\begin{array}{c} \begin{array}{ccc} A & B & C \end{array} \\ \begin{bmatrix} 12\times 20 & 12\times 40 & 12\times 60 \\ 12\times 30 & 12\times 50 & 12\times 70 \end{bmatrix} \end{array}$$

由此，给出矩阵加法与数乘的定义.

定义 2　设矩阵 $\boldsymbol{A}=(a_{ij})$，$\boldsymbol{B}=(b_{ij})$ 为两个 $m\times n$ 矩阵，则矩阵的加法规定为

$$\boldsymbol{A}+\boldsymbol{B}=\begin{bmatrix} a_{11}+b_{11} & a_{12}+b_{12} & \cdots & a_{1n}+b_{1n} \\ a_{21}+b_{21} & a_{22}+b_{22} & \cdots & a_{2n}+b_{2n} \\ \vdots & \vdots & & \vdots \\ a_{m1}+b_{m1} & a_{m2}+b_{m2} & \cdots & a_{mn}+b_{mn} \end{bmatrix}$$

简记为

$$\boldsymbol{A}+\boldsymbol{B}=(a_{ij}+b_{ij})_{m\times n} \tag{2-1}$$

容易证明，矩阵加法满足下列运算律.

（1）交换律：$\boldsymbol{A}+\boldsymbol{B}=\boldsymbol{B}+\boldsymbol{A}$.

（2）结合律：$(\boldsymbol{A}+\boldsymbol{B})+\boldsymbol{C}=\boldsymbol{A}+(\boldsymbol{B}+\boldsymbol{C})$.

（3）$\boldsymbol{A}+\boldsymbol{0}=\boldsymbol{0}+\boldsymbol{A}=\boldsymbol{A}$，其中 $\boldsymbol{0}$ 为与 $\boldsymbol{A}$ 同型的零矩阵.

定义 3　数 k 与矩阵 $\boldsymbol{A}$ 相乘可定义为

$$k\begin{bmatrix} a_{11} & a_{12} & \cdots & a_{1n} \\ a_{21} & a_{22} & \cdots & a_{2n} \\ \vdots & \vdots & & \vdots \\ a_{m1} & a_{m2} & \cdots & a_{mn} \end{bmatrix}=\begin{bmatrix} ka_{11} & ka_{12} & \cdots & ka_{1n} \\ ka_{21} & ka_{22} & \cdots & ka_{2n} \\ \vdots & \vdots & & \vdots \\ ka_{m1} & ka_{m2} & \cdots & ka_{mn} \end{bmatrix} \tag{2-2}$$

简记为

$$k\boldsymbol{A}=(ka_{ij})_{m\times n}$$

$$-\boldsymbol{A}=(-1)\boldsymbol{A}=(-a_{ij})_{m\times n}$$

并称 $-\boldsymbol{A}$ 为 $\boldsymbol{A}$ 的负矩阵，显然 $\boldsymbol{A}+(-\boldsymbol{A})=\boldsymbol{0}$，这样 $\boldsymbol{A}$ 与 $\boldsymbol{B}$ 的减法可定义为

$$\boldsymbol{A}-\boldsymbol{B}=\boldsymbol{A}+(-\boldsymbol{B})=(a_{ij}-b_{ij})_{m\times n}$$

矩阵的加法与数乘称为矩阵的线性运算，它满足下列运算律.

（1）结合律：$(kl)\boldsymbol{A}=k(l\boldsymbol{A})$，其中 k,l 为常数.

（2）分配律：$k(\boldsymbol{A}+\boldsymbol{B})=k\boldsymbol{A}+k\boldsymbol{B}$；

$$\boldsymbol{A}(l+k)=l\boldsymbol{A}+k\boldsymbol{A}.$$

（3）$1\boldsymbol{A}=\boldsymbol{A}$，$0\boldsymbol{A}=\boldsymbol{0}$.

例 3　设矩阵

$$A=\begin{bmatrix}2&1&4\\0&1&2\end{bmatrix},\quad B=\begin{bmatrix}-2&4&0\\1&3&1\end{bmatrix}$$

求 $C=2A-3B$.

解 $$C=2\begin{bmatrix}2&1&4\\0&1&2\end{bmatrix}-3\begin{bmatrix}-2&4&0\\1&3&1\end{bmatrix}=\begin{bmatrix}4&2&8\\0&2&4\end{bmatrix}+\begin{bmatrix}6&-12&0\\-3&-9&-3\end{bmatrix}$$
$$=\begin{bmatrix}10&-10&8\\-3&-7&1\end{bmatrix}$$

2.2.2 两个矩阵的乘法

矩阵的乘法在很多方面都有应用,先看下面的例子.

例 4 在例 1 中,如果要求向三个商店所发产品的总价及总质量,设 c_{i1} 为第 i 件产品的单价,c_{i2} 为第 i 件产品的单件质量,$i=1,2,3$,则有

$$C=\begin{bmatrix}c_{11}&c_{12}\\c_{21}&c_{22}\\c_{31}&c_{32}\end{bmatrix}=\begin{bmatrix}a_{11}b_{11}+a_{12}b_{21}+a_{13}b_{31}+a_{14}b_{41}&a_{11}b_{12}+a_{12}b_{22}+a_{13}b_{32}+a_{14}b_{42}\\a_{21}b_{11}+a_{22}b_{21}+a_{23}b_{31}+a_{24}b_{41}&a_{21}b_{12}+a_{22}b_{22}+a_{23}b_{32}+a_{24}b_{42}\\a_{31}b_{11}+a_{32}b_{21}+a_{33}b_{31}+a_{34}b_{41}&a_{31}b_{12}+a_{32}b_{22}+a_{33}b_{32}+a_{34}b_{42}\end{bmatrix}$$

记为
$$C=AB$$

由此,可得矩阵乘法定义如下.

定义 4 设 A 为 $m\times k$ 矩阵,B 为 $k\times n$ 矩阵,即

$$A=\begin{bmatrix}a_{11}&a_{12}&\cdots&a_{1k}\\a_{21}&a_{22}&\cdots&a_{2k}\\\vdots&\vdots&&\vdots\\a_{m1}&a_{m2}&\cdots&a_{mk}\end{bmatrix},\quad B=\begin{bmatrix}b_{11}&b_{12}&\cdots&b_{1n}\\b_{21}&b_{22}&\cdots&b_{2n}\\\vdots&\vdots&&\vdots\\b_{k1}&b_{k2}&\cdots&b_{kn}\end{bmatrix}$$

则 A 与 B 的乘积为

$$C=AB=\begin{bmatrix}c_{11}&c_{12}&\cdots&c_{1n}\\c_{21}&c_{22}&\cdots&c_{2n}\\\vdots&\vdots&&\vdots\\c_{m1}&c_{m2}&\cdots&c_{mn}\end{bmatrix}\tag{2-3}$$

其中 $c_{ij}=a_{i1}b_{1j}+a_{i2}b_{2j}+\cdots+a_{ik}b_{kj}=\sum\limits_{t=1}^{k}a_{it}b_{tj}(i=1,2,\cdots,m,j=1,2,\cdots,n)$,即乘积矩阵 C 是 $m\times n$ 矩阵,它的第 i 行第 j 列的元素等于矩阵 A 的第 i 行元素与矩阵 B 的第 j 列对应元素乘积之和,即

$$\begin{bmatrix}\vdots&\vdots&\cdots&\vdots\\a_{i1}&a_{i2}&\cdots&a_{ik}\\\vdots&\vdots&\cdots&\vdots\end{bmatrix}\begin{bmatrix}\cdots&b_{1j}&\cdots\\\cdots&b_{2j}&\cdots\\\vdots&\vdots&\vdots\\\cdots&b_{kj}&\cdots\end{bmatrix}=\underset{j\text{ 列}}{\begin{bmatrix}c_{ij}\end{bmatrix}}\ i\text{ 行}$$

$$A_{m\times k}B_{k\times n}=C_{m\times n}$$

注意：由定义可知，只有当 $\boldsymbol{A}$ 的列数等于 $\boldsymbol{B}$ 的行数时，才能进行 $\boldsymbol{A}$、$\boldsymbol{B}$ 的乘法运算，这就是两个矩阵可进行乘法运算的条件；其乘积 $\boldsymbol{C}$ 的行数等于 $\boldsymbol{A}$ 的行数，列数等于 $\boldsymbol{B}$ 的列数.

例 5 设矩阵 $\boldsymbol{A}$ 与 $\boldsymbol{B}$ 分别为

$$\boldsymbol{A}=\begin{bmatrix}1 & 0 & -1\\ 2 & 0 & 1\end{bmatrix},\quad \boldsymbol{B}=\begin{bmatrix}1 & 2\\ -1 & 1\\ 0 & 0\end{bmatrix}$$

求 $\boldsymbol{AB}$ 和 $\boldsymbol{BA}$.

解 由两矩阵乘法定义，有

$$\boldsymbol{AB}=\begin{bmatrix}1 & 0 & -1\\ 2 & 0 & 1\end{bmatrix}\begin{bmatrix}1 & 2\\ -1 & 1\\ 0 & 0\end{bmatrix}=\begin{bmatrix}1 & 2\\ 2 & 4\end{bmatrix}$$

$$\boldsymbol{BA}=\begin{bmatrix}1 & 2\\ -1 & 1\\ 0 & 0\end{bmatrix}\begin{bmatrix}1 & 0 & -1\\ 2 & 0 & 1\end{bmatrix}=\begin{bmatrix}5 & 0 & 1\\ 1 & 0 & 2\\ 0 & 0 & 0\end{bmatrix}$$

可见 $\boldsymbol{AB}\neq\boldsymbol{BA}$. 一般说来，矩阵乘法运算与数的乘法运算的运算律有如下几点区别.

(1) 矩阵乘法一般不满足交换律，即 $\boldsymbol{AB}\neq\boldsymbol{BA}$.

事实上，$\boldsymbol{AB}$ 有意义，$\boldsymbol{BA}$ 不一定有意义. 当 $\boldsymbol{BA}$ 有意义时，$\boldsymbol{AB}$ 与 $\boldsymbol{BA}$ 不一定是同型矩阵，即使 $\boldsymbol{AB}$ 与 $\boldsymbol{BA}$ 是同型矩阵，一般情况下，仍有 $\boldsymbol{AB}\neq\boldsymbol{BA}$. 这样，在进行乘法运算时，应注意矩阵的前后位置不能任意调换，否则会出错. $\boldsymbol{AB}$ 中的 $\boldsymbol{A}$ 称为**左因子矩阵**，或称 $\boldsymbol{A}$ 左乘 $\boldsymbol{B}$，而 $\boldsymbol{B}$ 称为**右因子矩阵**，或称 $\boldsymbol{B}$ **右乘** $\boldsymbol{A}$.

若 $\boldsymbol{AB}=\boldsymbol{BA}$，则称 $\boldsymbol{A}$ 和 $\boldsymbol{B}$ 乘积可交换，或者说 $\boldsymbol{A}$ 与 $\boldsymbol{B}$ 可交换.

(2) 若 $\boldsymbol{AB}=\boldsymbol{AC}$，则未必有 $\boldsymbol{B}=\boldsymbol{C}$，即矩阵乘法消去律一般不成立. 例如

$$\boldsymbol{A}=\begin{bmatrix}1 & -1\\ -2 & 2\end{bmatrix},\quad \boldsymbol{B}=\begin{bmatrix}3 & 1\\ 2 & -1\end{bmatrix},\quad \boldsymbol{C}=\begin{bmatrix}2 & -1\\ 1 & -3\end{bmatrix}$$

有 $\boldsymbol{AB}=\boldsymbol{AC}=\begin{bmatrix}1 & 2\\ -2 & -4\end{bmatrix}$，而 $\boldsymbol{B}\neq\boldsymbol{C}$.

(3) 在数量运算中，若 $ab=0$，则必有 $a=0$ 或 $b=0$；但在矩阵乘积运算中，若 $\boldsymbol{AB}=\boldsymbol{0}$，未必有 $\boldsymbol{A}=\boldsymbol{0}$ 或 $\boldsymbol{B}=\boldsymbol{0}$. 例如

$$\boldsymbol{A}=\begin{bmatrix}1 & 0\\ 1 & 0\end{bmatrix}\neq\boldsymbol{0},\quad \boldsymbol{B}=\begin{bmatrix}0 & 0\\ 1 & 1\end{bmatrix}\neq\boldsymbol{0}$$

$$\boldsymbol{AB}=\begin{bmatrix}1 & 0\\ 1 & 0\end{bmatrix}\begin{bmatrix}0 & 0\\ 1 & 1\end{bmatrix}=\begin{bmatrix}0 & 0\\ 0 & 0\end{bmatrix}=\boldsymbol{0}$$

矩阵乘法满足下列运算律.

(1) 结合律：$(\boldsymbol{AB})\boldsymbol{C}=\boldsymbol{A}(\boldsymbol{BC})$.

(2) 左分配律：$\boldsymbol{A}(\boldsymbol{B}+\boldsymbol{C})=\boldsymbol{AB}+\boldsymbol{AC}$.

右分配律：$(\boldsymbol{B}+\boldsymbol{C})\boldsymbol{A}=\boldsymbol{BA}+\boldsymbol{CA}$.

(3) 数乘结合律：$k(\boldsymbol{AB})=(k\boldsymbol{A})\boldsymbol{B}=\boldsymbol{A}(k\boldsymbol{B})$.

(4) 设 $\boldsymbol{A}$ 为 $m\times k$ 矩阵，$\boldsymbol{B}$ 为 $k\times n$ 矩阵，则

$$\boldsymbol{I}_m\boldsymbol{A}=\boldsymbol{A},\quad \boldsymbol{A}\boldsymbol{I}_k=\boldsymbol{A},\quad \boldsymbol{A}\boldsymbol{I}_k\boldsymbol{B}=\boldsymbol{AB}$$

其中 $\boldsymbol{I}_m(\boldsymbol{I}_k)$ 是 $m(k)$ 阶单位矩阵，可见单位矩阵是矩阵乘法的**单位元**.

设 $\boldsymbol{A}$ 为 n 阶方阵，定义 $\boldsymbol{A}$ 的正整数幂为

$$\boldsymbol{A}^0=\boldsymbol{I},\quad \underbrace{\boldsymbol{A}\boldsymbol{A}\cdots\boldsymbol{A}}_{k\text{个}}=\boldsymbol{A}^k$$

由此可得

$$\boldsymbol{A}^k\boldsymbol{A}^l=\boldsymbol{A}^{k+l},\quad (\boldsymbol{A}^k)^l=\boldsymbol{A}^{kl}$$

其中 k,l 为正整数. 要注意的是，一般 $(\boldsymbol{AB})^k\neq\boldsymbol{A}^k\boldsymbol{B}^k$.

利用矩阵乘法，线性方程组

$$\begin{cases}a_{11}x_1+a_{12}x_2+\cdots+a_{1n}x_n=b_1\\ a_{21}x_1+a_{22}x_2+\cdots+a_{2n}x_n=b_2\\ \qquad\qquad\qquad\vdots\\ a_{m1}x_1+a_{m2}x_2+\cdots+a_{mn}x_n=b_m\end{cases}$$

可表示成简洁的矩阵方程

$$\boldsymbol{AX}=\boldsymbol{B}$$

其中

$$\boldsymbol{A}=\begin{bmatrix}a_{11}&a_{12}&\cdots&a_{1n}\\a_{21}&a_{22}&\cdots&a_{2n}\\\vdots&\vdots&&\vdots\\a_{m1}&a_{m2}&\cdots&a_{mn}\end{bmatrix},\quad \boldsymbol{X}=\begin{bmatrix}x_1\\x_2\\\vdots\\x_n\end{bmatrix},\quad \boldsymbol{B}=\begin{bmatrix}b_1\\b_2\\\vdots\\b_m\end{bmatrix}$$

相应齐次线性方程组可表示为

$$\boldsymbol{AX}=\boldsymbol{0}$$

其中 $\boldsymbol{0}$ 为零矩阵(零向量).

例 6 图 2-1 所示为 F 国三城市、G 国两城市、H 国三城市相互之间的通路数，试求从 F 国各城市经 G 国到 H 国的各城市的通路信息.

解 F 国到 G 国城市的通路矩阵及 G 国到 H 国城市的通路矩阵为

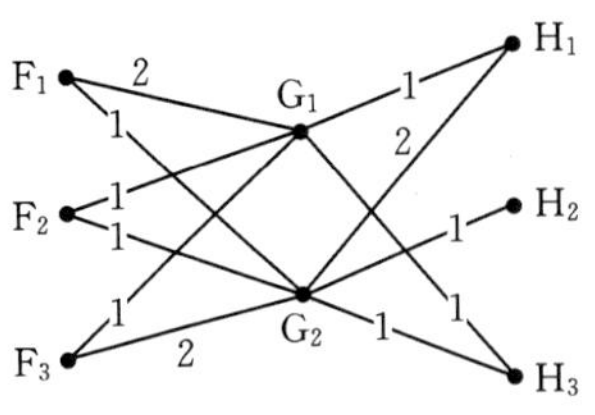

图 2-1 三国城市间的通路

$$\boldsymbol{A}=\begin{matrix} & G_1 & G_2\\ F_1 & 2 & 1\\ F_2 & 1 & 1\\ F_3 & 1 & 2\end{matrix},\quad \boldsymbol{B}=\begin{matrix} & H_1 & H_2 & H_3\\ G_1 & 1 & 0 & 1\\ G_2 & 2 & 1 & 1\end{matrix}$$

则 F 国各城市到 H 国各城市的通路信息为

$$\boldsymbol{C}=\begin{bmatrix}2&1\\1&1\\1&2\end{bmatrix}\begin{bmatrix}1&0&1\\2&1&1\end{bmatrix}=\begin{matrix} & H_1 & H_2 & H_3\\ F_1 & 4 & 1 & 3\\ F_2 & 3 & 1 & 2\\ F_3 & 5 & 2 & 3\end{matrix}$$

例如,F 国第二城市 F_2 经 G 国到 H 国第一城市 H_1 有 3 条通路.

例 7 设 $\boldsymbol{A}$ 为 n 阶方阵,由 $\boldsymbol{A}$ 的各元素的代数余子式组成矩阵

$$\boldsymbol{A}^* = \begin{bmatrix} A_{11} & A_{21} & \cdots & A_{n1} \\ A_{12} & A_{22} & \cdots & A_{n2} \\ \vdots & \vdots & & \vdots \\ A_{1n} & A_{2n} & \cdots & A_{nn} \end{bmatrix}$$

称 $\boldsymbol{A}^*$ 为 $\boldsymbol{A}$ 的**伴随矩阵**,证明

$$\boldsymbol{A}\boldsymbol{A}^* = \boldsymbol{A}^*\boldsymbol{A} = |\boldsymbol{A}|\boldsymbol{I}$$

其中 $|\boldsymbol{A}|$ 为矩阵 $\boldsymbol{A}$ 对应的行列式.

证明 $$\boldsymbol{A}\boldsymbol{A}^* = \begin{bmatrix} a_{11} & a_{12} & \cdots & a_{1n} \\ a_{21} & a_{22} & \cdots & a_{2n} \\ \vdots & \vdots & & \vdots \\ a_{n1} & a_{n2} & \cdots & a_{nn} \end{bmatrix} \begin{bmatrix} A_{11} & A_{21} & \cdots & A_{n1} \\ A_{12} & A_{22} & \cdots & A_{n2} \\ \vdots & \vdots & & \vdots \\ A_{1n} & A_{2n} & \cdots & A_{nn} \end{bmatrix} = (b_{ij})_{n\times n}$$

利用行列式展开定理及推论有

$$b_{ij} = a_{i1}A_{j1} + a_{i2}A_{j2} + \cdots + a_{in}A_{jn} = \begin{cases} |\boldsymbol{A}| & (i=j) \\ 0 & (i\neq j) \end{cases}$$

于是 $$\boldsymbol{A}\boldsymbol{A}^* = \begin{bmatrix} |\boldsymbol{A}| & 0 & \cdots & 0 \\ 0 & |\boldsymbol{A}| & \cdots & 0 \\ \vdots & \vdots & & \vdots \\ 0 & 0 & \cdots & |\boldsymbol{A}| \end{bmatrix} = |\boldsymbol{A}| \begin{bmatrix} 1 & 0 & \cdots & 0 \\ 0 & 1 & \cdots & 0 \\ \vdots & \vdots & & \vdots \\ 0 & 0 & \cdots & 1 \end{bmatrix} = |\boldsymbol{A}|\boldsymbol{I}$$

同理可证 $\boldsymbol{A}^*\boldsymbol{A} = |\boldsymbol{A}|\boldsymbol{I}$. 证毕.

练 习 2.2

1. 计算 $\boldsymbol{AB}-\boldsymbol{BA}$,其中

$$\boldsymbol{A} = \begin{bmatrix} 1 & 2 & 1 \\ 0 & 0 & 2 \\ 0 & 0 & 1 \end{bmatrix}, \quad \boldsymbol{B} = \begin{bmatrix} 1 & 3 & 0 \\ 0 & 1 & 1 \\ 0 & 0 & 1 \end{bmatrix}$$

2. 计算

(1) $\begin{bmatrix} a \\ b \\ c \end{bmatrix} \begin{bmatrix} a & b & c \end{bmatrix}$; (2) $\begin{bmatrix} a & b & c \end{bmatrix} \begin{bmatrix} a \\ b \\ c \end{bmatrix}$; (3) $\begin{bmatrix} a_{11} & a_{12} & a_{13} \\ a_{21} & a_{22} & a_{23} \\ a_{31} & a_{32} & a_{33} \end{bmatrix} \begin{bmatrix} \lambda_1 & 0 & 0 \\ 0 & \lambda_2 & 0 \\ 0 & 0 & \lambda_3 \end{bmatrix}$;

(4) $\begin{bmatrix} \lambda_1 & 0 & 0 \\ 0 & \lambda_2 & 0 \\ 0 & 0 & \lambda_3 \end{bmatrix} \begin{bmatrix} a_{11} & a_{12} & a_{13} \\ a_{21} & a_{22} & a_{23} \\ a_{31} & a_{32} & a_{33} \end{bmatrix}$; (5) $\begin{bmatrix} 1 & 1 \\ 0 & 1 \end{bmatrix}^n$

并由(3)、(4)总结出对角矩阵左、右乘矩阵的特点.

3. 如果 $\boldsymbol{AB}=\boldsymbol{BA}$，则称 $\boldsymbol{A},\boldsymbol{B}$ 对于乘法可交换. 求与矩阵 $\boldsymbol{A}=\begin{bmatrix}1&1&0\\0&1&1\\0&0&1\end{bmatrix}$ 乘法可交换的矩阵 $\boldsymbol{B}$.

4. $\boldsymbol{A}=\begin{bmatrix}1&3\\2&-1\end{bmatrix}$，求 $\boldsymbol{A}^3+2\boldsymbol{A}^2+\boldsymbol{A}-\boldsymbol{I}$.

5. 判断题(若认为不对，请举出反例).

(1) $\boldsymbol{C}=\boldsymbol{AB}$ 中，若 $\boldsymbol{A}$ 的第一行元素全为 0，则积 $\boldsymbol{C}$ 中的第一行元素全为 0；

(2) 若 $\boldsymbol{B}$ 的第一列元素全为 0，则积 $\boldsymbol{C}$ 中必然有一列元素全为 0；

(3) $(\boldsymbol{AB})^2=\boldsymbol{A}^2\boldsymbol{B}^2$；

(4) $\boldsymbol{A}^3-\boldsymbol{I}=(\boldsymbol{A}-\boldsymbol{I})(\boldsymbol{A}^2+\boldsymbol{A}+\boldsymbol{I})$；

(5) 若 $\boldsymbol{A}^2=\boldsymbol{0}$，则 $\boldsymbol{A}=\boldsymbol{0}$；

(6) 若 $\boldsymbol{A}^2=\boldsymbol{A}$，则 $\boldsymbol{A}=\boldsymbol{I}$ 或 $\boldsymbol{A}=\boldsymbol{0}$.

2.3 转置矩阵及方阵的行列式

2.3.1 转置矩阵

定义 5 把矩阵 $\boldsymbol{A}$ 的行与同序数的列互换所得的矩阵称为 $\boldsymbol{A}$ 的**转置矩阵**，记为 $\boldsymbol{A}^{\mathrm{T}}$ 或 $\boldsymbol{A}'$.

若
$$\boldsymbol{A}=\begin{bmatrix}a_{11}&a_{12}&\cdots&a_{1n}\\a_{21}&a_{22}&\cdots&a_{2n}\\\vdots&\vdots&&\vdots\\a_{m1}&a_{m2}&\cdots&a_{mn}\end{bmatrix}_{m\times n}$$
则
$$\boldsymbol{A}^{\mathrm{T}}=\begin{bmatrix}a_{11}&a_{21}&\cdots&a_{m1}\\a_{12}&a_{22}&\cdots&a_{m2}\\\vdots&\vdots&&\vdots\\a_{1n}&a_{2n}&\cdots&a_{mn}\end{bmatrix}_{n\times m}$$
可见，如果有 $\boldsymbol{A}_{m\times n}$，则有 $\boldsymbol{A}^{\mathrm{T}}_{n\times m}$.

矩阵的转置运算满足下面的运算律：

(1) $(\boldsymbol{A}^{\mathrm{T}})^{\mathrm{T}}=\boldsymbol{A}$；

(2) $(\boldsymbol{A}+\boldsymbol{B})^{\mathrm{T}}=\boldsymbol{A}^{\mathrm{T}}+\boldsymbol{B}^{\mathrm{T}}$；

(3) $(k\boldsymbol{A})^{\mathrm{T}}=k\boldsymbol{A}^{\mathrm{T}}$($k$ 为数)；

(4) $(\boldsymbol{AB})^{\mathrm{T}}=\boldsymbol{B}^{\mathrm{T}}\boldsymbol{A}^{\mathrm{T}}$.

性质(2)，(4)可以推广至任意有限个矩阵的情况，即
$$(\boldsymbol{A}_1+\boldsymbol{A}_2+\cdots+\boldsymbol{A}_k)^{\mathrm{T}}=\boldsymbol{A}_1^{\mathrm{T}}+\boldsymbol{A}_2^{\mathrm{T}}+\cdots+\boldsymbol{A}_k^{\mathrm{T}}$$
$$(\boldsymbol{A}_1\boldsymbol{A}_2\cdots\boldsymbol{A}_k)^{\mathrm{T}}=\boldsymbol{A}_k^{\mathrm{T}}\boldsymbol{A}_{k-1}^{\mathrm{T}}\cdots\boldsymbol{A}_1^{\mathrm{T}}$$

定义 6 设 $\boldsymbol{A}$ 为 n 阶方阵，若 $\boldsymbol{A}^{\mathrm{T}}=\boldsymbol{A}$，则称 $\boldsymbol{A}$ 为**对称矩阵**；若 $\boldsymbol{A}^{\mathrm{T}}=-\boldsymbol{A}$，则称 $\boldsymbol{A}$ 为**反对称矩阵**.

例如

$$A=\begin{bmatrix}2&-1&1\\-1&0&3\\1&3&-2\end{bmatrix},\quad B=\begin{bmatrix}0&2&1\\-2&0&-3\\-1&3&0\end{bmatrix}$$

$\boldsymbol{A}$ 为对称矩阵，$\boldsymbol{B}$ 为反对称矩阵.

显然，$\boldsymbol{A}$ 为对称矩阵的充要条件为 $a_{ij}=a_{ji}$，$\boldsymbol{A}$ 为反对称矩阵的充要条件是 $a_{ij}=-a_{ji}$，从而 $a_{ii}=0, i=1,2,\cdots,n$.

可证明：

(1) 若 $\boldsymbol{A},\boldsymbol{B}$ 为对称矩阵，则 $\boldsymbol{A}+\boldsymbol{B}$ 亦为对称矩阵；

(2) 若 $\boldsymbol{A},\boldsymbol{B}$ 为对称矩阵，$\boldsymbol{AB}$ 对称的充要条件是 $\boldsymbol{A}$ 与 $\boldsymbol{B}$ 可交换；

(3) 若 $\boldsymbol{A}$ 为任一 n 阶方阵，则 $\boldsymbol{A}+\boldsymbol{A}^{\mathrm{T}}$，$\boldsymbol{AA}^{\mathrm{T}}$ 是对称矩阵.

2.3.2　方阵的行列式

定义 7　由 n 阶方阵 $\boldsymbol{A}$ 的各元素按顺序排成的 n 阶行列式称为方阵 $\boldsymbol{A}$ 的行列式. 记为 $|\boldsymbol{A}|$ 或 $\det\boldsymbol{A}$，运算 $\det\boldsymbol{A}$ 称为对方阵 $\boldsymbol{A}$ 取行列式.

注意：只有方阵才能取行列式，长方阵不能取行列式.

方阵的行列式运算有下列性质.

设 $\boldsymbol{A}$、$\boldsymbol{B}$ 均为 n 阶方阵，则

(1) $|\boldsymbol{A}^{\mathrm{T}}|=|\boldsymbol{A}|$；

(2) $|k\boldsymbol{A}|=k^n|\boldsymbol{A}|$；

(3) $|\boldsymbol{AB}|=|\boldsymbol{A}||\boldsymbol{B}|$.

性质(1)、(2)是显然的. 对于性质(2)，要注意千万不要记成 $|k\boldsymbol{A}|=k|\boldsymbol{A}|$. 性质(3)的证明请参考其他教材，这里从略.

说明：对于性质(3)，一般 $\boldsymbol{AB}\neq\boldsymbol{BA}$，但却有 $|\boldsymbol{AB}|=|\boldsymbol{BA}|$.

例如，设 $\boldsymbol{A}=\begin{bmatrix}1&-1\\2&0\end{bmatrix}$，$\boldsymbol{B}=\begin{bmatrix}2&0\\-1&1\end{bmatrix}$，则

$$\boldsymbol{AB}=\begin{bmatrix}3&-1\\4&0\end{bmatrix}\neq\boldsymbol{BA}=\begin{bmatrix}2&-2\\1&1\end{bmatrix}$$

但

$$|\boldsymbol{AB}|=|\boldsymbol{BA}|=4$$

性质(3)可以推广至任意有限个同阶方阵连乘的情况，即

$$|\boldsymbol{A}_1\boldsymbol{A}_2\cdots\boldsymbol{A}_k|=|\boldsymbol{A}_1||\boldsymbol{A}_2|\cdots|\boldsymbol{A}_k|$$

例 8　设 $\boldsymbol{A}$、$\boldsymbol{B}$ 为 n 阶方阵，$|\boldsymbol{A}|=1$，$|\boldsymbol{B}|=2$，计算 $|-(\boldsymbol{AB})^4\boldsymbol{B}^{\mathrm{T}}|$.

解　$|-(\boldsymbol{AB})^4\boldsymbol{B}^{\mathrm{T}}|=(-1)^n|\boldsymbol{AB}|^4|\boldsymbol{B}^{\mathrm{T}}|=(-1)^n|\boldsymbol{A}|^4|\boldsymbol{B}|^5=(-1)^n2^5$

练　习　2.3

1. $\boldsymbol{A}=\begin{bmatrix}1&2\\0&1\end{bmatrix}$，$\boldsymbol{B}=\begin{bmatrix}0&1\\1&2\end{bmatrix}$，求 $|2\boldsymbol{A}^{\mathrm{T}}-5\boldsymbol{B}|$.

2. $\boldsymbol{A}$ 为 n 阶方阵，$|\boldsymbol{A}|=2$，求 $|\boldsymbol{A}^2(2\boldsymbol{A})^{\mathrm{T}}|$.

3. $\boldsymbol{\alpha}=\begin{bmatrix}1\\0\\1\end{bmatrix}$，$\boldsymbol{A}=\boldsymbol{\alpha}\boldsymbol{\alpha}^{\mathrm{T}}$，求 $\boldsymbol{A}^n$ 及 $|2\boldsymbol{I}+\boldsymbol{A}|$.

4. 证明：

(1) 若 $\boldsymbol{A},\boldsymbol{B}$ 是同阶对称矩阵，则 $\boldsymbol{A}+\boldsymbol{B}$ 亦对称；

(2) 若 $\boldsymbol{A},\boldsymbol{B}$ 是同阶对称矩阵，则 $\boldsymbol{AB}$ 对称的充要条件是 $\boldsymbol{A}$ 与 $\boldsymbol{B}$ 可交换.

5. 判断题.

(1) $|-\boldsymbol{A}|=-|\boldsymbol{A}|$；

(2) $|\boldsymbol{A}+\boldsymbol{BA}|=0$，则 $|\boldsymbol{A}|=0$ 或 $|\boldsymbol{I}+\boldsymbol{B}|=0$；

(3) $|\boldsymbol{A}^{\mathrm{T}}+\boldsymbol{B}^{\mathrm{T}}|=|\boldsymbol{A}+\boldsymbol{B}|$；

(4) $|\boldsymbol{A}^{\mathrm{T}}+\boldsymbol{B}^{\mathrm{T}}|=|\boldsymbol{A}|+|\boldsymbol{B}|$.

2.4　方阵的逆矩阵

2.4.1　逆矩阵的定义

在数的运算中有加、减、乘、除四则运算，那么在矩阵的运算中除前面介绍的加、减、数乘、乘运算外，还有没有类似于除法的运算呢？实际上这个问题与所谓的"逆元"有关. 例如在数的除法运算中，当 $a\neq 0$ 时，$b\div a=b\times\dfrac{1}{a}=b\times a^{-1}$，这里 $a^{-1}=\dfrac{1}{a}$ 是 a 的可逆数（逆元素）. 利用可逆数可将除法转化成乘法，这里 a^{-1} 具有性质 $aa^{-1}=a^{-1}a=1$，可将这一结果推广到方阵上去.

对于方阵 $\boldsymbol{A}$，如果存在另一方阵 $\boldsymbol{B}$，使 $\boldsymbol{AB}=\boldsymbol{BA}=\boldsymbol{I}$，则称 $\boldsymbol{B}$ 为 $\boldsymbol{A}$ 的**逆矩阵**，记为 $\boldsymbol{B}=\boldsymbol{A}^{-1}$.

显然 $\boldsymbol{A}$ 也是 $\boldsymbol{B}$ 的逆矩阵，即 $\boldsymbol{A}=\boldsymbol{B}^{-1}$.

例如，$\boldsymbol{A}=\begin{bmatrix}1&2\\0&1\end{bmatrix}$，$\boldsymbol{B}=\begin{bmatrix}1&-2\\0&1\end{bmatrix}$，有 $\boldsymbol{AB}=\boldsymbol{BA}=\boldsymbol{I}$，故 $\boldsymbol{B}=\boldsymbol{A}^{-1}$，$\boldsymbol{A}=\boldsymbol{B}^{-1}$.

下面给出逆矩阵的定义.

定义 8　设 $\boldsymbol{A}$ 为 n 阶方阵，如果存在 n 阶方阵 $\boldsymbol{B}$，使

$$\boldsymbol{AB}=\boldsymbol{BA}=\boldsymbol{I}$$

则称 $\boldsymbol{A}$ 可逆，矩阵 $\boldsymbol{B}$ 称为 $\boldsymbol{A}$ 的逆矩阵（矩阵 $\boldsymbol{A}$ 又称**非奇异矩阵**、**满秩矩阵**），记为 $\boldsymbol{B}=\boldsymbol{A}^{-1}$.

那么怎样的方阵一定存在逆矩阵，又如何求逆矩阵呢？

首先设 $\boldsymbol{A}$ 可逆，则存在方阵 $\boldsymbol{B}$ 使 $\boldsymbol{AB}=\boldsymbol{I}$，两端取行列式得 $|\boldsymbol{AB}|=|\boldsymbol{A}||\boldsymbol{B}|=|\boldsymbol{I}|=1\neq 0$，故 $|\boldsymbol{A}|\neq 0$.

反之，如 $|\boldsymbol{A}|\neq 0$，$\boldsymbol{A}$ 是否可逆呢？回答是肯定的.

利用例 7 关于 $\boldsymbol{A}$ 的伴随矩阵 $\boldsymbol{A}^*$ 的性质 $\boldsymbol{A}\boldsymbol{A}^*=\boldsymbol{A}^*\boldsymbol{A}=|\boldsymbol{A}|\boldsymbol{I}$,即可得

$$\boldsymbol{A}\left(\frac{1}{|\boldsymbol{A}|}\boldsymbol{A}^*\right)=\left(\frac{1}{|\boldsymbol{A}|}\boldsymbol{A}^*\right)\boldsymbol{A}=\boldsymbol{I}$$

由定义可知 $\boldsymbol{A}$ 可逆,且 $\boldsymbol{A}^{-1}=\frac{1}{|\boldsymbol{A}|}\boldsymbol{A}^*$,于是有以下定理.

定理 1 n 阶方阵 $\boldsymbol{A}$ 可逆的充要条件是 $|\boldsymbol{A}|\neq 0$,且

$$\boldsymbol{A}^{-1}=\frac{1}{|\boldsymbol{A}|}\boldsymbol{A}^* \tag{2-4}$$

推论 对于 n 阶方阵 $\boldsymbol{A},\boldsymbol{B}$,若 $\boldsymbol{A}\boldsymbol{B}=\boldsymbol{I}$(或 $\boldsymbol{B}\boldsymbol{A}=\boldsymbol{I}$),则 $\boldsymbol{A}^{-1}=\boldsymbol{B}$.

证明 仅就 $\boldsymbol{A}\boldsymbol{B}=\boldsymbol{I}$ 来证.

由于 $\boldsymbol{A}\boldsymbol{B}=\boldsymbol{I}$,得 $|\boldsymbol{A}|\neq 0$,故 $\boldsymbol{A}$ 可逆.

设 $\boldsymbol{A}$ 的逆矩阵为 $\boldsymbol{A}^{-1}$,有

$$\boldsymbol{B}=\boldsymbol{I}\boldsymbol{B}=(\boldsymbol{A}^{-1}\boldsymbol{A})\boldsymbol{B}=\boldsymbol{A}^{-1}(\boldsymbol{A}\boldsymbol{B})=\boldsymbol{A}^{-1}\boldsymbol{I}=\boldsymbol{A}^{-1}$$

从而推得 $\boldsymbol{B}=\boldsymbol{A}^{-1}$.

注 该推论使得用定义判断方阵是否可逆计算量减少一半,即仅由 $\boldsymbol{A}\boldsymbol{B}=\boldsymbol{I}$ 或 $\boldsymbol{B}\boldsymbol{A}=\boldsymbol{I}$,便可知 $\boldsymbol{B}=\boldsymbol{A}^{-1}$.

例 9 下列方阵在什么情况下可逆? 如可逆,计算方阵的逆矩阵.

(1) $\boldsymbol{A}=\begin{bmatrix}a_{11} & a_{12}\\ a_{21} & a_{22}\end{bmatrix}$ (2) $\boldsymbol{B}=\begin{bmatrix}a_1 & 0 & \cdots & 0\\ 0 & a_2 & \cdots & 0\\ \vdots & \vdots & & \vdots\\ 0 & 0 & \cdots & a_n\end{bmatrix}$ (3) $\boldsymbol{C}=\begin{bmatrix}1 & 0 & 1\\ 2 & 1 & 2\\ 0 & 4 & 6\end{bmatrix}$

解 (1) 当 $|\boldsymbol{A}|=a_{11}a_{22}-a_{12}a_{21}\neq 0$ 时 $\boldsymbol{A}$ 可逆.下面用待定系数法求 $\boldsymbol{A}^{-1}$.

设 $\boldsymbol{A}^{-1}=\begin{bmatrix}b_{11} & b_{12}\\ b_{21} & b_{22}\end{bmatrix}$,则有 $\boldsymbol{A}\boldsymbol{A}^{-1}=\boldsymbol{I}$,从而得

$$\begin{cases}a_{11}b_{11}+a_{12}b_{21}=1\\ a_{21}b_{12}+a_{22}b_{22}=1\\ a_{11}b_{12}+a_{12}b_{22}=0\\ a_{21}b_{11}+a_{22}b_{21}=0\end{cases}$$

解得 $$b_{11}=\frac{1}{|\boldsymbol{A}|}a_{22},\quad b_{12}=\frac{-1}{|\boldsymbol{A}|}a_{12},\quad b_{21}=\frac{-1}{|\boldsymbol{A}|}a_{21},\quad b_{22}=\frac{1}{|\boldsymbol{A}|}a_{11}$$

即 $$\boldsymbol{A}^{-1}=\frac{1}{|\boldsymbol{A}|}\begin{bmatrix}a_{22} & -a_{12}\\ -a_{21} & a_{11}\end{bmatrix} \tag{2-5}$$

可把上式当作一个公式来用,用口诀表示为"两换一乘",即 $\boldsymbol{A}$ 的主对角两元素对换,副对角元素取负,再乘以 $\frac{1}{|\boldsymbol{A}|}$.

例如,$\boldsymbol{A}=\begin{bmatrix}2 & 1\\ -2 & 1\end{bmatrix}$,因 $|\boldsymbol{A}|=4$,即知 $\boldsymbol{A}^{-1}=\frac{1}{4}\begin{bmatrix}1 & -1\\ 2 & 2\end{bmatrix}$.

(2) 当 $a_i \neq 0$ 时，$|\boldsymbol{B}| = a_1 a_2 \cdots a_n \neq 0$，该矩阵可逆. 直接由定义的推论，并利用对角矩阵乘法的特点可看出

$$\begin{bmatrix} a_1 & 0 & \cdots & 0 \\ 0 & a_2 & \cdots & 0 \\ \vdots & \vdots & & \vdots \\ 0 & 0 & \cdots & a_n \end{bmatrix} \begin{bmatrix} \frac{1}{a_1} & 0 & \cdots & 0 \\ 0 & \frac{1}{a_2} & \cdots & 0 \\ \vdots & \vdots & & \vdots \\ 0 & 0 & \cdots & \frac{1}{a_n} \end{bmatrix} = \begin{bmatrix} 1 & 0 & \cdots & 0 \\ 0 & 1 & \cdots & 0 \\ \vdots & \vdots & & \vdots \\ 0 & 0 & \cdots & 1 \end{bmatrix}$$

故

$$\boldsymbol{B}^{-1} = \begin{bmatrix} \frac{1}{a_1} & 0 & \cdots & 0 \\ 0 & \frac{1}{a_2} & \cdots & 0 \\ \vdots & \vdots & & \vdots \\ 0 & 0 & \cdots & \frac{1}{a_n} \end{bmatrix}$$

(3) $|\boldsymbol{C}| = 6 \neq 0$，故 $\boldsymbol{C}$ 可逆，

$$A_{11} = (-1)^{1+1} \begin{vmatrix} 1 & 2 \\ 4 & 6 \end{vmatrix} = -2, \quad A_{21} = (-1)^{2+1} \begin{vmatrix} 0 & 1 \\ 4 & 6 \end{vmatrix} = 4$$

$$A_{31} = (-1)^{3+1} \begin{vmatrix} 0 & 1 \\ 1 & 2 \end{vmatrix} = -1, \quad A_{12} = (-1)^{1+2} \begin{vmatrix} 2 & 2 \\ 0 & 6 \end{vmatrix} = -12$$

$$A_{22} = (-1)^{2+2} \begin{vmatrix} 1 & 1 \\ 0 & 6 \end{vmatrix} = 6, \quad A_{32} = (-1)^{3+2} \begin{vmatrix} 1 & 1 \\ 2 & 2 \end{vmatrix} = 0$$

$$A_{13} = (-1)^{3+1} \begin{vmatrix} 2 & 1 \\ 0 & 4 \end{vmatrix} = 8, \quad A_{23} = (-1)^{2+3} \begin{vmatrix} 1 & 0 \\ 0 & 4 \end{vmatrix} = -4$$

$$A_{33} = (-1)^{3+3} \begin{vmatrix} 1 & 0 \\ 2 & 1 \end{vmatrix} = 1$$

故

$$\boldsymbol{C}^* = \begin{bmatrix} -2 & 4 & -1 \\ -12 & 6 & 0 \\ 8 & -4 & 1 \end{bmatrix}$$

$$\boldsymbol{C}^{-1} = \frac{1}{6}\boldsymbol{C}^* = \begin{bmatrix} -\frac{1}{3} & \frac{2}{3} & -\frac{1}{6} \\ -2 & 1 & 0 \\ \frac{4}{3} & -\frac{2}{3} & \frac{1}{6} \end{bmatrix}$$

2.4.2 逆矩阵的性质

以下设 n 阶方阵 $\boldsymbol{A}, \boldsymbol{B}$ 均可逆，则逆矩阵有如下性质：

(1) 唯一性,即 $\boldsymbol{A}$ 的逆矩阵唯一;

(2) $(\boldsymbol{A}^{-1})^{-1}=\boldsymbol{A}$;

(3) $(k\boldsymbol{A})^{-1}=\frac{1}{k}\boldsymbol{A}^{-1}$(其中 $k\neq 0$);

(4) $(\boldsymbol{A}^{\mathrm{T}})^{-1}=(\boldsymbol{A}^{-1})^{\mathrm{T}}$;

(5) $(\boldsymbol{AB})^{-1}=\boldsymbol{B}^{-1}\boldsymbol{A}^{-1}$;

(6) $|\boldsymbol{A}^{-1}|=|\boldsymbol{A}|^{-1}=\frac{1}{|\boldsymbol{A}|}$.

以下仅对性质(5)给出证明,其他证明类似,此处略.

证明 因 $(\boldsymbol{AB})(\boldsymbol{B}^{-1}\boldsymbol{A}^{-1})=\boldsymbol{A}(\boldsymbol{BB}^{-1})\boldsymbol{A}^{-1}=\boldsymbol{AIA}^{-1}=\boldsymbol{AA}^{-1}=\boldsymbol{I}$

故依定理1的推论有 $(\boldsymbol{AB})^{-1}=\boldsymbol{B}^{-1}\boldsymbol{A}^{-1}$

显然,性质(5)可推广至任意有限个的情况,即

$$(\boldsymbol{A}_1\boldsymbol{A}_2\cdots\boldsymbol{A}_k)^{-1}=\boldsymbol{A}_k^{-1}\boldsymbol{A}_{k-1}^{-1}\cdots\boldsymbol{A}_1^{-1} \tag{2-6}$$

为了方便起见,还规定 $\boldsymbol{A}^0=\boldsymbol{I}$,$(\boldsymbol{A})^{-k}=(\boldsymbol{A}^{-1})^k$,其中 k 为正整数.

利用式(2-6)可将方阵幂的性质推广到负整数的情况,即

$$\boldsymbol{A}^k\boldsymbol{A}^m=\boldsymbol{A}^{k+m},\quad (\boldsymbol{A}^k)^m=\boldsymbol{A}^{km}$$

其中 k,m 为任意整数.

2.4.3 逆矩阵的应用

逆矩阵有着广泛的应用,下面主要谈其在解线性方程组及矩阵方程中的应用.

在2.2节中曾将线性方程组

$$\begin{cases} a_{11}x_1+a_{12}x_2+\cdots+a_{1n}x_n=b_1 \\ a_{21}x_1+a_{22}x_2+\cdots+a_{2n}x_n=b_2 \\ \qquad\qquad\qquad\vdots \\ a_{m1}x_1+a_{m2}x_2+\cdots+a_{mn}x_n=b_m \end{cases}$$

写成矩阵乘积形式

$$\boldsymbol{AX}=\boldsymbol{B}$$

如果是 n 个未知数,n 个方程的线性方程组,则 $\boldsymbol{A}$ 是 n 阶方阵,$\boldsymbol{X},\boldsymbol{B}$ 是 n 维列矩阵(向量),且 $\boldsymbol{X},\boldsymbol{B}$ 已知.

如果 $|\boldsymbol{A}|\neq 0$,即 $\boldsymbol{A}$ 可逆,将上式两端左乘 $\boldsymbol{A}^{-1}$ 得

$$(\boldsymbol{A}^{-1}\boldsymbol{A})\boldsymbol{X}=\boldsymbol{A}^{-1}\boldsymbol{B}\Rightarrow\boldsymbol{X}=\boldsymbol{A}^{-1}\boldsymbol{B}$$

这是上述方程组的唯一解.以上便可看做 Cramer 法则的一个简单证明.

如果 $\boldsymbol{B}$ 是任意矩阵,$\boldsymbol{AX}=\boldsymbol{B}$ 便是一般的矩阵方程,其解为 $\boldsymbol{X}=\boldsymbol{A}^{-1}\boldsymbol{B}$,而线性方程组是其特殊情况.

例 10 解下列线性方程组.

(1) $\begin{cases} x_1+x_3=1 \\ x_1-x_2=0 \\ x_2+2x_3=-1 \end{cases}$;

(2) $\boldsymbol{AX}=\boldsymbol{B}$,其中 $\boldsymbol{A}=\begin{bmatrix} 1 & 0 & 1 \\ 2 & 1 & 2 \\ 0 & 4 & 6 \end{bmatrix}$,$\boldsymbol{B}=\begin{bmatrix} 1 & 0 \\ 0 & -1 \\ 1 & 1 \end{bmatrix}$.

解　(1) 将线性方程组写成 $\boldsymbol{AX}=\boldsymbol{B}$ 形式,其中

$$\boldsymbol{A}=\begin{bmatrix} 1 & 0 & 1 \\ 1 & -1 & 0 \\ 0 & 1 & 2 \end{bmatrix},\quad \boldsymbol{X}=\begin{bmatrix} x_1 \\ x_2 \\ x_3 \end{bmatrix},\quad \boldsymbol{B}=\begin{bmatrix} 1 \\ 0 \\ -1 \end{bmatrix}$$

因 $|\boldsymbol{A}|=-1\neq 0$,所以 $\boldsymbol{A}$ 可逆,利用公式求得

$$\boldsymbol{A}^{-1}=\begin{bmatrix} 2 & -1 & -1 \\ 2 & -2 & -1 \\ -1 & 1 & 1 \end{bmatrix}$$

于是
$$\boldsymbol{X}=\boldsymbol{A}^{-1}\boldsymbol{B}=\begin{bmatrix} 2 & -1 & -1 \\ 2 & -2 & -1 \\ -1 & 1 & 1 \end{bmatrix}\begin{bmatrix} 1 \\ 0 \\ -1 \end{bmatrix}=\begin{bmatrix} 3 \\ 3 \\ -2 \end{bmatrix}$$

即原方程组的唯一解为

$$x_1=3,\quad x_2=3,\quad x_3=-2$$

(2) 由例 9 的第(3)小题知

$$\boldsymbol{A}^{-1}=\frac{1}{6}\begin{bmatrix} -2 & 4 & -1 \\ -12 & 6 & 0 \\ 8 & -4 & 1 \end{bmatrix}$$

故 $\boldsymbol{X}=\boldsymbol{A}^{-1}\boldsymbol{B}=\frac{1}{6}\begin{bmatrix} -2 & 4 & -1 \\ -12 & 6 & 0 \\ 8 & -4 & 1 \end{bmatrix}\begin{bmatrix} 1 & 0 \\ 0 & -1 \\ 1 & 1 \end{bmatrix}=\frac{1}{6}\begin{bmatrix} -3 & -5 \\ -12 & -6 \\ 9 & 5 \end{bmatrix}=\begin{bmatrix} -\frac{1}{2} & -\frac{5}{6} \\ -2 & -1 \\ \frac{3}{2} & \frac{5}{6} \end{bmatrix}$

例 11　设矩阵 $\boldsymbol{A},\boldsymbol{B}$ 满足 $\boldsymbol{AB}=2\boldsymbol{B}+\boldsymbol{A}$,且 $\boldsymbol{A}=\begin{bmatrix} 3 & 0 & 1 \\ 1 & 1 & 0 \\ 0 & 1 & 4 \end{bmatrix}$,求 $\boldsymbol{B}$.

解　由 $\boldsymbol{AB}=2\boldsymbol{B}+\boldsymbol{A}$,得$(\boldsymbol{A}-2\boldsymbol{I})\boldsymbol{B}=\boldsymbol{A}$. 因

$$|\boldsymbol{A}-2\boldsymbol{I}|=\begin{vmatrix} 1 & 0 & 1 \\ 1 & -1 & 0 \\ 0 & 1 & 2 \end{vmatrix}=-1\neq 0$$

故 $\boldsymbol{A}-2\boldsymbol{I}$ 可逆,且

$$(\boldsymbol{A}-2\boldsymbol{I})^{-1}=\begin{bmatrix}2&-1&-1\\2&-2&-1\\-1&1&1\end{bmatrix}$$

从而得

$$\boldsymbol{B}=(\boldsymbol{A}-2\boldsymbol{I})^{-1}\boldsymbol{A}=\begin{bmatrix}2&-1&-1\\2&-2&-1\\-1&1&1\end{bmatrix}\begin{bmatrix}3&0&1\\1&1&0\\0&1&4\end{bmatrix}=\begin{bmatrix}5&-2&-2\\4&-3&-2\\-2&2&3\end{bmatrix}$$

练 习 2.4

1. 求下列矩阵的逆.

(1) $\boldsymbol{A}=\begin{bmatrix}a_1&0&0\\0&a_2&0\\0&0&a_3\end{bmatrix}$,其中 a_1,a_2,a_3 为非零;

(2) $\boldsymbol{A}=\begin{bmatrix}0&0&a_1\\0&a_2&0\\a_3&0&0\end{bmatrix}$,其中 a_1,a_2,a_3 为非零;

(3) $\boldsymbol{A}=\begin{bmatrix}2&1\\-1&2\end{bmatrix}$; (4) $\boldsymbol{A}=\begin{bmatrix}1&2&3\\0&1&2\\0&0&1\end{bmatrix}$; (5) $\boldsymbol{A}=\begin{bmatrix}1&0&4\\2&2&7\\0&1&-2\end{bmatrix}$.

2. 解下列矩阵方程.

(1) $\begin{bmatrix}1&2&3\\-1&0&1\\3&3&4\end{bmatrix}\boldsymbol{X}=\begin{bmatrix}2&1\\-1&0\\3&1\end{bmatrix}$;

(2) $\boldsymbol{XA}=\boldsymbol{B}$,其中 $\boldsymbol{A}=\begin{bmatrix}2&1&-1\\2&1&0\\1&-1&0\end{bmatrix}$,$\boldsymbol{B}=\begin{bmatrix}1&-1&3\\4&3&2\end{bmatrix}$;

(3) $\boldsymbol{A}=\begin{bmatrix}\frac{1}{3}&0&0\\0&\frac{1}{4}&0\\0&0&\frac{1}{7}\end{bmatrix}$,求 $\boldsymbol{B}$,使 $\boldsymbol{A}^{-1}\boldsymbol{BA}=6\boldsymbol{A}+\boldsymbol{BA}$.

3. 判断题,如不对请举出反例.

(1) 若 $\boldsymbol{A}\neq\boldsymbol{0}$,$\boldsymbol{AC}=\boldsymbol{AB}$,则 $\boldsymbol{B}=\boldsymbol{C}$.

(2) 若 $\boldsymbol{A}$ 或 $\boldsymbol{B}$ 不可逆,则 $\boldsymbol{AB}$ 不可逆.

(3) 若 $\boldsymbol{A}^{\mathrm{T}}\boldsymbol{A}=\boldsymbol{I}$,则 $\boldsymbol{A}^{-1}=\boldsymbol{A}^{\mathrm{T}}$.

(4) $(2\boldsymbol{A})^{-1}=2\boldsymbol{A}^{-1}$.

(5) $(\boldsymbol{A}+\boldsymbol{B})^{-1}=\boldsymbol{A}^{-1}+\boldsymbol{B}^{-1}$.

(6) $(\boldsymbol{A}^{-1})^2=(\boldsymbol{A}^2)^{-1}$.

(7) 若 n 阶方阵 $\boldsymbol{A}$ 可逆，$\boldsymbol{B}$ 不可逆，则 $\boldsymbol{A}+\boldsymbol{B}$，$\boldsymbol{AB}$ 必不可逆.

内容小结

一、基本概念

转置矩阵、对称矩阵、单位矩阵、对角矩阵、上(下)三角矩阵、逆矩阵、伴随矩阵.

二、基本内容

1. 矩阵的运算

(1) 矩阵的加法、数乘运算，其运算规则、运算律同数的相应运算律.

(2) 矩阵的乘法要弄清可乘条件、乘法规则、乘积矩阵的类型和形式. 矩阵乘法满足结合律、分配律，但不满足交换律(这是与数的乘法本质不同之点)，因此乘法还须注意以下两点：

① 不满足消去律，即若 $\boldsymbol{AB}=\boldsymbol{AC}$，且 $\boldsymbol{A}\neq\boldsymbol{0}$，不一定有 $\boldsymbol{B}=\boldsymbol{C}$(但应注意若 $\boldsymbol{A}$ 可逆，消去律成立)；

② 无零因子，即若 $\boldsymbol{AB}=\boldsymbol{0}$，不一定有 $\boldsymbol{A}=\boldsymbol{0}$ 或 $\boldsymbol{B}=\boldsymbol{0}$.

(3) 矩阵的转置运算满足：

$(\boldsymbol{A}^{\mathrm{T}})^{\mathrm{T}}=\boldsymbol{A}$；　$(\boldsymbol{A}+\boldsymbol{B})^{\mathrm{T}}=\boldsymbol{A}^{\mathrm{T}}+\boldsymbol{B}^{\mathrm{T}}$；　$(k\boldsymbol{A})^{\mathrm{T}}=k\boldsymbol{A}^{\mathrm{T}}$(转置运算是线性运算)；$(\boldsymbol{AB})^{\mathrm{T}}=\boldsymbol{B}^{\mathrm{T}}\boldsymbol{A}^{\mathrm{T}}$

2. 方阵的行列式

方阵的行列式满足：

$$|\boldsymbol{A}|=|\boldsymbol{A}^{\mathrm{T}}|;\quad |\boldsymbol{A}^{\mathrm{T}}+\boldsymbol{B}^{\mathrm{T}}|=|\boldsymbol{A}+\boldsymbol{B}|;\quad |k\boldsymbol{A}|=k^n|\boldsymbol{A}|;\quad |\boldsymbol{AB}|=|\boldsymbol{A}||\boldsymbol{B}|$$

注意：

① 方阵的行列式运算不是线性运算，故一般 $|\boldsymbol{A}+\boldsymbol{B}|\neq|\boldsymbol{A}|+|\boldsymbol{B}|$，$|k\boldsymbol{A}|\neq k|\boldsymbol{A}|$.

② 设 $\boldsymbol{A}$，$\boldsymbol{B}$ 为同阶方阵，虽然一般 $\boldsymbol{AB}\neq\boldsymbol{BA}$，但是有 $|\boldsymbol{AB}|=|\boldsymbol{BA}|$.

3. 方阵的逆矩阵

(1) 可逆条件：方阵 $\boldsymbol{A}$ 可逆 $\Leftrightarrow \boldsymbol{AB}=\boldsymbol{I}\Leftrightarrow|\boldsymbol{A}|\neq 0$.

(2) 运算性质：

① $(\boldsymbol{A}^{-1})^{-1}=\boldsymbol{A}$；

② $|\boldsymbol{A}^{-1}|=\dfrac{1}{|\boldsymbol{A}|}=|\boldsymbol{A}|^{-1}$；

③ $(k\boldsymbol{A})^{-1}=\dfrac{1}{k}\boldsymbol{A}^{-1}(k\neq 0)$；

④ $(\boldsymbol{A}^{\mathrm{T}})^{-1}=(\boldsymbol{A}^{-1})^{\mathrm{T}}$；

⑤ $(\boldsymbol{AB})^{-1}=\boldsymbol{B}^{-1}\boldsymbol{A}^{-1}$；

⑥ $\boldsymbol{AA}^*=\boldsymbol{A}^*\boldsymbol{A}=|\boldsymbol{A}|\boldsymbol{I}$.

注意：

① 求逆运算不是线性运算.

② 转置、求逆在乘积运算上有类似的规律,可类比记.

(3) 矩阵逆的求法:

① 定义法,由 $\boldsymbol{AB}=\boldsymbol{I}$(或 $\boldsymbol{BA}=\boldsymbol{I}$)即知 $\boldsymbol{B}=\boldsymbol{A}^{-1}$(或 $\boldsymbol{A}=\boldsymbol{B}^{-1}$);

② 待定系数法(较适合于二阶矩阵);

③ 公式法,$\boldsymbol{A}^{-1}=\dfrac{\boldsymbol{A}^*}{|\boldsymbol{A}|}$(适合于三阶及以上矩阵).

综合练习二

一、填空题.

1. $\boldsymbol{\alpha}=\begin{bmatrix}1\\0\\-1\end{bmatrix}$,$\boldsymbol{A}=\boldsymbol{\alpha\alpha}^{\mathrm{T}}$,则 $|2\boldsymbol{I}+\boldsymbol{A}^n|=$______.

2. $\boldsymbol{A}$ 为三阶方阵,$\boldsymbol{A}_{3\times3}=[\boldsymbol{\alpha}_1\quad\boldsymbol{\alpha}_2\quad\boldsymbol{\alpha}_3]$,$|\boldsymbol{A}|=5$,则 $|\boldsymbol{\alpha}_1+2\boldsymbol{\alpha}_2\quad\boldsymbol{\alpha}_2\quad2\boldsymbol{\alpha}_3|=$______.

3. $\boldsymbol{A},\boldsymbol{B}$ 为三阶方阵,$\boldsymbol{A}=[\boldsymbol{\alpha}_1\quad\boldsymbol{\alpha}_2\quad\boldsymbol{\alpha}_3]$,$\boldsymbol{B}=[\boldsymbol{\alpha}_1\quad\boldsymbol{\alpha}_2\quad\boldsymbol{\alpha}_4]$,且 $|\boldsymbol{A}|=2$,$|\boldsymbol{B}|=3$,其中 $\boldsymbol{\alpha}_1,\boldsymbol{\alpha}_2,\boldsymbol{\alpha}_3,\boldsymbol{\alpha}_4$ 为三维列向量,则 $|\boldsymbol{A}+\boldsymbol{B}|=$______.

4. $\boldsymbol{A}=\begin{bmatrix}1&1\\0&2\end{bmatrix}$,则 $|3\boldsymbol{A}^{-1}\boldsymbol{A}^*|=$______.

5. $\boldsymbol{A}=\begin{bmatrix}1&2&0&0\\-1&0&0&0\\0&0&a&1\\0&0&1&a\end{bmatrix}$ 可逆,则 $a=$______,$\boldsymbol{A}^{-1}=$______.

二、判断题.

1. 两 n 阶对称矩阵之积仍为对称矩阵.

2. $(k\boldsymbol{A})^*=k\boldsymbol{A}^*$.

3. $\boldsymbol{A},\boldsymbol{B}$ 为 n 阶矩阵,若 $\boldsymbol{AB}+\boldsymbol{B}=\boldsymbol{I}$,则 $\boldsymbol{BA}+\boldsymbol{B}=\boldsymbol{I}$.

4. $\boldsymbol{A},\boldsymbol{B},\boldsymbol{C}$ 为 n 阶方阵,若 $\boldsymbol{ABC}=\boldsymbol{I}$,则 $\boldsymbol{BCA}=\boldsymbol{I}$.

5. $\boldsymbol{A},\boldsymbol{B},\boldsymbol{C}$ 为 n 阶方阵,若 $\boldsymbol{ABC}=\boldsymbol{I}$,则 $\boldsymbol{ACB}=\boldsymbol{I}$.

6. $\boldsymbol{A},\boldsymbol{B}$ 为 n 阶方阵,$\boldsymbol{A}$ 可逆,且 $\boldsymbol{AB}=\boldsymbol{BA}$,则 $\boldsymbol{A}^{-1}\boldsymbol{B}=\boldsymbol{BA}^{-1}$.

三、计算题.

1. $\boldsymbol{AB}+\boldsymbol{I}=\boldsymbol{A}^2+\boldsymbol{B}$,$\boldsymbol{A}=\begin{bmatrix}1&0&1\\0&2&0\\-1&0&1\end{bmatrix}$,求 $\boldsymbol{B}$.

2. $\boldsymbol{A},\boldsymbol{B},\boldsymbol{C}$ 为 n 阶方阵,且满足 $(\boldsymbol{I}-\boldsymbol{C}^{-1}\boldsymbol{B}^{\mathrm{T}})^{\mathrm{T}}\boldsymbol{C}^{\mathrm{T}}\boldsymbol{A}=\boldsymbol{B}$,求矩阵 $\boldsymbol{B}$,其中

$$\boldsymbol{A}=\begin{bmatrix}0&1&1\\0&0&1\\0&0&0\end{bmatrix},\quad \boldsymbol{C}=\begin{bmatrix}1&0&0\\2&1&0\\1&2&1\end{bmatrix}.$$

3. $\boldsymbol{A}=\begin{bmatrix}3 & 4 & 0 & 0\\4 & -3 & 0 & 0\\0 & 0 & 1 & 2\\0 & 0 & 0 & 1\end{bmatrix}$,求$|\boldsymbol{A}^n|$,$\boldsymbol{A}^{2n}$($n$为正整数).

4. $\boldsymbol{A}$为n阶方阵,$|\boldsymbol{A}|=2$,求$\left|\frac{1}{2}\boldsymbol{A}^{-1}-3\boldsymbol{A}^*\right|$.

四、证明题.

1. 设$\boldsymbol{A}$为n阶可逆矩阵,试证明:

(1) $|\boldsymbol{A}^*|=|\boldsymbol{A}|^{n-1}$;

(2) $(\boldsymbol{A}^*)^{-1}=|\boldsymbol{A}|^{-1}\boldsymbol{A}$.

2. n阶可逆矩阵$\boldsymbol{A}$的每一行元素之和为$a(a\neq 0)$,试证明$\boldsymbol{A}^{-1}$的每一行元素之和为a^{-1}.

3. $\boldsymbol{A}$为n阶方阵,$\boldsymbol{A}^k=\boldsymbol{0}$,试证明$\boldsymbol{I}-\boldsymbol{A}$可逆,并求$(\boldsymbol{I}-\boldsymbol{A})^{-1}$.

第3章 初等变换与解线性方程组

初等变换是线性代数中最常用的方法之一,广泛应用于解线性方程组、求矩阵的秩、求方阵的逆矩阵、解矩阵方程、判断向量组的线性相关性等.

本章在引入矩阵的秩的基础上,利用初等变换重点讨论了有关线性方程组有解或无解的判定、解的唯一性及如何求解等问题.

3.1 初等变换解线性方程组

例1 解线性方程组

$$\begin{cases} x_1+2x_2+x_3=3 \\ 3x_1-x_2-3x_3=-1 \\ 2x_1+3x_2+x_3=4 \end{cases}$$

解

$$\begin{cases} x_1+2x_2+x_3=3 & ① \\ 3x_1-x_2-3x_3=-1 & ② \\ 2x_1+3x_2+x_3=4 & ③ \end{cases} \xRightarrow[③-2\times①]{②-3\times①} \begin{cases} x_1+2x_2+x_3=3 & ① \\ -7x_2-6x_3=-10 & ② \\ -x_2-x_3=-2 & ③ \end{cases}$$

$$\xRightarrow[②\leftrightarrow③]{-1\times③} \begin{cases} x_1+2x_2+x_3=3 & ① \\ x_2+x_3=2 & ② \\ -7x_2-6x_3=-10 & ③ \end{cases}$$

$$\xRightarrow{③+7\times②} \begin{cases} x_1+2x_2+x_3=3 & ① \\ x_2+x_3=2 & ② \\ x_3=4 & ③ \end{cases}$$

回代得

$$\begin{cases} x_1=3 \\ x_2=-2 \\ x_3=4 \end{cases}$$

上述求解线性方程组的方法称为 Gauss **消元法**,其与中学解线性方程组的加减消元法实质上是一致的.在上述解法中共使用了三种变换:① 交换两个方程;② 将某一方程乘某一非零数;③ 将某一方程乘某数后加到另一方程上.上述三种变换称为**线性方程组的初等变换**,并分别称为**交换变换**、**数乘变换**及**消元变换**.上述线性方程组的初等变换都是可逆的,其逆变换是同类型的初等变换,容易证明初等变换是同解变换.

只要稍加观察就不难发现，上述方程组的求解中的等号、未知数、加号是不参加运算的，真正参加运算的是系数及常数项. 如果去掉上述不参加运算的因素，便得到如下矩阵

$$\widetilde{\boldsymbol{A}}=\left[\begin{array}{ccc:c}1 & 2 & 1 & 3\\3 & -1 & -3 & -1\\2 & 3 & 1 & 4\end{array}\right]$$

此矩阵称为**增广矩阵**.

如果把上述方程组的三种初等变换用到矩阵的行（列）上，便得到矩阵的行（列）初等变换. 显然，线性方程组的初等变换与矩阵的行初等变换是相互对应的.

定义 1 下列三种变换称为**矩阵的行初等变换**：

（1）对换变换，交换矩阵的 i,j 行，记为 $r_i \leftrightarrow r_j$；

（2）数乘变换，用一个非零数 k 乘矩阵的第 i 行，记为 kr_i；

（3）倍加变换（或消元变换），用数 k 乘矩阵的第 j 行，加到第 i 行上，记为 r_i+kr_j.

如果将上述定义中的行换成列，就得到三种矩阵的列初等变换，三种列初等变换相应记为 $c_i \leftrightarrow c_j, kc_i, c_i+kc_j$.

显然，矩阵的初等变换都是可逆的，其逆变换是同类型的初等变换.

现在用矩阵的行初等变换重解例 1，将上述解方程组中的初等变换变成相应的增广矩阵的行初等变换，得

$$\widetilde{\boldsymbol{A}}=\left[\begin{array}{ccc:c}1 & 2 & 1 & 3\\3 & -1 & -3 & -1\\2 & 3 & 1 & 4\end{array}\right]\xrightarrow[r_3-2r_1]{r_2-3r_1}\left[\begin{array}{ccc:c}1 & 2 & 1 & 3\\0 & -7 & -6 & -10\\0 & -1 & -1 & -2\end{array}\right]$$

$$\xrightarrow[r_2\leftrightarrow r_3]{r_3\times(-1)}\left[\begin{array}{ccc:c}1 & 2 & 1 & 3\\0 & 1 & 1 & 2\\0 & -7 & -6 & -10\end{array}\right]\xrightarrow{r_3+7r_2}\left[\begin{array}{ccc:c}1 & 2 & 1 & 3\\0 & 1 & 1 & 2\\0 & 0 & 1 & 4\end{array}\right]$$

最后所得的矩阵称为**行阶梯形矩阵**，其特点如下：

（1）形如阶梯，每个阶梯仅占一行；

（2）阶梯线以下元素全为零.

得到行阶梯形矩阵后写出其对应的与原方程组同解的方程组，经回代即可得原方程组的解.

事实上，使用行初等变换可将行阶梯形矩阵进一步变成一个更为简单的矩阵，该矩阵称为**行最简形矩阵**或称**简化行阶梯形矩阵**.

例如，矩阵

$$\begin{bmatrix}1 & 3 & 0 & 0\\0 & 0 & 1 & 0\\0 & 0 & 0 & 1\\0 & 0 & 0 & 0\end{bmatrix}$$

就是一个行最简形矩阵，它是具有下列两个特点：

(1) 阶梯竖线第一个非零元是 1；

(2) 该非零元 1 所在列的其他元素都为 0.

将矩阵化成行最简形后，其对应的线性方程组无须回代即可求得解.

如例 1，可由行阶梯形矩阵经如下过程：

$$\begin{bmatrix}1 & 2 & 1 & 3\\0 & 1 & 1 & 2\\0 & 0 & 1 & 4\end{bmatrix}\xrightarrow[r_2-r_3]{r_1-r_3}\begin{bmatrix}1 & 2 & 0 & -1\\0 & 1 & 0 & -2\\0 & 0 & 1 & 4\end{bmatrix}\xrightarrow{r_1-2r_2}\begin{bmatrix}1 & 0 & 0 & 3\\0 & 1 & 0 & -2\\0 & 0 & 1 & 4\end{bmatrix}$$

即可看出解为

$$\begin{cases}x_1=3\\x_2=-2\\x_3=4\end{cases}$$

下面给出用初等变换解线性方程组的步骤(假设线性方程组有解)：

(1) 写出方程组对应的增广矩阵 $\widetilde{\boldsymbol{A}}$；

(2) 将 $\widetilde{\boldsymbol{A}}$ 利用行初等变换化成行最简形 $\boldsymbol{B}$；

(3) 写出行最简形对应的同解线性方程组，并求解.

例 2　解线性方程组

$$\begin{cases}x_1-x_2-x_3+x_4=0\\x_2+2x_3-4x_4=1\\2x_1-2x_2-4x_3+6x_4=-1\\3x_1-3x_2-5x_3+7x_4=-1\end{cases}$$

解　$$\widetilde{\boldsymbol{A}}=\begin{bmatrix}1 & -1 & -1 & 1 & 0\\0 & 1 & 2 & -4 & 1\\2 & -2 & -4 & 6 & -1\\3 & -3 & -5 & 7 & -1\end{bmatrix}\xrightarrow[r_4-3r_1]{r_3-2r_1}\begin{bmatrix}1 & -1 & -1 & 1 & 0\\0 & 1 & 2 & -4 & 1\\0 & 0 & -2 & 4 & -1\\0 & 0 & -2 & 4 & -1\end{bmatrix}$$

$$\xrightarrow{r_4-r_3}\begin{bmatrix}1 & -1 & -1 & 1 & 0\\0 & 1 & 2 & -4 & 1\\0 & 0 & -2 & 4 & -1\\0 & 0 & 0 & 0 & 0\end{bmatrix}\xrightarrow[r_1+r_2]{r_2+r_3}\begin{bmatrix}1 & 0 & -1 & 1 & 0\\0 & 1 & 0 & 0 & 0\\0 & 0 & -2 & 4 & -1\\0 & 0 & 0 & 0 & 0\end{bmatrix}$$

(行阶梯形)

$$\xrightarrow[r_1+r_3]{r_3\times\left(-\frac{1}{2}\right)}\begin{bmatrix}1 & 0 & 0 & -1 & \frac{1}{2}\\0 & 1 & 0 & 0 & 0\\0 & 0 & 1 & -2 & \frac{1}{2}\\0 & 0 & 0 & 0 & 0\end{bmatrix}$$

(行最简形)

对应的方程组为

$$\begin{cases} x_1-x_4=\dfrac{1}{2} \\ x_2=0 \\ x_3-2x_4=\dfrac{1}{2} \end{cases} \Rightarrow \begin{cases} x_1=x_4+\dfrac{1}{2} \\ x_2=0 \\ x_3=2x_4+\dfrac{1}{2} \\ x_4=x_4 \end{cases}$$

其中 x_4 为自由未知数.

容易证明任一矩阵必可通过行初等变换化成行阶梯形和行最简形. 显然其行阶梯形并不唯一(因行最简形也是行阶梯形),而行最简形是唯一的.

如果再使用列初等变换,则可进一步将矩阵化成标准形. 所谓标准形,是指形如

$$\begin{bmatrix} \overbrace{\begin{matrix} 1 & & & \\ & 1 & & \\ & & \ddots & \\ & & & 1 \end{matrix}}^{r} & \\ & \begin{matrix} 0 & & \\ & \ddots & \\ & & 0 \end{matrix} \end{bmatrix} = \begin{bmatrix} \boldsymbol{I}_r & \mathbf{0} \\ \mathbf{0} & \mathbf{0} \end{bmatrix}$$

的矩阵.

如例 2

$$\left[\begin{array}{cccc:c} 1 & 0 & 0 & -1 & \frac{1}{2} \\ 0 & 1 & 0 & 0 & 0 \\ 0 & 0 & 1 & -2 & \frac{1}{2} \\ 0 & 0 & 0 & 0 & 0 \end{array}\right] \xrightarrow[c_5-\frac{1}{2}c_1]{c_4+c_1} \left[\begin{array}{cccc:c} 1 & 0 & 0 & 0 & 0 \\ 0 & 1 & 0 & 0 & 0 \\ 0 & 0 & 1 & -2 & \frac{1}{2} \\ 0 & 0 & 0 & 0 & 0 \end{array}\right] \xrightarrow[c_5-\frac{1}{2}c_3]{c_4+2c_3} \begin{bmatrix} 1 & 0 & 0 & 0 & 0 \\ 0 & 1 & 0 & 0 & 0 \\ 0 & 0 & 1 & 0 & 0 \\ 0 & 0 & 0 & 0 & 0 \end{bmatrix}$$

$$=\begin{bmatrix} \boldsymbol{I}_3 & \mathbf{0} \\ \mathbf{0} & \mathbf{0} \end{bmatrix}$$

每一个矩阵对应唯一的标准形.

例 3　写出下列矩阵的行阶梯形、行最简形和标准形.

$$\boldsymbol{A}=\begin{bmatrix} 0 & 0 & 3 & 2 \\ 2 & 6 & -4 & 5 \\ 1 & 3 & -2 & 2 \\ -1 & -3 & 4 & 0 \end{bmatrix}$$

解　$\boldsymbol{A}=\begin{bmatrix} 0 & 0 & 3 & 2 \\ 2 & 6 & -4 & 5 \\ 1 & 3 & -2 & 2 \\ -1 & -3 & 4 & 0 \end{bmatrix} \xrightarrow{\substack{r_1\leftrightarrow r_3 \\ r_2-2r_1 \\ r_4+r_1}} \begin{bmatrix} 1 & 3 & -2 & 2 \\ 0 & 0 & 0 & 1 \\ 0 & 0 & 3 & 2 \\ 0 & 0 & 2 & 2 \end{bmatrix}$

$$\xrightarrow[r_3-3r_2]{\substack{r_2\leftrightarrow r_4\\ r_2\times\frac{1}{2}}}\begin{bmatrix}1&3&-2&2\\0&0&1&1\\0&0&0&-1\\0&0&0&1\end{bmatrix}\xrightarrow[r_3\times(-1)]{r_4+r_3}\begin{bmatrix}1&3&-2&2\\0&0&1&1\\0&0&0&1\\0&0&0&0\end{bmatrix}$$

（行阶梯形）

$$\xrightarrow[r_1+2r_2]{\substack{r_1-2r_3\\ r_2-r_3}}\begin{bmatrix}1&3&0&0\\0&0&1&0\\0&0&0&1\\0&0&0&0\end{bmatrix}\xrightarrow[c_3\leftrightarrow c_4]{\substack{c_2-3c_1\\ c_2\leftrightarrow c_3}}\begin{bmatrix}1&0&0&0\\0&1&0&0\\0&0&1&0\\0&0&0&0\end{bmatrix}=\begin{bmatrix}\boldsymbol{I}_3&\boldsymbol{0}\\\boldsymbol{0}&\boldsymbol{0}\end{bmatrix}$$

（行最简形）　　　　（标准形）

定义 2（矩阵等价）　如果矩阵 $\boldsymbol{A}$ 经初等变换化成另一矩阵 $\boldsymbol{B}$，则称两矩阵 $\boldsymbol{A},\boldsymbol{B}$ 等价，记为 $\boldsymbol{A}\backsim\boldsymbol{B}$.

矩阵等价是矩阵间的一种等价关系. 容易证明矩阵的等价关系满足**自反**、**对称**、**传递**性质，即：

（1）$\boldsymbol{A}\backsim\boldsymbol{A}$；

（2）若 $\boldsymbol{A}\backsim\boldsymbol{B}$，则 $\boldsymbol{B}\backsim\boldsymbol{A}$；

（3）若 $\boldsymbol{A}\backsim\boldsymbol{B}$，$\boldsymbol{B}\backsim\boldsymbol{C}$，则 $\boldsymbol{A}\backsim\boldsymbol{C}$.

练　习　3.1

1. 把矩阵化成行阶梯形、行最简形有什么作用？它们是否唯一，为什么？

2. 能否用列初等变换解线性方程组？

3. 用行初等变换将下列矩阵化成行阶梯形及行最简形.

（1）$\begin{bmatrix}2&5&3&3\\1&2&1&1\\1&2&1&2\end{bmatrix}$；　（2）$\begin{bmatrix}1&1&2&2\\2&0&-1&2\\1&3&0&4\\2&1&1&3\end{bmatrix}$.

4. 用初等变换将下列矩阵化为标准形.

（1）$\begin{bmatrix}1&0&0&1\\2&1&1&2\\3&-1&0&1\\-1&1&1&0\end{bmatrix}$；　（2）$\begin{bmatrix}3&3&3&4\\1&-2&-1&2\\2&-1&0&3\end{bmatrix}$.

5. 判断题.

（1）初等变换不改变矩阵的可逆性.

（2）初等变换不改变行列式的值.

（3）利用行初等变换必可把矩阵化成标准形.

6. 证明题.

（1）任何矩阵都可经行初等变换化成行阶梯形、行最简形.

(2) 任何矩阵都可经初等变换化成标准形.

(3) 初等变换都可逆,并可求出逆变换.

(4) 线性方程组经初等变换后同解.

(5) 两矩阵等价满足自反、对称、传递性.

3.2 初等变换的应用

上一节由线性方程组的 Gauss 消元法引进了矩阵的初等变换,并介绍了如何利用初等变换求矩阵的行阶梯形、行最简形、标准形及解线性方程组. 这一节将介绍初等变换的另一些重要应用.

1. 求方阵 A 的逆矩阵

求方阵逆矩阵的方法可表示如下:

$$(\boldsymbol{A} \mid \boldsymbol{I}) \xrightarrow{\text{行初等变换}} (\boldsymbol{I} \mid \boldsymbol{A}^{-1})$$

具体来讲就是将方阵 $\boldsymbol{A}$ 及与之同阶的单位方阵并排放在一起,然后一起作行初等变换,当把 $\boldsymbol{A}$ 变成单位方阵 $\boldsymbol{I}$ 时,$\boldsymbol{I}$ 就变成了 $\boldsymbol{A}$ 的逆矩阵. 还要说明的是,如果 $\boldsymbol{A}$ 不能变成 $\boldsymbol{I}$,则意味着 $\boldsymbol{A}$ 不可逆.

例 4 设 $\boldsymbol{A}=\begin{bmatrix}1 & 2 & 3\\ 2 & 2 & 1\\ 3 & 4 & 3\end{bmatrix}$,求 $\boldsymbol{A}^{-1}$.

解
$$(\boldsymbol{A} \mid \boldsymbol{I})=\left[\begin{array}{ccc:ccc}1 & 2 & 3 & 1 & 0 & 0\\ 2 & 2 & 1 & 0 & 1 & 0\\ 3 & 4 & 3 & 0 & 0 & 1\end{array}\right] \xrightarrow[r_3-3r_1]{r_2-2r_1} \left[\begin{array}{ccc:ccc}1 & 2 & 3 & 1 & 0 & 0\\ 0 & -2 & -5 & -2 & 1 & 0\\ 0 & -2 & -6 & -3 & 0 & 1\end{array}\right]$$

$$\xrightarrow{r_3-r_2} \left[\begin{array}{ccc:ccc}1 & 2 & 3 & 1 & 0 & 0\\ 0 & -2 & -5 & -2 & 1 & 0\\ 0 & 0 & -1 & -1 & -1 & 1\end{array}\right]$$

$$\xrightarrow[r_2-5r_3]{r_1+3r_3} \left[\begin{array}{ccc:ccc}1 & 2 & 0 & -2 & -3 & 3\\ 0 & -2 & 0 & 3 & 6 & -5\\ 0 & 0 & -1 & -1 & -1 & 1\end{array}\right]$$

$$\xrightarrow[\substack{r_2\times\left(-\frac{1}{2}\right)\\ r_3\times(-1)}]{r_1+r_2} \left[\begin{array}{ccc:ccc}1 & 0 & 0 & 1 & 3 & -2\\ 0 & 1 & 0 & -\frac{3}{2} & -3 & \frac{5}{2}\\ 0 & 0 & 1 & 1 & 1 & -1\end{array}\right]$$

于是得
$$\boldsymbol{A}^{-1}=\begin{bmatrix}1 & 3 & -2\\ -\frac{3}{2} & -3 & \frac{5}{2}\\ 1 & 1 & -1\end{bmatrix}$$

2. 解矩阵方程

对于矩阵方程 $\boldsymbol{AX}=\boldsymbol{B}$（$\boldsymbol{A}$ 为可逆方阵），其解为 $\boldsymbol{X}=\boldsymbol{A}^{-1}\boldsymbol{B}$，即

$$(\boldsymbol{A} \mid \boldsymbol{B}) \xrightarrow{\text{行初等变换}} (\boldsymbol{I} \mid \boldsymbol{X}=\boldsymbol{A}^{-1}\boldsymbol{B})$$

显然，将 $\boldsymbol{B}$ 换成 $\boldsymbol{I}$，即是求 $\boldsymbol{A}$ 的逆的方法.

例 5　解矩阵方程 $\boldsymbol{AX}=\boldsymbol{B}$，其中 $\boldsymbol{A}=\begin{bmatrix}1&2&3\\2&2&1\\3&4&3\end{bmatrix}$，$\boldsymbol{B}=\begin{bmatrix}1&0\\0&-1\\1&2\end{bmatrix}$.

解　方法一：公式法

$$\boldsymbol{X}=\boldsymbol{A}^{-1}\boldsymbol{B}=\begin{bmatrix}1&2&3\\2&2&1\\3&4&3\end{bmatrix}^{-1}\begin{bmatrix}1&0\\0&-1\\1&2\end{bmatrix}=\begin{bmatrix}-1&-7\\1&8\\0&-3\end{bmatrix}$$

方法二：行初等变换法

$$(\boldsymbol{A} \mid \boldsymbol{B})=\left[\begin{array}{ccc:cc}1&2&3&1&0\\2&2&1&0&-1\\3&4&3&1&2\end{array}\right]\xrightarrow{\text{行初等变换}}\cdots\cdots\to\left[\begin{array}{ccc:cc}1&0&0&-1&-7\\0&1&0&1&8\\0&0&1&0&-3\end{array}\right]$$

故

$$\boldsymbol{X}=\boldsymbol{A}^{-1}\boldsymbol{B}=\begin{bmatrix}-1&-7\\1&8\\0&-3\end{bmatrix}$$

在上述解法基础上，还可以解形如 $\boldsymbol{YA}=\boldsymbol{B}$ 的矩阵方程. 其解法为先两端求转置，变成 $\boldsymbol{A}^{\mathrm{T}}\boldsymbol{Y}^{\mathrm{T}}=\boldsymbol{B}^{\mathrm{T}}$，再用上面的方法求出 $\boldsymbol{Y}^{\mathrm{T}}$，再转置，即可求出解来.

例 6　用初等变换法解线性方程组

$$\begin{cases}x_1+2x_2+x_3=3\\3x_1-x_2-3x_3=-1\\2x_1+3x_2+x_3=4\end{cases}$$

解　将方程组写成 $\boldsymbol{AX}=\boldsymbol{B}$ 的形式，其中

$$\boldsymbol{A}=\begin{bmatrix}1&2&1\\3&-1&-3\\2&3&1\end{bmatrix},\quad \boldsymbol{B}=\begin{bmatrix}3\\-1\\4\end{bmatrix}$$

$$(\boldsymbol{A} \mid \boldsymbol{B})=\left[\begin{array}{ccc:c}1&2&1&3\\3&-1&-3&-1\\2&3&1&4\end{array}\right]\xrightarrow{\text{行初等变换}}\cdots\cdots\to\left[\begin{array}{ccc:c}1&0&0&3\\0&1&0&-2\\0&0&1&4\end{array}\right]$$

故该方程组的解为

$$\begin{cases}x_1=3\\x_2=-2\\x_3=4\end{cases}$$

读者也可尝试用 Cramer 法则求解.

练　习　3.2

1. 用初等变换求下列矩阵的逆矩阵.

(1) $\begin{bmatrix}1&1&1\\0&1&1\\0&0&1\end{bmatrix}$；　(2) $\begin{bmatrix}1&4&3\\-1&-2&0\\2&2&3\end{bmatrix}$；　(3) $\begin{bmatrix}3&-3&4\\2&-3&4\\0&-1&1\end{bmatrix}$.

2. 用初等变换求解下列矩阵方程.

(1) 设 $\boldsymbol{A}=\begin{bmatrix}1&0&1\\2&1&0\\-3&2&-5\end{bmatrix}$，$\boldsymbol{B}=\begin{bmatrix}1&0\\-2&1\\1&0\end{bmatrix}$，求 $\boldsymbol{X}$，使 $\boldsymbol{AX}=\boldsymbol{B}$.

(2) 设 $\boldsymbol{A}=\begin{bmatrix}2&1&-1\\2&1&0\\1&-1&1\end{bmatrix}$，$\boldsymbol{B}=\begin{bmatrix}1&-1&3\\4&3&2\end{bmatrix}$，求 $\boldsymbol{X}$，使 $\boldsymbol{XA}=\boldsymbol{B}$.（先写出解题步骤，再求解）

3.3　矩阵的秩*

3.3.1　矩阵的秩的概念

矩阵的秩是矩阵的一个重要的数值特征. 它在求解线性方程组、研究解的结构以及向量空间与线性变换理论等诸方面都有着广泛的应用.

考查线性方程组Ⅰ.

$$\begin{cases}x_1+x_2+x_3=0 & ①\\ 2x_1-x_2+2x_3=0 & ②\\ x_1-2x_2+x_3=0 & ③\\ 4x_1+x_2+4x_3=0 & ④\end{cases}$$

仔细观察不难发现，方程③，④可由方程①，②表示，即

$$③=②-①;\quad ④=2\times①+②$$

一般给定一组方程①，②，…，ⓡ，如果其中某一方程例如ⓡ$=k_1$①$+k_2$②$+\cdots+k_{r-1}$(r-1)，其中 $k_1,k_2,\cdots,k_{r-1}$ 为任意实数，则称方程ⓡ可由方程①，②，…，(r-1)线性表示.

因此，线性方程组（Ⅰ）中，方程③，④都可由方程①，②线性表示. 不难验证，这时方程组Ⅰ与方程组Ⅱ

$$\begin{cases}x_1+x_2+x_3=0 & ①\\ 2x_1-x_2+2x_3=0 & ②\end{cases}$$

同解. 在方程组Ⅰ中，方程③，④是多余的. 因方程组Ⅱ中两个方程的系数不成比例，它们互相不能线性表示（一般容易证明两个线性方程可互相线性表示的充分必要条

件是它们的系数成比例)，称方程组Ⅱ为方程组Ⅰ的保留方程组. 显然，保留方程组不是唯一的. 例如方程组Ⅰ中，方程②，④也可由方程①，③线性表示，故联立①③所得的方程组也是方程组Ⅰ的保留方程组. 事实上，方程组Ⅰ中任选两方程联立所得的方程组都是方程组Ⅰ的保留方程组. 尽管保留方程组不唯一，但其所含方程的个数是不变的.

再来看方程组Ⅰ对应的系数矩阵

$$\boldsymbol{A}=\begin{bmatrix}1 & 1 & 1\\ 2 & -1 & 2\\ 1 & -2 & 1\\ 4 & 1 & 4\end{bmatrix}$$

因 r_3, r_4 可由 r_1, r_2 线性表示，故可保留一、二两行，将其转化为行阶梯形矩阵：

$$\boldsymbol{A}=\begin{bmatrix}1 & 1 & 1\\ 2 & -1 & 2\\ 1 & -2 & 1\\ 4 & 1 & 4\end{bmatrix}\xrightarrow[r_4-2r_1-r_2]{r_3+r_1-r_2}\begin{bmatrix}1 & 1 & 1\\ 2 & -1 & 2\\ 0 & 0 & 0\\ 0 & 0 & 0\end{bmatrix}\xrightarrow{r_2-2r_1}\begin{bmatrix}1 & 1 & 1\\ 0 & -3 & 0\\ 0 & 0 & 0\\ 0 & 0 & 0\end{bmatrix}$$

可以证明，任何一矩阵所含阶梯个数是一个不变量. 它是与保留方程组的个数相对应的，称为**矩阵的秩**.

定义 3　将矩阵用初等变换化成行阶梯形矩阵，其阶梯形所含阶梯的个数称为矩阵的秩，矩阵 $\boldsymbol{A}$ 的秩记为 $r(\boldsymbol{A})$ 或秩$(\boldsymbol{A})$. 规定零矩阵的秩为 0.

3.3.2　矩阵的秩的性质

可以证明矩阵的秩满足以下性质：

(1) 矩阵经初等变换后秩不变，即 $\boldsymbol{A}\backsim\boldsymbol{B}\Leftrightarrow r(\boldsymbol{A})=r(\boldsymbol{B})$；

(2) $r(\boldsymbol{A}_{m\times n})\leqslant\min\{m,n\}$；

(3) $r(\boldsymbol{A}^{\mathrm{T}})=r(\boldsymbol{A})=r(k\boldsymbol{A})\ (k\neq 0)$；

(4) $r(\boldsymbol{A}+\boldsymbol{B})\leqslant r(\boldsymbol{A})+r(\boldsymbol{B})$；

(5) $r(\boldsymbol{AB})\leqslant\min(r(\boldsymbol{A}),r(\boldsymbol{B}))$；

(6) $\boldsymbol{A}_{m\times n}\boldsymbol{B}_{n\times k}=\boldsymbol{0}\Rightarrow r(\boldsymbol{A})+r(\boldsymbol{B})\leqslant n$.

例 7　求下列矩阵的秩.

(1) $\boldsymbol{A}=\begin{bmatrix}1 & 3 & -9 & 3\\ 0 & 1 & -3 & 4\\ -2 & -3 & 9 & 6\end{bmatrix}$；　(2) $\boldsymbol{B}=\begin{bmatrix}1 & 0 & 2 & 1 & 0\\ 7 & 1 & 14 & 7 & 1\\ 0 & 5 & 1 & 4 & 6\\ 2 & 1 & 1 & -10 & -2\end{bmatrix}$.

解　(1) $\boldsymbol{A}=\begin{bmatrix}1 & 3 & -9 & 3\\ 0 & 1 & -3 & 4\\ -2 & -3 & 9 & 6\end{bmatrix}\xrightarrow{r_3+2r_1}\begin{bmatrix}1 & 3 & -9 & 3\\ 0 & 1 & -3 & 4\\ 0 & 3 & -9 & 12\end{bmatrix}$

$$\xrightarrow{r_3-3r_2}\begin{bmatrix}1 & 3 & -9 & 3\\0 & 1 & -3 & 4\\0 & 0 & 0 & 0\end{bmatrix}$$

故
$$r(\boldsymbol{A})=2$$

(2) $$\boldsymbol{B}=\begin{bmatrix}1 & 0 & 2 & 1 & 0\\7 & 1 & 14 & 7 & 1\\0 & 5 & 1 & 4 & 6\\2 & 1 & 1 & -10 & -2\end{bmatrix}\xrightarrow[r_4-2r_1]{r_2-7r_1}\begin{bmatrix}1 & 0 & 2 & 1 & 0\\0 & 1 & 0 & 0 & 1\\0 & 5 & 1 & 4 & 6\\0 & 1 & -3 & -12 & -2\end{bmatrix}$$

$$\xrightarrow[r_4-r_2]{r_3-5r_2}\begin{bmatrix}1 & 0 & 2 & 1 & 0\\0 & 1 & 0 & 0 & 1\\0 & 0 & 1 & 4 & 1\\0 & 0 & -3 & -12 & -3\end{bmatrix}\xrightarrow{r_4+3r_3}\begin{bmatrix}1 & 0 & 2 & 1 & 0\\0 & 1 & 0 & 0 & 1\\0 & 0 & 1 & 4 & 1\\0 & 0 & 0 & 0 & 0\end{bmatrix}$$

故
$$r(\boldsymbol{B})=3$$

练　习　3.3

1. 求下面矩阵的秩.

(1) $\begin{bmatrix}3 & 1 & 2 & 1\\1 & -3 & 2 & 2\\4 & -2 & 4 & 3\end{bmatrix}$；　(2) $\begin{bmatrix}1 & 2 & -1 & 3\\2 & -1 & 8 & 1\\2 & 2 & 2 & 4\\0 & 1 & 1 & 1\end{bmatrix}$.

2. 求一个秩为 4 的 5 阶方阵 $\boldsymbol{A}$，使得 $\boldsymbol{A}$ 的第 1,2 行分别为 $\boldsymbol{A}_1=(1,0,1,0,0)$，$\boldsymbol{A}_2=(0,1,1,0,0)$.

3.4　线性方程组解的定理*

3.1 节介绍了用矩阵的行初等变换解线性方程组的方法，本节将利用矩阵的秩讨论下面几个问题.

(1) 线性方程组有解、无解的条件；

(2) 如有解，则方程组在什么情况下有唯一解，在什么情况下有无穷多解.

3.4.1　非齐次线性方程组

有 n 个未知量、m 个方程的非齐次线性方程组的一般形式为

$$\begin{cases}a_{11}x_1+a_{12}x_2+\cdots+a_{1n}x_n=b_1\\a_{21}x_1+a_{22}x_2+\cdots+a_{2n}x_n=b_2\\\qquad\qquad\vdots\\a_{m1}x_1+a_{m2}x_2+\cdots+a_{mn}x_n=b_m\end{cases}\tag{3-1}$$

若存在一组数 $x_1^0,x_2^0,\cdots,x_n^0$，代入方程组(3-1)的左边，结果等于右边，则这一组数称

为方程组的解.

如果上述线性方程组无解,则称该方程组是**不相容的**,否则就说它们是**相容的**.下面利用增广矩阵来寻找方程组(3-1)的相容性条件.

方程组(3-1)的增广矩阵为

$$\widetilde{\boldsymbol{A}}=(\boldsymbol{A} \vdots \boldsymbol{b})=\begin{bmatrix} a_{11} & a_{12} & \cdots & a_{1n} & \vdots & b_1 \\ a_{21} & a_{22} & \cdots & a_{2n} & \vdots & b_2 \\ \vdots & \vdots & & \vdots & \vdots & \vdots \\ a_{m1} & a_{m2} & \cdots & a_{mn} & \vdots & b_m \end{bmatrix}$$

利用行初等变换可将其转化成下面的行阶梯形(空白处为 0):

$$\begin{bmatrix} c_{11} & c_{12} & \cdots & c_{1r} & c_{1,r+1} & \cdots & c_{1n} & \vdots & d_1 \\ & c_{22} & \cdots & a_{2r} & c_{2,r+1} & \cdots & c_{2n} & \vdots & d_2 \\ & & & \vdots & \vdots & & \vdots & \vdots & \vdots \\ & & & c_{r,r} & c_{r,r+1} & \cdots & c_{r,n} & \vdots & d_r \\ & & & 0 & 0 & \cdots & 0 & \vdots & d_{r+1} \\ & & & \vdots & \vdots & & \vdots & \vdots & \vdots \\ & & & 0 & 0 & \cdots & 0 & \vdots & 0 \end{bmatrix}$$

(1) 如果 $d_{r+1}\neq 0$,表明 $r(\boldsymbol{A})=r\neq r(\widetilde{\boldsymbol{A}})=r+1$.这时第 $r+1$ 个方程为 $0x_1+0x_2+\cdots+0x_n=d_{r+1}\neq 0$,是无法满足的矛盾方程,故无解.

(2) 如果 $d_{r+1}=0$,则 $r(\boldsymbol{A})=r(\widetilde{\boldsymbol{A}})$,不含矛盾方程,故有解.这时又分两种情况:

① 若 $r(\boldsymbol{A})<n$,则保留方程组所含方程个数少于未知数个数,方程组含有自由未知数,故有无穷多解(参见例 2);

② 若 $r(\boldsymbol{A})=n$,则保留方程组不含自由未知数,故有唯一解(参见例 1).

综上所述,有下面重要结论.

定理 1　设非齐次线性方程组 $\boldsymbol{AX}=\boldsymbol{B}$,其中 $\boldsymbol{A}_{m\times n}$.

(1) 当 $r(\boldsymbol{A})\neq r(\widetilde{\boldsymbol{A}})=r(\boldsymbol{A} \vdots \boldsymbol{B})$时,方程组无解.

(2) 当 $r(\boldsymbol{A})=r(\widetilde{\boldsymbol{A}})$时,方程组有解,且

① 若 $r(\boldsymbol{A})<n$,则方程组有无穷多解;

② 若 $r(\boldsymbol{A})=n$,则方程组有唯一解.

例 8　求解线性方程组

$$\begin{cases} x_1+x_2-3x_3=-1 \\ 2x_1+x_2-2x_3=1 \\ x_1+x_2+x_3=3 \\ x_1+2x_2-3x_3=3 \end{cases}$$

解　$$\widetilde{\boldsymbol{A}}=\begin{bmatrix} 1 & 1 & -3 & \vdots & -1 \\ 2 & 1 & -2 & \vdots & 1 \\ 1 & 1 & 1 & \vdots & 3 \\ 1 & 2 & -3 & \vdots & 3 \end{bmatrix}\xrightarrow[r_4-r_1]{\substack{r_2-2r_1 \\ r_3-r_1}}\begin{bmatrix} 1 & 1 & -3 & \vdots & -1 \\ 0 & -1 & 4 & \vdots & 3 \\ 0 & 0 & 4 & \vdots & 4 \\ 0 & 1 & 0 & \vdots & 4 \end{bmatrix}$$

$$\xrightarrow[r_3\div 4]{r_4+r_2}\left[\begin{array}{cccc:c}1 & 1 & -3 & -1\\0 & -1 & 4 & 3\\0 & 0 & 1 & 1\\0 & 0 & 4 & 7\end{array}\right]\xrightarrow{r_4-4r_3}\left[\begin{array}{ccc:c}1 & 1 & -3 & -1\\0 & -1 & 4 & 3\\0 & 0 & 1 & 1\\0 & 0 & 0 & 3\end{array}\right]$$

因为 $r(\mathbf{A})=3, r(\widetilde{\mathbf{A}})=4, r(\mathbf{A})\neq r(\widetilde{\mathbf{A}})$，故原方程组无解.

例 9　求解线性方程组

$$\begin{cases}x_1-2x_2+3x_3-4x_4=4\\x_2-x_3+x_4=-3\\x_1+3x_2-3x_4=1\\-7x_2+3x_3+x_4=-3\end{cases}$$

解　$\widetilde{\mathbf{A}}=\left[\begin{array}{cccc:c}1 & -2 & 3 & -4 & 4\\0 & 1 & -1 & 1 & -3\\1 & 3 & 0 & -3 & 1\\0 & -7 & 3 & 1 & -3\end{array}\right]\xrightarrow{r_3-r_1}\left[\begin{array}{cccc:c}1 & -2 & 3 & -4 & 4\\0 & 1 & -1 & 1 & -3\\0 & 5 & -3 & 1 & -3\\0 & -7 & 3 & 1 & -3\end{array}\right]$

$$\xrightarrow[r_4+7r_2]{r_3-5r_2}\left[\begin{array}{cccc:c}1 & -2 & 3 & -4 & 4\\0 & 1 & -1 & 1 & -3\\0 & 0 & 2 & -4 & 12\\0 & 0 & -4 & 8 & -24\end{array}\right]\xrightarrow[r_3\div 2]{r_4+2r_3}\left[\begin{array}{cccc:c}1 & -2 & 3 & -4 & 4\\0 & 1 & -1 & 1 & -3\\0 & 0 & 1 & -2 & 6\\0 & 0 & 0 & 0 & 0\end{array}\right]$$

因为 $r(\mathbf{A})=r(\widetilde{\mathbf{A}})=3<n$，故原方程组有无穷多解.进一步化成行最简形，得

$$\left[\begin{array}{cccc:c}1 & 0 & 0 & 0 & -8\\0 & 1 & 0 & -1 & 3\\0 & 0 & 1 & -2 & 6\\0 & 0 & 0 & 0 & 0\end{array}\right]$$

其对应的线性方程组为

$$\begin{cases}x_1=-8\\x_2-x_4=3\\x_3-2x_4=6\end{cases}$$

方程组中有 4 个变量，但仅有 3 个有效方程，可取其中一个变量为自由变量，并将其移项至右边.保留未知量应满足其系数行列式不为 0 的条件，这里选 x_3 或 x_4 为自由变量，得

$$\begin{cases}x_1=-8\\x_2=x_4+3\\x_3=2x_4+6\\x_4=x_4\end{cases}$$

令 $x_4=k$，得原方程组的解为

$$x_1=-8,\quad x_2=3+k,\quad x_3=6+2k,\quad x_4=k$$

k 为任意实数. 方程组有无穷多组解. 用矩阵形式表示为

$$\begin{bmatrix}x_1\\x_2\\x_3\\x_4\end{bmatrix}=k\begin{bmatrix}0\\1\\2\\1\end{bmatrix}+\begin{bmatrix}-8\\3\\6\\0\end{bmatrix}$$

3.4.2 齐次线性方程组

对于齐次线性方程组

$$\begin{cases}a_{11}x_1+a_{12}x_2+\cdots+a_{1n}x_n=0\\a_{21}x_1+a_{22}x_2+\cdots+a_{2n}x_n=0\\\qquad\vdots\\a_{m1}x_1+a_{m2}x_2+\cdots+a_{mn}x_n=0\end{cases}\tag{3-2}$$

因常数项全为 0,系数矩阵与增广矩阵的秩相等,故当 $r(\mathbf{A})=n$ 时有唯一零解,当 $r(\mathbf{A})<n$ 时有无穷多非零解.

定理 2 对于齐次线性方程组 $\mathbf{AX}=\mathbf{0}$,当 $r(\mathbf{A})=n$ 时有唯一零解,当 $r(\mathbf{A})<n$ 时有无穷多非零解.

推论 1 对于齐次线性方程组 $\mathbf{AX}=\mathbf{0}$ 中,如果 $m<n$,则有无穷多非零解.

证明 因 $r(\mathbf{A})\leqslant m<n$,由定理 2 知有无穷多非零解. 证毕.

推论 2 有 n 个未知数、n 个方程的齐次线性方程组具有无穷多非零解的充要条件是 $|\mathbf{A}|=0$.

证明 必要性是 Cramer 法则的逆否形式,下面证其充分性.

因 $|\mathbf{A}|=0$,故 $r(\mathbf{A})<n$,故有无穷多非零解.

例 10 解齐次线性方程组

$$\begin{cases}x_1+3x_2-4x_3+2x_4=0\\x_1-3x_2+2x_4=0\\x_1+3x_2-2x_3+3x_4=0\end{cases}$$

解 对系数矩阵 $\mathbf{A}$ 进行行初等变换:

$$\mathbf{A}=\begin{bmatrix}1&3&-4&2\\1&-3&0&2\\1&3&-2&3\end{bmatrix}\rightarrow\begin{bmatrix}1&3&-4&2\\0&-6&4&0\\0&0&2&1\end{bmatrix}\rightarrow\begin{bmatrix}1&3&-4&2\\0&1&-\frac{2}{3}&0\\0&0&1&\frac{1}{2}\end{bmatrix}$$

$$\rightarrow\begin{bmatrix}1&3&0&4\\0&1&0&\frac{1}{3}\\0&0&1&\frac{1}{2}\end{bmatrix}\rightarrow\begin{bmatrix}1&0&0&3\\0&1&0&\frac{1}{3}\\0&0&1&\frac{1}{2}\end{bmatrix}$$

$r(\boldsymbol{A})=3<4$，取自由未知量为 x_4，并令 $x_4=k$，解上面矩阵对应的方程组，得一般解为

$$\begin{cases} x_1=-3k \\ x_2=-\dfrac{1}{3}k \\ x_3=-\dfrac{1}{2}k \\ x_4=k \end{cases} \quad (k\text{ 为任意实数})$$

即

$$\begin{bmatrix} x_1 \\ x_2 \\ x_3 \\ x_4 \end{bmatrix}=k\begin{bmatrix} -3 \\ -\dfrac{1}{3} \\ -\dfrac{1}{2} \\ 1 \end{bmatrix}$$

例 11*　已知线性方程组

$$\begin{cases} (1+\lambda)x_1+x_2+x_3=0 \\ x_1+(1+\lambda)x_2+x_3=3 \\ x_1+x_2+(1+\lambda)x_3=\lambda \end{cases}$$

问 λ 取何值时，方程组有唯一解？无解？有无穷多解？求出有无穷多解的一般解.

解　求系数矩阵的行列式：

$$|\boldsymbol{A}|=\begin{vmatrix} 1+\lambda & 1 & 1 \\ 1 & 1+\lambda & 1 \\ 1 & 1 & 1+\lambda \end{vmatrix}=(\lambda+3)\begin{vmatrix} 1 & 1 & 1 \\ 0 & \lambda & 0 \\ 0 & 0 & \lambda \end{vmatrix}=\lambda^2(\lambda+3)$$

(1) 当 $\lambda\neq 0$，且 $\lambda\neq -3$ 时，$r(\boldsymbol{A})=3$，方程组有唯一解.

(2) 当 $\lambda=0$ 时，$(\boldsymbol{A}\ \vdots\ \boldsymbol{B})=\left[\begin{array}{ccc:c} 1 & 1 & 1 & 0 \\ 1 & 1 & 1 & 3 \\ 1 & 1 & 1 & 0 \end{array}\right]$，$r(\boldsymbol{A})\neq r(\boldsymbol{A}\ \vdots\ \boldsymbol{B})$，方程组无解.

(3) 当 $\lambda=-3$ 时，

$$(\boldsymbol{A}\ \vdots\ \boldsymbol{B})=\left[\begin{array}{ccc:c} -2 & 1 & 1 & 0 \\ 1 & -2 & 1 & 3 \\ 1 & 1 & -2 & -3 \end{array}\right]\to\left[\begin{array}{ccc:c} 1 & 1 & -2 & -3 \\ 0 & 1 & -1 & -2 \\ 0 & 0 & 0 & 0 \end{array}\right]$$

$$\to\left[\begin{array}{ccc:c} 1 & 0 & -1 & -1 \\ 0 & 1 & -1 & -2 \\ 0 & 0 & 0 & 0 \end{array}\right]$$

$r(\boldsymbol{A})=r(\boldsymbol{A}\ \vdots\ \boldsymbol{B})=2<3$ 有无穷多解，由上面矩阵知

$$\begin{cases} x_1=x_3-1 \\ x_2=x_3-2 \\ x_3=x_3 \end{cases}$$

取 $x_3=k$,则

$$\begin{bmatrix}x_1\\x_2\\x_3\end{bmatrix}=k\begin{bmatrix}1\\1\\1\end{bmatrix}+\begin{bmatrix}-1\\-2\\0\end{bmatrix}$$

练　习　3.4

1. 解下列齐次线性方程组.

(1) $\begin{cases}3x_1+x_2=0\\x_1+5x_2-2x_3=0\\x_1-2x_2+4x_3=0\\2x_1+3x_2+2x_3+3x_4=0\end{cases}$;　(2) $\begin{cases}x_1+x_2+x_3-x_4=0\\x_1-x_2+x_3-3x_4=0\\x_1+3x_2+x_3+x_4=0\end{cases}$.

2. 解下列非齐次线性方程组.

(1) $\begin{cases}x_1+x_2+x_3=0\\x_1+x_2-x_3-x_4=1\\5x_1+5x_2-3x_3-4x_4=4\end{cases}$;　(2) $\begin{cases}x_2+x_3+x_4=0\\3x_1+3x_3-4x_4=7\\x_1+x_2+x_3+2x_4=6\\2x_1+3x_2+x_3+3x_4=6\end{cases}$.

3*. 当 α,β 取何值时,线性方程组

$$\begin{cases}x_1+x_2-x_3=1\\2x_1+(\alpha+2)x_2-(\beta+2)x_3=3\\3\alpha x_2-(\alpha+2\beta)x_3=3\end{cases}$$

(1) 有唯一解;(2) 无解;(3) 有无穷多组解? 并求其解.

4. 判断题.

(1) 若 $\boldsymbol{A}$ 为 4×5 矩阵,则 $\boldsymbol{AX}=\boldsymbol{0}$ 有非零解.

(2) 若 $\boldsymbol{AX}=\boldsymbol{0}$ 有无穷多解,则 $\boldsymbol{AX}=\boldsymbol{B}$ 有无穷多解.

(3) 若 $\boldsymbol{AX}=\boldsymbol{0}$ 仅有零解,则 $\boldsymbol{AX}=\boldsymbol{B}$ 有唯一解.

(4) 若 $\boldsymbol{AX}=\boldsymbol{B}$ 有无穷多解,则 $\boldsymbol{AX}=\boldsymbol{0}$ 有非零解.

(5) 若 $\boldsymbol{A}_{m\times n}\boldsymbol{X}_{n\times 1}=\boldsymbol{B}_{m\times 1}$, $m>n$,则方程组 $\boldsymbol{AX}=\boldsymbol{B}$ 无解.

内容小结

一、基本概念

矩阵的初等变换(初等方阵);矩阵的行阶梯形、行最简形、标准形、矩阵的秩;线性方程组的系数矩阵、增广矩阵、通解(或一般解).

二、基本内容

1. 矩阵的初等变换

(1) 利用行初等变换可把矩阵化成行阶梯形、行最简形,利用行、列初等变换可

把矩阵化成标准形. 注意，一般仅用行初等变换不能把矩阵化成标准形(但可逆方阵的行最简形就是标准形).

(2) 初等变换及解矩阵方程(包括线性方程组).

① 利用初等变换求逆过程为

$$(\mathbf{A} \,\vdots\, \mathbf{I}) \xrightarrow{\text{行初等变换}} (\mathbf{I} \,\vdots\, \mathbf{A}^{-1})$$

② 利用初等变换解矩阵方程的过程为

$$\mathbf{AX}=\mathbf{B} \xrightarrow{\mathbf{A}\text{ 可逆}} \mathbf{X}=\mathbf{A}^{-1}\mathbf{B}$$

即

$$(\mathbf{A} \,\vdots\, \mathbf{B}) \xrightarrow{\text{行初等变换}} (\mathbf{I} \,\vdots\, \mathbf{A}^{-1}\mathbf{B})$$

如解 $\mathbf{XA}=\mathbf{B}$，可先转置，解 $\mathbf{A}^{\mathrm{T}}\mathbf{X}^{\mathrm{T}}=\mathbf{B}^{\mathrm{T}}$，按上述方法求出 $\mathbf{X}^{\mathrm{T}}$，再转置即可得解.

2. 矩阵的秩

(1) $\mathbf{A} \backsim \mathbf{B} \Leftrightarrow r(\mathbf{A})=r(\mathbf{B})$.

(2) $\mathbf{A}$ 的秩等于 $\mathbf{A}$ 的行阶梯数.

(3) 关于秩的一些式子：

① $r(\mathbf{A}^{\mathrm{T}})=r(\mathbf{A})=r(k\mathbf{A})\ (k\neq 0)$；

② $r(\mathbf{PAQ})=r(\mathbf{A})$，$\mathbf{P}$，$\mathbf{Q}$ 可逆；

③ $r(\mathbf{A}_{m\times n})\leqslant \min\{m,n\}$；

④ $r(\mathbf{AB})\leqslant \min(r(\mathbf{A}),r(\mathbf{B}))$；

⑤ $r(\mathbf{A}+\mathbf{B})\leqslant r(\mathbf{A})+r(\mathbf{B})$；

⑥ $\mathbf{A}_{m\times n}\mathbf{B}_{n\times k}=\mathbf{0}\Rightarrow r(\mathbf{A})+r(\mathbf{B})\leqslant n$.

3. 求解线性方程组

(1) 解的定理

① 非齐次情况：设非齐次线性方程组 $\mathbf{A}_{m\times n}\mathbf{X}=\mathbf{B}$，当 $r(\mathbf{A})\neq r(\mathbf{A} \,\vdots\, \mathbf{B})$ 时无解；当 $r(\mathbf{A})=r(\mathbf{A} \,\vdots\, \mathbf{B})=n$ 时有唯一解；当 $r(\mathbf{A})=r(\mathbf{A} \,\vdots\, \mathbf{B})<n$ 时有无穷多解.

② 齐次情况：当 $r(\mathbf{A})=n$ 时仅有零解，当 $r(\mathbf{A})<n$ 时有无穷多非零解.

推论 1：对于 $\mathbf{A}_{m\times n}\mathbf{X}=\mathbf{0}$，当 $m<n$ 时有无穷多非零解.

推论 2：对于 $\mathbf{A}_{n\times n}\mathbf{X}=\mathbf{0}$，当 $|\mathbf{A}|\neq\mathbf{0}$ 时仅有零解，当 $|\mathbf{A}|=\mathbf{0}$ 时有无穷多非零解.

(2) 解法

① 非齐次情况：先用行初等变换化 $(\mathbf{A} \,\vdots\, \mathbf{B})$ 为行阶梯形，若 $r(\mathbf{A})\neq r(\mathbf{A} \,\vdots\, \mathbf{B})$，则无解；若 $r(\mathbf{A})=r(\mathbf{A} \,\vdots\, \mathbf{B})$，则进一步化成行最简形求解.

② 齐次情况：直接用行初等变换将 $\mathbf{A}$ 化成行最简形求解.

综合练习三

一、填空题.

1. 设 $\boldsymbol{B}$ 为三阶可逆矩阵，$\boldsymbol{A}=\begin{bmatrix}1&1&3\\0&1&2\\1&2&5\end{bmatrix}$，则 $r(\boldsymbol{AB})=$______.

2. $\boldsymbol{A}=\begin{bmatrix}a_1b_1&a_1b_2&a_1b_3\\a_2b_1&a_2b_2&a_2b_3\\a_3b_1&a_3b_2&a_3b_3\end{bmatrix}$，$a_i,b_i$ 皆非零，则 $r(\boldsymbol{A})=$______.

3. $\boldsymbol{A}=\begin{bmatrix}1&1&a\\1&a&1\\a&1&1\end{bmatrix}$，$\boldsymbol{A}$ 的秩为 2，则 $a=$______.

4. 方程组$\begin{cases}x_1+kx_2+x_3=0\\2x_1+x_2+x_3=0\\kx_2+3x_3=0\end{cases}$只有零解，则 k ______.

二、判断题.

1. $\boldsymbol{A},\boldsymbol{B}$ 是有相同秩的 $m\times n$ 矩阵，则 $\boldsymbol{A}$ 可经过初等变换化为 $\boldsymbol{B}$.

2. $\boldsymbol{A}$ 为 $m\times n$ 矩阵，且 $r(\boldsymbol{A})=n$，则 $m\geqslant n$.

3. $\boldsymbol{A},\boldsymbol{B}$ 为 $m\times n$ 矩阵，$r(\boldsymbol{A})>0$，$r(\boldsymbol{B})>0$，则 $r(\boldsymbol{A}+\boldsymbol{B})>0$.

4. 若 $\boldsymbol{A}$ 为 $m\times n$ 矩阵，且 $r(\boldsymbol{A})=m$，则 $\boldsymbol{AX}=\boldsymbol{B}$ 必有解.

5. 若矩阵 $\boldsymbol{A}$ 与 $\boldsymbol{B}$ 等价，则 $r(\boldsymbol{A})=r(\boldsymbol{B})$.

三、计算题.

1. 矩阵 $\boldsymbol{A}=\begin{bmatrix}1&2&-1\\\lambda&4&-2\\-3&-6&\mu+1\end{bmatrix}$，当 λ,μ 取何值时，有 $r(\boldsymbol{A})=1$，$r(\boldsymbol{A})=2$，$r(\boldsymbol{A})=3$？

2. 矩阵 $\boldsymbol{A}=\begin{bmatrix}1&1&1&1&1\\3&2&1&-3&k\\0&1&2&6&3\\5&4&3&-1&l\end{bmatrix}$，当 k、l 满足何条件时，$\boldsymbol{A}$ 的秩为 2？

3. 解线性方程组

$$\begin{cases}x_1+x_2+x_3=0\\x_1+\lambda x_2-x_3=0\\2x_1+x_2-\lambda x_3=0\\x_2+(\lambda+2)x_3=0\end{cases}$$

当 λ 取何值时，方程组有非零解？求出其解.

4. 线性方程组

$$\begin{cases}x_1+x_2+x_3+x_4=1\\x_1+x_2+\lambda x_3+x_4=1\\x_1+\lambda x_2+x_3+x_4=1\\\lambda x_1+x_2+x_3+x_4=\mu\end{cases}$$

当 λ,μ 取何值时，有唯一解？无解？有无穷多组解？并求方程组有无穷多组解时的通解.

四、证明题.

1. 证明：对 n 阶方阵 $\boldsymbol{A}$，存在非零矩阵 $\boldsymbol{B}$，使 $\boldsymbol{AB}=\boldsymbol{0}$ 的充要条件是 $|\boldsymbol{A}|=0$.

2. 设 $\boldsymbol{A}$ 为 $m\times n$ 矩阵，$n>m$，证明 $|\boldsymbol{A}^{\mathrm{T}}\boldsymbol{A}|=0$.

3. 设 $\boldsymbol{A}$ 与 $\boldsymbol{B}$ 为 $m\times n$ 矩阵，证明：

(1) $\boldsymbol{A}\backsim\boldsymbol{B}\Leftrightarrow$ 存在 m 阶矩阵 $\boldsymbol{P}$ 使 $\boldsymbol{PA}=\boldsymbol{B}$.

(2) $\boldsymbol{A}\backsim\boldsymbol{B}\Leftrightarrow$ 存在 n 阶矩阵 $\boldsymbol{Q}$ 使 $\boldsymbol{AQ}=\boldsymbol{B}$.

4. 设 $\boldsymbol{P},\boldsymbol{Q}$ 可逆，证明 $r(\boldsymbol{PAQ})=r(\boldsymbol{A})$.

5. 证明：$r(\boldsymbol{A})\leqslant r(\boldsymbol{A}\ \vdots\ \boldsymbol{B})\leqslant r(\boldsymbol{A})+1$，其中 $\boldsymbol{A}_{m\times n}$，$\boldsymbol{B}_{m\times 1}$.

第 4 章　随机事件及其概率

概率论是数学的一个分支，它研究的对象是随机现象的数量规律. 概率论的应用几乎遍及所有的科学领域，如天气预报、地震预报、产品的抽样调查等. 在通信工程中，概率论可用以提高信号的抗干扰性、分辨率等.

4.1　排列与组合*

4.1.1　两个基本原理

1. 加法原理

完成一件事情可以有 n 类办法，在第一类办法中有 m_1 种不同的方法，在第二类办法中有 m_2 种不同的方法……在第 n 类办法中有 m_n 种不同的方法，那么完成这件事情共有 $N=m_1+m_2+m_3+\cdots+m_n$ 种不同的方法.

例如，从甲地到乙地共有航空、铁路、公路三种方式可供选择，航空有一条航线，铁路有两种客运方式，公路有三种客运方式，则从甲地到乙地总的客运方式有 $1+2+3$ 种.

2. 乘法原理

完成一件事情需要分成 n 个步骤，做第一步有 m_1 种不同的方法，做第二步有 m_2 种不同的方法……做第 n 步有 m_n 种不同的方法，那么完成这件事有 $N=m_1\times m_2\times\cdots\times m_n$ 种不同的方法.

例如，从甲地到丙地中间必须经过乙地，甲、乙间共有三种交通方式可供选择，乙、丙间共有两种交通方式可供选择，则从甲地到丙地共有 3×2 种交通方式可供选择.

加法原理和乘法原理贯穿排列、组合学习过程的始终，尤其是乘法原理用得更为广泛.

4.1.2　排列与组合

1. 排列

从 n 个不同元素中，任意取 m $(0<m\leqslant n)$ 个不同的元素，按照一定的顺序排成一排，称为从 n 个不同元素中取出 m 个不同的元素的一个排列. 对于所有不同排列的

种数，通常用符号 A_n^m 表示.

排列数的计算公式为

$$A_n^m=n(n-1)(n-2)\cdots(n-m+1)$$

或

$$A_n^m=\frac{n!}{(n-m)!}$$

当 $m=n$ 时，所有排列的种数为 $n!$，它表示正整数 1 到 n 的连乘积，称为 n 的**阶乘**. 规定 $0!=1$.

例 1　(1) 从 2,3,5,7,11 这 5 个数字中，任取 2 个数字组成分数，不同值的分数共有多少个？

(2) 5 人站成一排照相，共有多少种不同的站法？

(3) 某年全国足球甲级(A 组)联赛共有 14 支球队参加，每支球队都要与其余各队在主、客场分别比赛 1 次，共要进行多少场比赛？

解　(1) $A_5^2=5\times4=20$；

(2) $A_5^5=5!=5\times4\times3\times2\times1=120$；

(3) $A_{14}^2=14\times13=182$.

上面讨论的从 n 个不同元素中所取的 m 个元素是不相同的，即没有元素重复出现，但有时需要考虑允许元素重复出现的情况，例如电话号码就允许数字重复.

一般地，从 n 个不同元素中任取可以重复的 m 个元素的排列的种数 N 的计算公式为

$$N=n^m$$

该公式和不可重复排列一样，都可用乘法原理解释.

例 2　以 8,7,5,6 为首的 8 位数电话号码，最多有几个？

解　符合题意的电话号码的形式为"8756××××"，其后面的 4 个数字由 0,1,2,…,9 这 10 个数字组成，即 $n=10$；而每个数字最多可重复四次，即 $m=4$，所以符合题意的电话号码的个数是 $N=10^4=10000$.

2. 组合

一般地，从 n 个不同元素中取 m $(0<m\leqslant n)$ 个元素并成一组，称为从 n 个不同元素中取 m 个元素的一个**组合**，用符号 C_n^m 表示. 显然，组合问题是与顺序无关的.

组合数的计算公式为

$$C_n^m=\frac{A_n^m}{m!}=\frac{n(n-1)(n-2)\cdots(n-m+1)}{m!}$$

或

$$C_n^m=\frac{n!}{m!\,(n-m)!}$$

组合数的性质 1　$C_n^m=C_n^{n-m}$，规定 $C_n^0=1$.

组合数的性质 2　$C_{n+1}^m=C_n^m+C_n^{m-1}$.

例 3　将 6 本不同的书分给甲、乙、丙 3 名同学，每人各得 2 本，有多少种不同的分法？

解　$C_6^2C_4^2C_2^2=90$

例 4　从 5 名男生和 4 名女生中选出 4 名学生参加一次会议，要求至少有 2 名男生和 1 名女生参加，有多少种选法？

解　可以分成两种情况.

第一种情况：2 名男生和 2 名女生参加，有 $C_5^2C_4^2=60$ 种选法.

第二种情况：3 名男生和 1 名女生参加，有 $C_5^3C_4^1=40$ 种选法.

依据加法原理，共有 100 种选法.

练　习　4.1

1. 一部纪录影片在 4 个单位轮映，每个单位放映 1 场，有多少种轮映次序？

2. 由 0,1,3,5,7,9 等 6 个数字可以组成多少个没有重复数字的三位数？可以组成多少个可以重复数字的三位数？

3. 有 3 张参观券，要在 5 人中选 3 人去参观，有多少种不同的选法？

4. 一个口袋内装有大小不同的 7 个白球和 1 个黑球，

(1) 从口袋内取出 3 个球，共有多少种取法？

(2) 从口袋内取出 3 个球，使其中含有 1 个黑球，有多少种取法？

(3) 从口袋内取出 3 个球，使其中不含黑球，有多少种取法？

4.2　随机事件

4.2.1　随机现象

在自然界中存在两类截然相反的现象：确定性现象和随机现象.

1. 确定性现象

在一定条件下必然会发生或必然不会发生的现象称为**确定性现象**，例如，水从高处流向低处，同性电荷相吸，水在一个大气压下加热到 100℃ 时沸腾等. 确定性现象的特征是条件完全决定结果.

2. 随机现象

在一定条件下可能出现也可能不出现的现象称为**随机现象**，例如，在相同条件下掷一枚硬币，其结果有可能正面向上也可能反面向上；出生的婴儿可能是男，也可能是女；明天的天气可能是晴，也可能是多云或雨等. 以上现象中，由于结果不唯一，故其发生是随机的. 随机现象的特征是**条件不能完全决定结果**. 随机现象一般又分两类，一类在相同条件下不能重复，例如某人于某月某日出生，某年某月某日是晴天等；另一类是可以重复的，如掷硬币、打靶试验等. 本书所讲的随机现象主要指后一种.

4.2.2　随机试验

定义 1　在概率论中，把具有以下三个特征的试验称为**随机试验**：

(1) 可以在相同的条件下重复进行；

(2) 每次试验的可能结果不止一个，并且能事先明确试验的所有可能结果；

(3) 在一次试验之前不能肯定这次试验出现哪一个结果.

以下讨论的试验都是指随机试验. 我们正是通过随机试验来研究随机现象的.

下面是一些随机试验的例子(随机试验通常用字母 E,E_i 表示)

E_1：掷一枚质地均匀的骰子，观察其朝上一面的点数；

E_2：掷一枚硬币，观察正面 H、反面 T 出现的情况；

E_3：一个人进行射击，连射两次，观察中靶情况；

E_4：记录某大型超市一天内光顾的顾客人数；

E_5：在一批灯泡中任抽一只，测试其寿命；

E_6：一射手向一个半径为 R 的圆形靶进行射击，设每次都能中靶，观察弹着点的位置.

4.2.3 样本空间

定义 2 随机试验所有可能结果的全体称为**样本空间**，样本空间通常用大写希腊字母 Ω 表示，Ω 中的点称为**基本事件**，也称为**样本点**，常用 ω 表示.

4.2.2 节中随机试验的样本空间分别为

$\Omega_1=\{1,2,3,4,5,6\}$

$\Omega_2=\{H,T\}$

$\Omega_3=\{$中，中；中，不中；不中，中；不中，不中$\}$

$\Omega_4=\{0,1,2,3,\cdots\}$

$\Omega_5=\{t\,|\,t\geqslant 0\}$

$\Omega_6=\{(x,y)\,|\,0\leqslant x^2+y^2\leqslant R^2\}$

4.2.4 随机事件

定义 3 一次试验中既可能发生也可能不发生的事件称为**随机事件**，简称为事件.

事件常用大写英文字母表示. 事实上，随机试验中的每个可能出现的结果(基本事件)都是随机事件. 例如，在掷硬币的试验中，基本事件是正面向上和反面向上两个. 但随机事件也可以是由多个基本事件组合而成的，这种随机事件称为**复合事件**. 例如，在掷骰子的试验中，出现偶数点这一事件是由出现 2 点、出现 4 点、出现 6 点三个基本事件组成的，是个复合事件.

在每次试验中必然发生的事件称为**必然事件**，记为 Ω. 必然不发生的事件称为**不可能事件**，记为 $\varnothing$. 例如，在掷骰子的试验中，点数不大于 6 是必然事件，点数大于 6 是不可能事件. 必然事件和不可能事件都不是随机事件，为了讨论方便，这里把它们看做特殊的随机事件.

4.2.5　随机事件与样本空间的关系

以掷骰子为例，样本空间 $\Omega=\{1,2,3,4,5,6\}$，而随机事件 $A=\{$出现偶数点$\}$（简记为 $A=\{2,4,6\}$），$B=\{$掷出 1 点或 2 点$\}$（简记为 $B=\{1,2\}$）等都是 Ω 的子集. 显然，Ω 的任一子集都是随机事件. 由此不难看出，随机事件都是样本空间的子集. 这一看法有助于利用集合的关系和运算来研究随机事件.

4.2.6　事件的关系和运算

研究事件的关系和运算，有助于用简单的事件表示复杂事件，从而简化有关计算. 任一事件都是样本空间的子集. 因此，从实质上讲，事件的关系与运算本质是子集间的关系与运算. 但在考虑事件的关系与运算中，除了对照集合的情况外，还要注意其在概率论中的说法.

1. 包含关系

若事件 A 发生，一定导致事件 B 发生，那么，称事件 B 包含事件 A 或 A 包含于 B，记为 $A\subseteq B$（或 $B\supseteq A$）. 例如在掷骰子试验中 A 为掷出 2 点，B 为掷出偶数点，有 $A\subseteq B$，显然事件的包含关系对应于集合的包含关系.

包含关系具有以下性质：

(1) $A\subseteq A$；

(2) 若 $A\subseteq B$，$B\subseteq C$，则 $A\subseteq C$；

(3) $\varnothing\subseteq A\subseteq\Omega$.

2. 相等关系

若两事件 A 与 B 相互包含，即 $A\subseteq B$ 且 $B\subseteq A$，那么，称事件 A 与 B 相等，记为 $A=B$.

3. 和(或并)

事件 A 与 B 至少有一个发生，称为 A 与 B 的**和**，记为 $A+B$ 或 $A\cup B$. 例如，$A=\{$掷出 1 或 2 点$\}=\{1,2\}$，$B=\{$掷出偶数点$\}=\{2,4,6\}$，则 $A+B=\{$掷出 1 点或偶数点$\}=\{1,2,4,6\}$. 显然 $A+B$ 对应的集合是 A、B 的并集.

事件的和(或并)运算通常用“或”、“至少”等词表示.

推广：事件 $\bigcup_{i=1}^{n}A_i$ 称为事件 $A_1,A_2,\cdots,A_n$ 之和，表示 n 个事件至少有一个事件发生.

4. 积

事件 A 与事件 B 同时发生，称为 A 与 B 的**积**，记为 AB 或 $A\cap B$.

例如，$A=\{$换出 1 或 2 点$\}=\{1,2\}$，$B=\{$掷出偶数点$\}=\{2,4,6\}$，则 $AB=\{$掷出 2 点$\}=\{2\}$. 显然积事件 AB 对应的集合是 A，B 的交集.

推广：$A_1A_2\cdots A_n=\bigcap_{i=1}^{n}A_i$ 称为事件 $A_1,A_2,\cdots,A_n$ 之积，表示 n 个事件 A_1，

$A_2,\cdots,A_n$同时发生.

积事件通常用“且”、“与”、“同时”等连接词表示.

5. 互不相容关系

若事件 A 和 B 不能同时发生,即 $AB=\varnothing$(A,B 同时发生是不可能事件),称事件 A 与 B **互不相容**(或**互斥**);若 n 个事件 $A_1,A_2,\cdots,A_n$ 中任意两个事件不能同时发生,则称这 n 个事件 $A_1,A_2,\cdots,A_n$ **两两互不相容**.

例如在掷骰子试验中 $A=\{1,2\}$,$B=\{3,4\}$,因一次试验中 A,B 不能同时发生($A\cap B=\varnothing$),故 A,B 互不相容.

判断两事件互不相容,既可看集合是否无交,也可由实际情况看两事件是否不能同时发生.至于哪种方法更方便,应视具体情况而定.

6. 对立事件(逆事件)

若两事件 A 和 B 满足 $A+B=\Omega$,$AB=\varnothing$,则称 A、B **相互对立**或称 A 与 B 互为**对立事件**(**逆事件**),此时记 $B=\overline{A}$.

显然,A、B 相互对立指一次试验中 A、B 不能同时发生,但至少有一个发生,即 A、B 恰有一个发生.例如在掷骰子试验中,A 表示掷出偶数点,B 表示掷出奇数点,则 A、B 相互对立.实际中两个相反相成的事件是相互对立的.如产品抽样中只有两种结果,A 为正品,B 为次品,则它们是相互对立的.从集合角度讲,A 与 B 互为补集(余集).

A 的对立事件 $\overline{A}$,实际中常用否定词“不”、“否”等表示.如果 A 表示成功,则 $\overline{A}$ 表示不成功,即失败.

由上述定义知,若 A、B 相互对立,则 A、B 互不相容,但反之不真.

对立事件具有如下性质:$\overline{\Omega}=\varnothing$,$\overline{\varnothing}=\Omega$,$\overline{\overline{A}}=A$.

7. 差事件

若事件 A 发生且事件 B 不发生,则称这个事件为事件 A 与 B 的**差事件**,记为 $A-B$或 $A\overline{B}$.

显然,差事件即为集合的差集.

例如 $A=\{1,2\}$,$B=\{2,4,6\}$,则 $A-B=\{1\}$,$B-A=\{4,6\}$.显然 $A-B\neq B-A$.利用集合的性质有 $A-B=A-AB$,即所谓的**相对差**.$\Omega-A$ 称为 A 的**绝对差**.显然 $\Omega-A=\Omega\overline{A}=\overline{A}$.

以上关于事件的关系与运算,分别用表格(见表 4-1)与文氏图(见图 4-1)表示如下.

表 4-1　事件的关系与运算

记　　号	概　率　论	集　合　论
Ω	样本空间,必然事件	全集
$\varnothing$	不可能事件	空集
ω	样本点	元素

续表

记　号	概　率　论	集　合　论
A	事件	子集
$\overline{A}$	逆事件	集 A 的余集
$A\subset B$	事件 A 发生导致事件 B 发生	集 A 是集 B 的子集
$A=B$	事件 A 与事件 B 相等	集 A 与集 B 相等
$A\cup B$	事件 A 与事件 B 至少一个发生(和事件)	集 A 与集 B 的和(并)集
$A\cap B$	事件 A、事件 B 同时发生(积事件)	集 A 与集 B 的交集
$A-B$	事件 A 发生而事件 B 不发生	集 A 与集 B 的差集
$A\cap B=\varnothing$	事件 A、事件 B 互不相容	集 A 与集 B 无公共元素

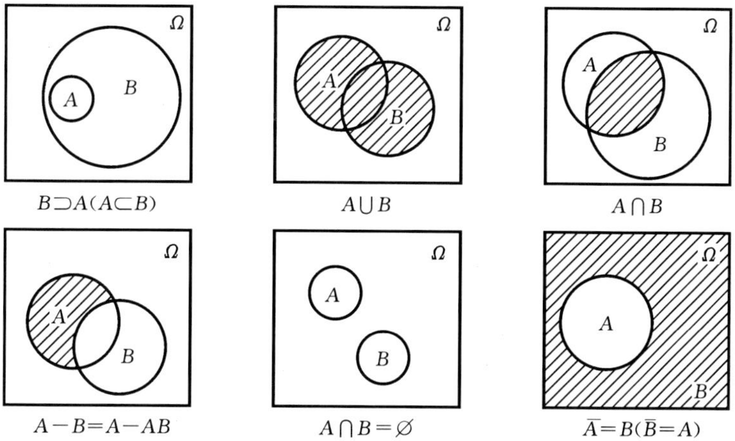

图 4-1　事件的关系与运算文氏图

与集合论中集合的运算性质一样，事件之间的运算满足下述运算规律.

(1) 交换律　$A\cup B=B\cup A, AB=BA$.

(2) 结合律　$A\cup(B\cup C)=(A\cup B)\cup C, (AB)C=A(BC)$.

(3) 分配律　$A(B\cup C)=AB\cup AC, A\cup(B\cap C)=(A\cup B)\cap(A\cup C)$.

(4) 对偶律(De Morgen 律)　$\overline{A\cup B}=\overline{A}\,\overline{B}, \overline{AB}=\overline{A}\cup\overline{B}$.

下列几个式子经常会用到：

$$A\cup A=A,\quad A\cup\Omega=\Omega,\quad A\cup\varnothing=A$$

$$AA=A,\quad A\Omega=A,\quad A\varnothing=\varnothing$$

$$A-B=A-AB=A\overline{B}$$

$$A\cup B=A\cup B\overline{A}=B\cup\overline{B}A$$

这些式子读者借助于文氏图很容易理解.

例 5　从一批产品中每次取出一个产品进行检验(每次取出的产品不放回)，事件 A_i 表示第 i 次取到合格品. 试用事件的运算表示下列事件.

(1) 三次都取到了合格品；　　(2) 三次中至少有一次取到合格品；

(3) 三次中恰有两次取到合格品；　　(4) 三次中最多有一次取到合格品.

解　(1) $A_1A_2A_3$；

(2) $A_1+A_2+A_3$；

(3) $\overline{A}_1A_2A_3+A_1\overline{A}_2A_3+A_1A_2\overline{A}_3$；

(4) $\overline{A}_1\overline{A}_2A_3+\overline{A}_1A_2\overline{A}_3+A_1\overline{A}_2\overline{A}_3+\overline{A}_1\overline{A}_2\overline{A}_3$.

练　习　4.2

1. 指出下列事件中哪些是必然事件，哪些是不可能事件，哪些是随机事件.

(1) 如果 a,b 都是实数，那么 $a+b=b+a$；

(2) 从分别标有号数 1,2,3,4,5,6,7,8,9,10 的 10 张签中任取一张，得到 4 号签；

(3) 没有水分，种子发芽；

(4) 某电话总机在一分钟内接到至少 12 次呼叫.

2. 判断下列每对事件是不是互不相容事件，如果是，再判断它们是不是对立事件.

从一堆产品(其中正品与次品都多于 2 个)中任取 2 件，其中：

(1) 恰有 1 件次品和恰有 2 件次品；

(2) 至少有 1 件次品和全是次品；

(3) 至少有 1 件正品和至少有 1 件次品；

(4) 至少有 1 件次品和全是正品.

3. 随机抽取 3 件产品，设 A 表示 3 件中至少有 1 件是废品，B 表示 3 件中至少有 2 件是废品，C 表示 3 件都是正品. 问：$\overline{A}$,$\overline{B}$,$\overline{C}$,$A+B$,AC 各表示什么事件?

4. 设 A,B,C 是三个随机事件，试用 A,B,C 表示下列事件.

(1) A 发生，B,C 不发生；　　(2) B,C 发生，A 不发生；

(3) A,B,C 都发生；　　(4) A,B,C 都不发生；

(5) A,B,C 至少有一个发生；　　(6) A,B,C 恰有一个发生；

(7) A,B,C 恰有两个发生；　　(8) A,B,C 至多有一个发生.

5. 写出下述各随机试验的样本空间 Ω.

(1) 同时掷两颗质地均匀的骰子，则两骰子的点数之和构成的样本空间 $\Omega=$______；

(2) 袋中有 5 个白球，3 个黑球，4 个红球，从中任取一球，则不同球构成的样本空间 $\Omega=$______；

(3) 若任取实数 k，一元二次方程 $4x^2+4kx+k+2=0$ 就有实根，则 k 值构成的样本空间 $\Omega=$______；

(4) 在某时间段内，网络购物中心收到某商品求购电话的次数所构成的样本空间 $\Omega=$______；

(5) 在单位圆内任取一点，则其坐标所构成的样本空间 $\Omega=$______.

6. 用适当的关系运算符连接下列各组事件中的有关事件.

(1) $\varnothing$______A______Ω；　　(2) $A\overline{B}$______$A-B$；　　(3) $A\cup B$______$A\cup\overline{A}B$；

(4) AB______$A\overline{B}=A$；　　(5) $\overline{A}\cup A$______Ω；　　(6) $\overline{A}$______$A=\varnothing$.

7. 若以 A_i 表示目标被射手第 i 次($1\leqslant i\leqslant 3$)击中的事件，则

(1) $A_1 \cup A_2 \cup A_3$ 表示______的事件；

(2) $A_1 A_2 A_3$ 表示______的事件；

(3) $A_3 - A_2$ 表示______的事件；

(4) $A_1 \cup A_2$ 表示______的事件；

(5) $A_1 A_2 \cup A_1 A_3 \cup A_2 A_3$ 表示______的事件.

8. 针对不同的情况进行计数.

(1) 袋中之球4红6黄3白，从中任取5球，则全部不同的取法共______种；若所取之球应为2红2黄1白，则不同的取法共______种.

(2) 将3个乒乓球任意地放进4个口袋中，则全部不同的放法共______种；若要求每袋至多只装一个球，则全部不同的放法共有______种.

(3) 从1,2,3,4,5中任取3个数字，组成无重复数字的三位数，这样的不同三位数共有______个.其中，偶数有______个，奇数有______个，可被3整除的有______个，可被4整除的有______个，可被5整除的有______个.

4.3　事件的概率

随机事件在一次随机试验中是否会发生虽然不能预先知道，但是它们在一次试验中发生的可能性是有大小之分的.例如，掷一枚硬币，那么随机事件A(正面朝上)和随机事件B(正面朝下)发生的可能性是一样的(都为1/2).又如袋中有8个白球，2个黑球，从中任取一球，当然取到白球的可能性要大于取到黑球的可能性.一般地，对于任何一个随机事件，都可以找到一个数值与其发生的可能性相对应，该数值可作为事件发生可能性大小的度量，称为事件的**概率**.以下就下面几种情况分别给出概率的定义.

4.3.1　古典概型

1. 古典概型与古典概率

定义4　具有下列两个特征的随机试验的数学模型称为**古典概型**：

(1) 所有可能的试验结果(即基本事件)只有有限个；

(2) 每个基本事件的发生是等可能的.

在古典概型中，规定事件A的概率为

$$P(A)=\frac{A\text{ 中所包含的基本事件个数}}{\text{总的基本事件个数}}=\frac{n_A}{n}$$

这就是古典概率的定义.

2. 古典概率的性质

由古典概率的定义，容易得到它的几条基本性质：

(1) 对于任意一个事件A，有$0 \leqslant P(A) \leqslant 1$；

(2) 对于必然事件Ω，有$P(\Omega)=1$；

(3) 对于不可能事件$\varnothing$,有 $P(\varnothing)=0$.

例 6 从 5 名男学生和 4 名女学生中选出 3 名代表,试计算:

(1) 3 名全是女生的概率;

(2) 恰有 1 名女生的概率;

(3) 至少有 1 名女生的概率.

解 设 A 表示 3 名全是女生,B 表示恰有 1 名女生,C 表示至少有 1 名是女生.从 9 名学生中选出 3 名代表,共有 $C_9^3=84$ 个基本事件.

(1) 3 名全是女生:共有 $C_4^3=4$ 个基本事件,所以

$$P(A)=\frac{C_4^3}{C_9^3}=\frac{4}{84}=\frac{1}{21}$$

(2) 恰有 1 名女生:有 $C_4^1C_5^2=40$ 个基本事件,所以

$$P(B)=\frac{C_4^1C_5^2}{C_9^3}=\frac{40}{84}=\frac{10}{21}$$

(3) 至少有 1 名女生包括三种情况:恰有 1 名女生,含有 $C_4^1C_5^2=40$ 个基本事件;恰有 2 名女生,含有 $C_4^2C_5^1=30$ 个基本事件;恰有 3 名女生,含有 $C_4^3=4$ 个基本事件,所以

$$P(C)=\frac{C_4^1C_5^2+C_4^2C_5^1+C_4^3}{C_9^3}=\frac{40+30+4}{84}=\frac{37}{42}$$

注意,第(3)小题也可利用对立事件来解.$\bar{C}$ 表示全为男生,则 $\bar{C}$ 包括 $C_5^3=10$ 种情况,故 C 包括 $84-10=74$ 种情况.从这里可立即得到 $P(C)=1-P(\bar{C})$.

例 7 先后抛掷 2 次骰子,求朝上的点数之和是 5 的概率.

解 设 A 表示朝上的点数之和是 5,掷一次骰子,点数朝上共有 6 个基本事件,先后抛掷 2 次骰子,共有 $6\times6=36$ 个基本事件,而朝上的点数之和是 5 共包含(1,4),(4,1),(2,3),(3,2)这 4 个基本事件,所以

$$P(A)=\frac{4}{36}=\frac{1}{9}$$

例 8 某种福利彩票的中奖号码由 3 位数字组成,每一位数字都可以是 0~9 中的任何一个数字,求中奖号码的 3 位数字全不相同的概率.

解 设事件 $A=\{$中奖号码的 3 位数字全不相同$\}$,每一位数有 10 种选法,3 位数共有 10^3 种选法,基本事件总数为 10^3 个.3 位数字各不相同有 A_{10}^3种选法,所以

$$P(A)=\frac{A_{10}^3}{10^3}=\frac{10\times9\times8}{1000}=\frac{18}{25}$$

4.3.2 概率的统计定义

古典概型仅适合于样本点的出现具有等可能性的情况.对于样本点不是等可能发生的情况,并没有具体的计算事件概率的公式,这时其概率可通过统计方法近似获得.

先给出事件频率的定义.

定义5　设随机事件 A 在 n 次重复试验中发生了 n_A 次，则比值$\frac{n_A}{n}$称为随机事件 A 发生的**频率**，记为 $f_n(A)$，即 $f_n(A)=\frac{n_A}{n}$.

从定义看，显然事件的频率反映了事件出现的频繁程度.

例如将一枚硬币掷10次，A 表示正面向上，设 A 出现了3次，则

$$f_n(A)=\frac{3}{10}$$

能否将事件发生的频率作为事件发生的概率呢？如果将上述试验以10次为周期反复进行，是否总能保证3次出现正面呢？经验告诉我们，这是不可能的，即 A 出现的频率是个变数. 这一现象称为频率的随机波动性. 因此在试验次数较少时，由于随机波动性，是不能用频率代替概率的.

但当试验次数不断增大时，频率会逐步稳定在一个常数附近，这一事实已多次被实验所证实. 历史上许多科学家对掷硬币做过大量的试验，其结果如表4-2所示.

表4-2　掷硬币试验统计结果

试　验　者	n	n_H	$f_n(H)=\frac{n_H}{n}$
德·摩根	2 048	1 061	0.518 1
蒲丰	4 040	2 048	0.506 9
K.皮尔逊	12 000	6 019	0.501 6
K.皮尔逊	24 000	12 012	0.500 5
罗曼·诺夫斯基	80 640	39 699	0.492 3

利用频率的这一特性可给出概率的统计定义如下.

定义6　在进行大量重复试验中，随机事件 A 发生的频率 $f_n(A)$在一个确定的常数 p $(0<p<1)$附近变动，且具有稳定性. 这个常数 p 可作为事件 A 发生的可能性大小的度量，称为 A 发生的概率，记为 $P(A)$.

4.3.3　概率的加法公式

1. 互不相容事件的加法公式

例9　掷一枚骰子，其中 $A=\{$出现2点$\}$，$B=\{$出现奇数点$\}$，求 $P(A)$，$P(B)$，$P(A+B)$.

解　显然 A，B 是互不相容的.

$$\Omega=\{1,2,3,4,5,6\},\quad A=\{2\},\quad B=\{1,3,5\},\quad A+B=\{1,2,3,5\}$$

所以

$$P(A)=\frac{1}{6},\quad P(B)=\frac{3}{6}=\frac{1}{2},\quad P(A+B)=\frac{4}{6}=\frac{2}{3}$$

由例 9 可以看出 $$P(A)+P(B)=\frac{1}{6}+\frac{1}{2}=\frac{2}{3}$$
即
$$P(A+B)=P(A)+P(B)$$

定理 1 如果 A,B 是任意两个互不相容的事件，即 $AB=\varnothing$，则
$$P(A+B)=P(A)+P(B)$$

推论 1 若 $A_1,A_2,\cdots,A_n$ 两两互不相容，则
$$P(A_1+A_2+\cdots+A_n)=P(A_1)+P(A_2)+\cdots+P(A_n)$$
（此推论可用数学归纳法证明，此处略.）

推论 2 $P(\overline{A})=1-P(A)$

例 10 袋中有 4 个白球，3 个黑球，从中任取 3 个，求至少取得 1 个白球的概率.

解 设 $A=\{3$ 个球中至少有 1 个白球$\}$，$B_i=\{3$ 个球中恰有 i 个白球$\}$ $(i=0,1,2,3)$，则
$$A=B_1+B_2+B_3$$
且 B_1,B_2,B_3 互不相容. 于是
$$P(A)=P(B_1)+P(B_2)+P(B_3)=\frac{C_4^1C_3^2}{C_7^3}+\frac{C_4^2C_3^1}{C_7^3}+\frac{C_4^3}{C_7^3}=\frac{12+18+4}{35}=\frac{34}{35}$$
或利用对立事件求解：
$$P(A)=1-P(\overline{A})=1-P(B_0)=1-\frac{C_3^3}{C_7^3}=\frac{34}{35}$$

2. 任意事件的加法公式

定理 2 对于任意两个事件 A 与 B，皆有 $P(A+B)=P(A)+P(B)-P(AB)$.

推论 3 设 A,B,C 为任意三个事件，则
$$P(A+B+C)=P(A)+P(B)+P(C)-P(AB)-P(AC)-P(BC)+P(ABC)$$

例 11 一个电路上装有甲、乙两个熔断保险器，甲熔断的概率为 0.85，乙熔断的概率为 0.74，两个同时熔断的概率为 0.63，问至少有一个熔断的概率为多少？

解 设 $A=\{$甲熔断$\}$，$B=\{$乙熔断$\}$，则甲、乙两个熔断保险器至少有一个熔断的概率为
$$P(A+B)=P(A)+P(B)-P(AB)=0.85+0.74-0.63=0.96$$

练　习　4.3

1. 计算下述事件的概率.

(1) 某班学生有男生 18 名，女生 12 名，从中随意抽 3 人参加外系的联谊会，则抽到的三人是 2 名男生、1 名女生的概率为______.

(2) 6 位数字的电话号码由数字 0,1,2,…,9 组成，首位不能是数字 0. 设 A 表示电话号码的数字各不相同，B 表示电话号码的数字各不相同且皆为奇数，则 $P(A)=$______，$P(B)=$______.

(3) 袋中之球 3 红 4 白 5 黑，连续两次地从中任取 1 球. 若先取之球不放回，则所抽之球先红

后白的概率为______；若先取之球看后随即放回，则所取之球先黑后白的概率为______.

2. 设 A,B 为两事件，判断下列等式是否恒成立. 若恒成立，又怎样成立.

(1) $P(A\cup B)=P(A)+P(B)$；

(2) $P(\bar{A}\bar{B})=1-P(A\cup B)$；

(3) $P(A-B)=P(A)-P(B)$；

(4) $P(A\bar{B})=P(A)-P(AB)$.

3. 设 A,B 为两事件.

(1) 若 $P(A)=0.5,P(B)=0.6,P(A\cup B)=0.7$，则 $P(AB)=$______，$P(A)-P(B)=$______.

(2) 若 $A\subset B,P(A)=0.2,P(B)=0.5$，则 $P(AB)=$______.

(3) 若 $P(A)=0.7,P(A-B)=0.3$，则 $P(\overline{AB})=$______.

4. 从 15 个分别记有标号 1～15 的球中任取 3 个球，求：

(1) 所取球的最小号码是 5 的概率 p_1；　(2) 所取球的最大号码是 5 的概率 p_2.

5. 100 只晶体管中有 3 只次品，从中任取 5 只，求以下事件的概率：

(1) $A=\{$仅一只为次品$\}$；　(2) $B=\{$5 只皆无次品$\}$；

(3) $C=\{$2 只是正品，3 只是次品$\}$；　(4) $D=\{$刚好第 5 只取出的是次品$\}$.

6. 两骰子掷出后的点数之和为 6，求有一骰子的点数为 1 的概率.

7. 黑暗里，从混杂在一起的 6 双鞋中任抓 4 只鞋，若 6 双鞋任意 2 双都不同码，求所抓 4 只鞋至少有 2 只能配成一双的概率.

8. 3 个球被随机地放入 4 个杯中，求杯中最多球数分别为 1,2,3 个的概率.

4.4　条件概率与乘法公式*

1. 条件概率的概念

在实际问题中，除了要计算事件 A 发生的概率 $P(A)$ 外，有时还需计算在事件 B 已发生的条件下，事件 A 发生的概率，用记号 $P(A|B)$ 表示. 由于增加了新的条件即事件 B 已发生，所以称 $P(A|B)$ 为**条件概率**. 相应地，把 $P(A)$ 称为无条件概率或原概率.

一般说来，$P(A|B)$ 与 $P(A)$ 是不相等的. 例如，在掷一枚骰子中，设事件 $A=\{$出现 1 点$\}$，$B=\{$出现奇数点$\}$，则 $P(A)=\dfrac{1}{6}$. 如果事件 $B=\{$出现奇数点$\}$ 已发生，即已知掷出奇数点的情况下，则掷出 1 点的概率即为 $P(A|B)=\dfrac{1}{3}$，显然，$P(A|B)\neq P(A)$.

例 12　一批同类产品共 14 件，其中由甲厂提供的 6 件中有 4 件优质品，由乙厂提供的 8 件中有 5 件优质品. 试考察下列事件的概率：

(1) 从全部产品中任取的 1 件是优质品；

(2) 从全部产品中任取的 1 件是优质品，并恰巧是甲厂提供的；

(3) 从甲厂提供的产品中任取 1 件，而这 1 件恰巧是优质品.

解　设 $A=\{$取到的产品是优质品$\}$，$B=\{$取到甲厂提供的产品$\}$.

(1) 基本事件总数有 14 个，而 A 包括了其中的 9 个，于是

$$P(A)=\frac{9}{14}$$

(2) $$P(B|A)=\frac{C_4^1}{C_9^1}=\frac{4}{9}$$

(3) $$P(A|B)=\frac{C_4^1}{C_6^1}=\frac{4}{6}=\frac{2}{3}$$

2. 条件概率与无条件概率的关系

沿用例12的题设、记号，以及事件，

$$AB=\{\text{从全部产品中任取 1 件是甲厂的优质产品}\}$$

故
$$P(AB)=\frac{4}{14}$$

且有
$$P(A)=\frac{9}{14},\quad P(B)=\frac{6}{14}$$

于是
$$P(A|B)=\frac{4}{6}=\frac{4/14}{6/14}=\frac{P(AB)}{P(B)},\quad P(B|A)=\frac{4}{9}=\frac{4/14}{9/14}=\frac{P(AB)}{P(A)}$$

定义 7 一般地，对于事件 A,B，有下式成立：

$$\begin{cases}P(A|B)=\dfrac{P(AB)}{P(B)}, & P(B)>0\\[2mm] P(B|A)=\dfrac{P(AB)}{P(A)}, & P(A)>0\end{cases}$$

上式也可作为条件概率的定义.

例 13 某地区气象资料表明，邻近的甲、乙两城市中，甲市雨天所占全年天数的比例为12%，乙市雨天所占全年天数的比例为9%，两市中至少有一市为雨天的比例为16.8%. 试求下列事件的概率：

(1) 在甲市为雨天时，乙市也为雨天；

(2) 在乙市为无雨天时，甲市也为无雨天.

解 设 $A=\{\text{甲市为雨天}\}$，$B=\{\text{乙市为雨天}\}$. 于是

$$P(A)=0.12,\quad P(B)=0.09,\quad P(A+B)=0.168$$

$$P(AB)=P(A)+P(B)-P(A+B)=0.12+0.09-0.168=0.042$$

(1) $P(B|A)=\dfrac{P(AB)}{P(A)}=\dfrac{0.042}{0.12}=0.35$；

(2) $P(\bar{A}|\bar{B})=\dfrac{P(\bar{A}\bar{B})}{P(\bar{B})}=\dfrac{P(\overline{A+B})}{P(\bar{B})}=\dfrac{1-0.168}{1-0.09}=0.9143$

3. 任意事件的乘法公式

定义 8 对于任意两个事件 A 与 B，当 $P(B)>0$，$P(A)>0$ 时，有

$$P(AB)=P(A)P(B|A)=P(B)P(A|B)$$

上式称为乘法公式. 乘法公式也可推广到多个事件的情况.

推论 4 对于 A、B、C 任意三个事件，若 $P(AB)>0$，则

$$P(ABC)=P(A)P(B|A)P(C|AB)$$

例 14　一口袋中有 8 个白球、5 个红球，无放回地抽取 3 次，每次取 1 个，试求第 3 次才取到红球的概率.

解　设 $A=\{$第 i 次取到红球$\}$，$i=1,2,3$.

$$P(\overline{A}_1\overline{A}_2A_3)=P(\overline{A}_1)P(\overline{A}_2|\overline{A}_1)P(A_3|\overline{A}_1\overline{A}_2)=\frac{8}{13}\times\frac{7}{12}\times\frac{5}{11}=0.1632$$

练　习　4.4

1. 设两事件 A,B 满足 $P(A)=0.6$，$P(B)=0.7$. 问：

(1) $P(AB)$在什么条件下取最小值？最小值是多少？

(2) $P(AB)$在什么条件下取最大值？最大值是多少？

2. 若 $P(A)=P(B)=P(C)=\frac{1}{4}$，$P(AB)=P(BC)=P(AC)=\frac{1}{16}$，$P(ABC)=0$，求：

(1) 事件 A,B,C 至少发生一件的概率；

(2) 事件 A,B,C 都不发生的概率.

3. 五张卡片上分别记有数字 1,2,3,4,5 各一个，且没有任何两张彼此相同. 现随意抽一卡，无放回地连抽两次.

(1) 若头次抽的是偶数卡，则后次抽到奇数卡的概率是多少？

(2) 后次才会抽到奇数卡的概率是多少？

(3) 后次抽到奇数卡的概率是多少？

4. 设某种动物能活到 20 岁的概率为 0.8，能活到 25 岁的概率为 0.4，某个这种动物现龄 20 岁，问它能活到 25 岁的概率是多少？

5. 袋中有 5 只白球、6 只黑球，从袋中一次取出 3 只球，发现都是同一颜色的，求该颜色是黑色的概率.

6. 一批产品中有 96%的产品是合格品，而在 100 个合格品中有 75 个是一等品，今从这批产品中任取一件，求它是一等品的概率.

7. 包装了的玻璃器皿，第一次扔下被打破的概率为 0.4；若未破，则第二次扔下被打破的概率为 0.6；若还未破，则第三次扔下被打破的概率为 0.9. 今将一包装了的玻璃器皿连续扔 3 次，求打破的概率.

4.5　事件的独立性

4.5.1　两个事件的独立性

一般说来，条件概率 $P(B|A)$与概率 $P(B)$是不相等的. 但在某些情况下，它们是可以相等的. 例如，一口袋装有 11 个黑球、7 个白球，从中有放回地任取 2 次，每次取 1 个，记 $A=\{$第一次取出黑球$\}$，$B=\{$第二次取出黑球$\}$，显然有 $P(B|A)=P(B)=$

$\frac{11}{18}$. 等式 $P(B|A)=P(B)$ 说明事件 A 发生与否对事件 B 发生的概率没有影响.

定义 9　如果事件 A 与 B 满足 $P(AB)=P(A)P(B)$，那么，称事件 A 与 B **相互独立**.

当 $P(A)$、$P(B)$ 都不为零时，从事件 A、B 相互独立能推得

$$P(A|B)=P(A),\quad P(B|A)=P(B)$$

定理 3　若事件 A 与 B 相互独立，则 A 与 $\bar{B}$，$\bar{A}$ 与 B，$\bar{A}$ 与 $\bar{B}$ 皆相互独立.

证明　因为 A 与 B 相互独立，所以 $P(AB)=P(A)P(B)$.

故
$$\begin{aligned}P(\bar{A}\,\bar{B})&=P(\overline{A+B})=1-P(A+B)=1-[P(A)+P(B)-P(AB)]\\&=1-P(A)-P(B)+P(AB)=[1-P(A)][1-P(B)]=P(\bar{A})P(\bar{B})\end{aligned}$$

其他情况可类似证明，此处略.

例 15　两人各自独立做一项实验，甲的成功率为 0.9，乙的成功率为 0.8，求下列事件的概率：

(1) 两人实验同时成功；

(2) 实验成功.

解　设 $A=\{$甲实验成功$\}$，$B=\{$乙实验成功$\}$，因为 A 与 B 相互独立，则

(1) $P(AB)=P(A)P(B)=0.9\times0.8=0.72$；

(2) $P(A+B)=P(A)+P(B)-P(AB)=0.9+0.8-0.72=0.98$.

4.5.2　多个事件的独立性

定义 10　有 n 个事件 $A_1,A_2,\cdots,A_n$，如果对这 n 个事件中的任意 m $(2\leqslant m\leqslant n)$ 个事件 $A_{i_1},A_{i_2},\cdots,A_{i_m}$ 都有

$$P(A_{i_1}A_{i_2}\cdots A_{i_m})=P(A_{i_1})P(A_{i_2})\cdots P(A_{i_m})$$

成立，则称这 n 个事件 $A_1,A_2,\cdots,A_n$ 相互独立.

对于相互独立的 n 个事件 $A_1,A_2,\cdots,A_n$，有下面的乘法公式和加法公式：

$$P(A_1A_2\cdots A_n)=P(A_1)P(A_2)\cdots P(A_n)$$
$$P(A_1+A_2+\cdots+A_n)=1-P(\bar{A}_1)P(\bar{A}_2)\cdots P(\bar{A}_n)$$

例 16　一个维修工人负责甲、乙、丙三部机器的维修，在某段时间内各机器出现故障的概率分别为 0.1，0.2 和 0.15，并设各机器独立工作. 在这段时间内，试求：

(1) 三部机器都不需要维修的概率；

(2) 至少有一部不需要维修的概率.

解　$A=\{$机器甲不出现故障$\}$，$B=\{$机器乙不出现故障$\}$，$C=\{$机器丙不出现故障$\}$.

(1)
$$\begin{aligned}P(ABC)&=P(A)P(B)P(C)\\&=(1-0.1)(1-0.2)(1-0.15)=0.9\times0.8\times0.85=0.612；\end{aligned}$$

(2) $P(A+B+C)=1-P(\bar{A})P(\bar{B})P(\bar{C})=1-0.1\times0.2\times0.15=0.997$.

练　习　4.5

1. 设 A,B 为两事件，判断下述命题是否正确.

(1) 若 A 与 B 相互独立，则 A 与 B 互不相容.

(2) 若 A 与 B 相互对立，且 $P(A)>0,P(B)>0$，则 A 与 B 相互独立.

(3) 若 A 与 B 相互独立，则 A 与 $\bar{B}$，$\bar{A}$ 与 B，$\bar{A}$ 与 $\bar{B}$ 也分别相互独立.

(4) 三事件彼此两两独立，则其相互独立.

(5) 三事件相互独立，则两两彼此独立.

2. 设两事件 A 与 B 相互独立.

(1) 若 $P(A)=0.6,P(B)=0.7$，则 $P(A-B)=$______；$P(\bar{A}-B)=$______；

(2) 若 $P(A\cup B)=0.6,P(A)=0.4$，则 $P(B)=$______.

3. 假设单次试验的成功率为 $p\ (0<p<1)$. 将此试验独立地重复 3 次，试分别求其中仅失败一次以及至少失败一次的概率.

4. 射手对同一目标射击 4 次，每次命中与否均不影响其他各次. 若目标至少被命中一次的概率为 80/81，求射手的命中率.

5. 加工一个零件共需经过四道工序，且各工序的次品率分别为 2%，3%，5%，3%. 假定各工序独立工作，求加工出来的零件是次品的概率.

6. 3 人独立地破译一个密码，他们能译出的概率分别为 $\frac{1}{5},\frac{1}{3},\frac{1}{4}$，求他们将密码译出的概率.

7. 对同一目标进行 3 次独立射击，各次命中率分别为 0.4，0.5，0.7，求在 3 次射击中至少有一次命中的概率.

4.6　全概率公式与贝叶斯公式*

4.6.1　全概率公式

在概率的计算中，有的事件比较复杂，人们希望通过已知的简单事件的概率去求复杂的事件的概率. 在这里，全概率公式和贝叶斯公式起到了很重要的作用，先看一个例子.

例 17　箱中装有甲、乙、丙三个灯泡厂生产的同型号的灯泡. 已知甲厂的占一半，乙、丙两厂的数量相等，又知次品率分别为 0.1，0.2，0.3. 今从箱中任取一个灯泡.

(1) 求该灯泡是次品的概率；

(2) 已知该灯泡是次品，求它是各厂生产的概率.

解　设 $A=\{$任取一灯泡为次品$\}$，$B_1=\{$任取一灯泡为甲厂生产的$\}$，$B_2=\{$任取一灯泡为乙厂生产的$\}$，$B_3=\{$任取一灯泡为丙厂生产的$\}$.

A 是比较复杂的事件，用 B_1,B_2,B_3 将其分为 3 个事件的和，则

$$A=B_1A+B_2A+B_3A$$

因为 B_1,B_2,B_3 互不相容，所以 B_1A,B_2A,B_3A 也互不相容，于是

(1) $P(A)=P(B_1A)+P(B_2A)+P(B_3A)$

$$=P(B_1)P(A|B_1)+P(B_2)P(A|B_2)+P(B_3)P(A|B_3)$$

$$=\frac{1}{2}\times 0.1+\frac{1}{4}\times 0.2+\frac{1}{4}\times 0.3=\frac{7}{40}$$

(2) $P(B_1|A)=\dfrac{P(B_1A)}{P(A)}=\dfrac{\frac{1}{2}\times 0.1}{\frac{7}{40}}=\dfrac{2}{7}$

$$P(B_2|A)=\frac{P(B_2A)}{P(A)}=\frac{\frac{1}{4}\times 0.2}{\frac{7}{40}}=\frac{2}{7}$$

$$P(B_3|A)=\frac{P(B_3A)}{P(A)}=\frac{\frac{1}{4}\times 0.3}{\frac{7}{40}}=\frac{3}{7}$$

一般地，有下面的定理.

定理 4　设 A 为任一事件，$P(A)>0$. 事件组 $B_1,B_2,\cdots,B_n$ 满足：

(1) $B_1,B_2,\cdots,B_n$ 两两互不相容，且 $P(B_i)>0\ (i=1,2,\cdots,n)$；

(2) $B_1+B_2+\cdots+B_n=\Omega$，则

$$P(A)=P(B_1)P(A\mid B_1)+P(B_2)P(A\mid B_2)+\cdots+P(B_n)P(A\mid B_n)$$

$$=\sum_{i=1}^{n}P(B_i)P(A\mid B_i)$$

称为**全概率公式**.

(通常称满足上述两个条件的事件组为**完备事件组**.)

证明　$$A=A\Omega=A(B_1+B_2+\cdots+B_n)=\sum_{i=1}^{n}B_iA$$

又 $B_1,B_2,B_3,\cdots,B_n$ 两两互不相容，故

$$P(A)=P\left(\sum_{i=1}^{n}B_iA\right)=\sum_{i=1}^{n}P(B_iA)=\sum_{i=1}^{n}P(B_i)P(A\mid B_i)$$

例 18　12 个不同号码中有 2 个号码为有奖号码，甲从中抽取 1 个号码后，不放回，由乙从剩余的号码中任取 1 个号码，求乙抽到中奖号码的概率.

解　设 $B_1=\{$甲抽到有奖号码$\}$，$B_2=\{$甲抽到无奖号码$\}$，$A=\{$乙抽到有奖号码$\}$，则由全概率公式有

$$P(A)=P(B_1)P(A|B_1)+P(B_2)P(A|B_2)=\frac{2}{12}\times\frac{1}{11}+\frac{10}{12}\times\frac{2}{11}=\frac{1}{6}$$

4.6.2 贝叶斯公式

定理5 设 A 为任一事件，$P(A)>0$. 事件组 $B_1,B_2,\cdots,B_n$ 满足：

(1) $B_1,B_2,\cdots,B_n$ 两两互不相容，且 $P(B_i)>0\ (i=1,2,\cdots,n)$；

(2) $B_1+B_2+\cdots+B_n=\Omega$，则由条件概率公式及全概率公式，得贝叶斯公式

$$P(B_j \mid A)=\frac{P(B_j)P(A \mid B_j)}{\sum_{i=1}^{n}P(B_i)P(A \mid B_i)}\ (j=1,2,\cdots,n)$$

例19 已知一批零件是由甲、乙、丙3名工人生产的. 3人的产量分别占总量的20%，40%和40%. 若已知3人的次品率分别为各自产量的5%，4%和3%，现任意抽取1个零件检验. 若已知取到的是次品，问它是甲工人生产的概率是多少？

解 设 $A=\{$取到的零件是次品$\}$，B_1,B_2,B_3 分别表示取到的零件是甲、乙、丙生产的，则按贝叶斯公式

$$P(B_1 \mid A)=\frac{P(B_1)P(A \mid B_1)}{\sum_{i=1}^{3}P(B_i)P(A \mid B_i)}=\frac{0.2\times 0.05}{0.2\times 0.05+0.4\times 0.04+0.4\times 0.03}$$
$$=26.3\%$$

练 习 4.6

1. 甲盒中有正品6只，次品4只；乙盒中有正品5只，次品2只. 现从中任取1盒，再从盒中任取1只，求其恰为正品的概率.

2. 男人中的4%以及女人中的0.25%都为色盲. 从男、女数相等的人群中随机挑出的一人恰好是色盲，问其是男性的概率是多少？

3. 某流行病在A，B，C三地区爆发. 受感染的比例分别为 $\frac{1}{6},\frac{1}{4},\frac{1}{3}$. 在三地区中任取一地区，再从该地区内任选一人进行抽查.

(1) 求此人为感染者的概率；

(2) 若查实该人确系感染者，求其来自B地区的概率.

4. 两车间生产同一批零件，甲车间的产量比乙车间多出一倍，甲、乙两车间的次品率各为2%与3%. 从这批零件中任取一件，求：

(1) 该零件是次品的概率；

(2) 该零件是合格品的概率；

(3) 所取次品出自乙车间的概率.

内 容 小 结

一、基本概念

随机事件、样本空间、频率与概率、条件概率、独立性.

二、基本公式

加法公式、减法公式、乘法公式、全概率公式及贝叶斯公式.

三、常见结论

(1) 事件与样本空间的关系本质上是子集与全集的关系,因此事件的关系与运算本质上是子集的关系与运算,利用上述关系与运算可将复杂事件分解成简单事件的"和"和"积",从而简化计算.

(2) 古典概率是一种特定的概率模型,它只适用于特定场合及条件,概率的统计定义给出了利用频率估计频率的方法,但需进行大量重复实验,且不利于理论推导.

(3) 对于加法公式、减法公式,应注意适用的一般形式及特殊形式.

(4) 注意概率与条件概率之间的关系与区别.

条件概率的三种计算方法即公式法(化为无条件概率)、缩减样本空间法(Ω 法)、变动样本空间法.在不放回抽样一类问题中用变动样本空间法可大大简化计算.条件概率和乘法公式可相互适用,有时需要用乘法公式计算条件概率,有时则反过来运用.要注意乘法公式的一般及特殊形式(独立性).

(5) 事件独立性在很多场合都会碰到,要注意两两独立与整体独立的区别.关于独立性要注意一下三点:

① 不可能事件(小概率事件)与任何事件独立;

② 实际中独立性常由实际经验判断而不是用公式判断;

③ 如 $A_1,A_2,\cdots,A_n$ 相互(整体)独立,则从中任取 $k(2\leqslant k\leqslant n)$ 个事件或其对立事件也相互独立.

(6) 全概率公式与贝叶斯公式是计算复杂场合的概率公式,全概率公式是"以因求果",使用时常列出导致事件 B 发生的原因 $A_1,A_2,\cdots,A_n$.如 $A_1,A_2,\cdots,A_n$ 构成样本空间划分则可用全概率公式计算.贝叶斯公式常用来"以果索因",在实际应用中非常广泛,使用时常与全概率公式配合使用.贝叶斯公式计算的 $P(A_i|B)$ 常称为后验概率,而 $P(A_i)$ 称为先验概率.先验概率通常是由以往经验所获得,由于随时间推移它会发生某种变化,可利用后验概率对其进行验证及修正.

(7) 无论是无条件概率还是条件概率,实质上均可看做一种比例,即事件在所讨论样本空间中占的份额(条件概率是事件 AB 在 Ω_A 中占的份额).在概率论中"实际推断原理"是人们在长期实践中总结的重要结论,这一结论以后还会经常用到.

综合练习四

一、填空题

1. 设 A,B 是两个事件,$P(A)=0.4$,$P(A+B)=0.7$.当 A,B 互不相容时,$P(B)=$______;当 A,B 互相独立时,$P(B)=$______.

2. 设在一次试验中,A 发生的概率为 p,现在进行 n 次独立试验,那么事件 A 至少发生一次的概率为______.

3. 3人入学考试合格率分别为$\frac{2}{3}$,$\frac{1}{2}$,$\frac{2}{5}$,3人中正好有2人合格的概率为______.

4. 一批产品共有10个正品和2个次品,不放回地抽取2次,则第2次抽得次品的概率为______.

5. 已知$P(A)=0.5$,$P(B)=0.6$,$P(B|A)=0.8$,则$P(A+B)=$______.

6. 某人射击时,中靶的概率为$\frac{3}{4}$,则从射击直到中靶为止,射击次数为3的概率为______.

二、计算题

1. 某油漆公司发出17桶油漆,其中有白油漆10桶,黑油漆4桶,红油漆3桶.在搬运中所有标签均脱落,交货人随意将这些油漆分给顾客.问:一个订4桶白漆、3桶黑漆、2桶红漆的顾客,能按所定颜色如数得到所订货物的概率是多少?

2. 已知$P(A)=\frac{1}{4}$,$P(B|A)=\frac{1}{3}$,$P(A|B)=\frac{1}{2}$,求$P(A+B)$.

3. 已知在10只晶体管中有2只次品,在10只中任取2次,每次任取1只,取后不放回,求下列事件的概率:

(1) 2只都是正品;

(2) 2只都是次品;

(3) 1只是正品,1只是次品;

(4) 第2次取出的是次品.

4. A、B、C三人在同一办公室工作,房间里有三部电话.打给A、B、C的电话的概率分别为$\frac{2}{5}$,$\frac{2}{5}$,$\frac{1}{5}$.三人常因工作外出,A、B、C三人外出的概率分别为$\frac{1}{2}$,$\frac{1}{4}$,$\frac{1}{4}$.设三人的行动互相独立.求:

(1) 无人接电话的概率;

(2) 被呼叫人在办公室的概率.

5. 将两信息分别编码为A和B传送出去,接收站收到时,A被误收为B的概率为0.02,而B被误收为A的概率为0.01.A与B传出的频繁程度之比为2∶1.若接收站收到的信息是A,问原发信息是A的概率是多少?

第5章 随机变量及其分布

随着科技的进步和社会的发展，概率统计的应用越来越广泛. 人们在各自的实践活动中越来越希望对样本空间内所有事件的概率分布有一个全面的了解，这样应用起来就会极为方便. 由此出现了随机变量及与其相关的一系列概念.

5.1 随机变量的概念

样本空间内的随机事件通常是很多的，甚至无穷多，单个地计算事件的概率非常烦琐. 因此，人们自然希望将高等数学的一些方法例如微积分的方法等应用到概率统计中去，这样便可以从整体上对样本空间上的随机事件进行研究. 另外，样本空间很多是非数字化的，对于这种情况，首先要将其数字化. 例如掷一枚硬币试验，样本空间 $=\{H,T\}$，让 H 对应 1，T 对应 0，便轻而易举将其数字化. 以上做法实际上是在样本空间定义一个函数 X，使

$$X=X(\omega)=\begin{cases}1 & (\omega=T)\\0 & (\omega=H)\end{cases}$$

事件 $\{H\}$ 相当于 $\{X=1\}$，事件 $\{T\}$ 相当于 $\{X=0\}$.

又如将某一产品抽三次，每次结果无非是正品、次品，则样本空间 $\Omega=\{\omega_1=$次次次，$\omega_2=$正次次，$\omega_3=$次正次，$\omega_4=$次次正，$\omega_5=$正正次，$\omega_6=$正次正，$\omega_7=$次正正，$\omega_8=$正正正$\}$. 在实际中人们常常关心的是三次抽样中抽得正品的个数及其概率. 设 X 表示三次中正品出现的个数(次数)，则 X 可能取值为 0,1,2,3. X 的取值与样本点的对应关系为

$$X=X(\omega)=\begin{cases}0 & (\omega=\omega_1)\\1 & (\omega=\omega_2,\omega_3,\omega_4)\\2 & (\omega=\omega_5,\omega_6,\omega_7)\\3 & (\omega=\omega_8)\end{cases}$$

这里 X 是定义在 Ω 内的一个单值实函数. X 的取值是随机事件，如 $\{X=0\}=\{\omega_1\}=$ {次次次}，$\{X=1\}=\{\omega_2,\omega_3,\omega_4\}$ 等，且 $P(X=0)=\dfrac{1}{8}$，$P(X=1)=\dfrac{3}{8}$ 等. 下面给出随机变量的定义.

定义 1 设 $\Omega=\{\omega\}$ 是随机试验 E 对应的样本空间，$X=X(\omega)$ 是定义在 Ω 内的

任一个单值实函数，称 X 为 Ω 上的随机变量.

随机变量常用 $X,Y,Z\cdots\cdots$ 表示.

注意：随机变量是单值实函数，但它绝不是微积分中所讲的普通实函数. 随机变量取值通常是随机事件，它的发生有一定的概率，这一点和普通函数有着本质的差别.

由于样本空间通常有两种情况，其一样本点有限或可列无穷个（可以排成一个序列），例如掷硬币、掷骰子、记录某路口在一段时间内经过的车辆数、电话交换机在一段时间内收到的呼叫数等. 另一种情况是样本点充满一个空间（不可列无穷个），例如灯泡寿命、打靶中弹着点位置等. 对应的随机变量也有两种情况.

（1）若随机变量只能取有限多个或可列无穷个数值，则称为离散型随机变量.

（2）若随机变量可取某一区间上所有的值，则称为非离散型随机变量.

练　习　5.1

1. 指出以下随机变量哪些是离散型的，哪些是非离散型的.

（1）某人一次打靶命中的环数；　（2）某品种棉花的纤维长度；

（3）某纱厂里纱线被扯断的根数；　（4）某单位一天的用电量；

（5）某人在起点站等车的时间.

2. 一次试验中，若某事件 A 必然出现，试用随机变量描述该现象，并指出该随机变量能取多少个值.

5.2　离散型随机变量及其分布

5.2.1　分布列的概念

定义 2　若随机变量 X 所有可能的取值为 $x_1,x_2,\cdots$，取这些值的概率依次为 $p_1,p_2,\cdots$，则称 $P(X=x_k)=p_k(k=1,2,\cdots)$ 为离散型随机变量 X 的概率分布列，简称**分布列**. 也可以表示为

X	x_1	x_2	$\cdots$
P	p_1	p_2	$\cdots$

在直角坐标系上表示分布列，称为 X 的**概率分布图**.

下面举例来说明如何求离散型随机变量的分布列和画出它的概率分布图.

例 1　将一枚硬币独立地掷两次，出现正面向上的次数记为 X，求 X 的分布列并画出它的概率分布图.

解　$X=k$ 表示出现正面向上次数为 k，则点 k 可以取 0,1,2，于是有

$$P(X=0)=\frac{1}{2}\times\frac{1}{2}=\frac{1}{4},\quad P(X=1)=2\times\frac{1}{2}\times\frac{1}{2}=\frac{1}{2},\quad P(X=2)=\frac{1}{2}\times\frac{1}{2}=\frac{1}{4}$$

因此 X 分布列为

X	0	1	2
P	$\frac{1}{4}$	$\frac{1}{2}$	$\frac{1}{4}$

概率分布图如图 5-1 所示.

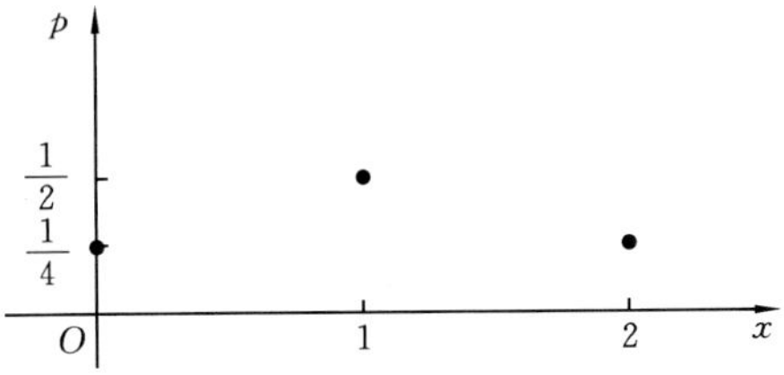

图 5-1

5.2.2 分布列的性质

根据概率的性质,无论离散型随机变量是有限个取值还是无穷可列个取值,所有的"$X=k$"构成完备事件组,分布列显然具有下列性质:

(1) $p_k \geqslant 0, k=1,2,\cdots$;

(2) $\sum_{k=1}^{n} p_k = 1$ (有限个点) 或 $\sum_{k=1}^{\infty} p_k = 1$ (无限可列个点).

反之,若一个数列 $P(X=x_k)=p_k (k=1,2,\cdots)$ 具有上述两条性质,则它必定是某个离散型随机变量的分布列.

5.2.3 几种常见的离散分布

1. 二点分布

若随机变量 X 只可能取 0,1 两个值,则它的分布列为

X	0	1
P	$1-p$	p

或者写成 $P(X=k)=p^k(1-p)^{1-k} (k=0,1, 0<p<1)$,则称 X 服从**二点分布**(**或称 0-1 分布**),记为 $X \sim B(1,p)$.

例 2　10 件相同的产品中,有 2 件次品和 8 件正品,现从中任取一件,求取到的正品数 X 的分布列.

解　X 的分布列为

X	0	1
P	0.2	0.8

2. 二项分布

试验可以在相同的条件下重复进行 n 次,每次的结果互不影响,每次试验只可能

有两种结果 A 和 $\overline{A}$，每次试验 A 出现的概率都相同，记 $P(A)=p\ (0<p<1)$，则 $P(\overline{A})=1-p=q$，具有上述特点的随机试验称为 n **重伯努利试验**，简称伯努利试验.

例如将一枚硬币重复掷 10 次，每次结果 $A=\{$出现正面$\}$；$\overline{A}=\{$出现反面$\}$，即为 10 次伯努利试验. 又如某产品进行放回抽样 n 次，每次结果 $A=\{$正品$\}$，$\overline{A}=\{$次品$\}$，设 $P(A)=p$(正品率)，$P(\overline{A})=1-p$(次品率)，则为 n 重伯努利试验.

在 n 次试验中，事件 A 出现的次数 X 是个随机变量，它可以取 $0,1,2,\cdots,n$，则事件 A 出现 k 次的概率为

$$P(X=k)=C_n^k p^k(1-p)^{n-k}=C_n^k p^k q^{n-k}\quad(k=0,1,2,\cdots,n)$$

若随机变量 X 满足 $P(X=k)=C_n^k p^k(1-p)^{n-k}(0<p<1,k=0,1,2,\cdots,n)$，则称 X 服从参数为 n,p 的二项分布，记为 $X\sim B(n,p)$.

在二项分布中，由于 $0<p<1,q=1-p$，所以 $P(X=k)=C_n^k p^k q^{n-k}>0$. 又由于

$$\sum_{k=0}^{n}P(X=k)=\sum_{k=0}^{n}C_n^k p^k q^{n-k}=(p+q)^n=1$$

因此二项分布满足分布列的性质，并且由二项式定理可知，$C_n^k p^k q^{n-k}$ 恰好是 $(p+q)^n$ 展开式中的第 $k+1$ 项，二项分布由此而来.

例 3　袋中有 7 个球，其中 4 个是白球，3 个是黑球.

(1) 有放回地抽取 3 次，每次取 1 个，求恰有 2 个白球的概率；

(2) 无放回地抽取 3 次，每次取 1 个，求恰有 2 个白球的概率.

解　(1) 因为有放回，每次试验的条件相同，属于伯努利试验，其中 $p=\dfrac{4}{7}$，$n=3$，$k=2$，所求概率为

$$p_1=C_3^2\left(\frac{4}{7}\right)^2\left(\frac{3}{7}\right)^{3-2}=\frac{144}{343}$$

(2) 对于无放回的情况，每次试验条件不同，不是伯努利试验，只能用古典概型的公式来计算. 总的基本事件数为 C_7^3，本事件所含基本事件总数为 $C_4^2C_3^1$，即所求概率为

$$p_2=\frac{C_4^2C_3^1}{C_7^3}=\frac{18}{35}$$

例 4　袋中有 4 个白球和 6 个黑球，现在有放回地取 3 次，每次取 1 个，设 3 次中抽到白球的总数为随机变量 X，求 X 的分布列.

解　设 $A=\{$在一次试验中取到的是白球$\}$，则 $P(A)=0.4$，$X\sim B(3,0.4)$，于是 X 的分布列为 $P(X=k)=C_3^k(0.4)^k(0.6)^{3-k}(k=0,1,2,3)$. 其分布列为

X	0	1	2	3
P	0.22	0.43	0.29	0.06

二项分布的实际背景是伯努利试验. 当 $n=1$ 时，二项分布化为

$$P(X=k)=p^k(1-p)^{1-k}(0<p<1,k=0,1)$$

即为二点分布.因此,可以认为二项分布是二点分布的推广,二点分布是二项分布特例.

3. 泊松分布

若随机变量 X 可能的取值为 $0,1,2,\cdots$,并且满足

$$P(X=k)=\frac{\lambda^k}{k!}e^{-\lambda}(k=0,1,2,\cdots,\lambda\text{ 为大于零的常数})$$

则称 X 服从参数为 λ 的泊松分布,记为 $X\sim\pi(\lambda)$.

泊松分布是一个常见分布,如一段时间内到某商店的顾客数、一页书上印刷的错误数、每米布的疵点数等都服从泊松分布,它们分别有不同的参数 λ.

可以证明,当 n 很大、p 很小时,可以用泊松分布来代替二项分布,即

$$C_n^k p^k(1-p)^{n-k}\approx\frac{\lambda^k}{k!}e^{-\lambda}(\lambda=np)$$

在实际计算中,当 $n\geqslant10,p\leqslant0.1$ 时,就可以用上面的近似计算公式.

例 5　从一批次品率为 5‰的产品中任取 200 件,求:

(1) 其中恰有 5 件次品的概率;

(2) 至少有 2 件次品的概率.

解　记 200 件中次品的件数为 X,则 $X\sim B(200,5‰)$.

(1) $P(X=5)=C_{200}^5(0.005)^5(0.995)^{195}\approx0.003$.

(2) $P(X\geqslant2)=1-P(X<2)=1-P(X=0)-P(X=1)$

$$=1-(0.995)^{200}-C_{200}^1\times(0.005)\times(0.995)^{199}\approx0.264$$

例 6　用泊松分布近似地计算上例中的概率值.

解　在上例中,$n=200,p=0.005,\lambda\approx np=1$,查附表Ⅰ,得

$$P(X\geqslant2)=\sum_{k=2}^{200}C_n^k p^k(1-p)^{n-k}=\sum_{k=2}^{200}C_{200}^k(0.005)^k(0.995)^{200-k}\approx\sum_{k=2}^{200}\frac{1}{k!}e^{-1}$$
$$=0.2642$$

$$P(X=5)=P(X\geqslant5)-P(X\geqslant6)=\sum_{k=5}^{200}\frac{1}{k!}e^{-1}-\sum_{k=6}^{200}\frac{1}{k!}e^{-1}$$
$$=0.00366-0.000594=0.003066$$

也可利用对立事件的概率,其计算更为简捷:

$$P(X\geqslant2)=1-P(X<2)=1-P(X=0)-P(X=1)=1-\frac{e^{-1}\times1^0}{0!}-\frac{e^{-1}\times1^1}{1!}$$
$$=1-2e^{-1}$$

4. 几何分布*

重复独立地进行一个试验,设事件 A 在每次试验中发生的概率为 p $(0<p<1)$,若用随机变量 X 表示事件 A 首次成功时已经进行的试验次数,则 X 可能的取值 $k=1,2,\cdots$,并且满足

$$P(X=k)=p(1-p)^{k-1},\ k=1,2,\cdots\ (0<p<1)$$

则称 X 服从参数为 p 的几何分布.

练　习　5.2

1. 口袋里有 4 个球,分别标有 1,2,3,4,现从中任取 2 个,用 X 表示取到的球的最小号码,求 X 的分布列.

2. 一汽车在开往目的地的道路上要遇到 4 处信号灯,每处信号灯均以相同的概率允许或禁止汽车通行.以 X 表示汽车首次停下时它已经通过的信号灯数目,求 X 的分布列.

3. 已知某随机变量 X 服从 $n=5$ 的二项分布,且 $P(X=1)=P(X=2)$,求 $P(X=4)$.

4. 甲、乙、丙三支球队为了进行赛前练习,抽签决定哪支球队先使用训练场地.商定的抽签方法如下:盒中放 2 个白球和 1 个黑球,不放回摸球,直到取到黑球为止,若第一次摸到黑球,由甲队先用场地,第二次摸到黑球,由乙队先用场地,第三次摸到黑球,由丙队先用场地.这种抽签方法是否公平?

5. 一大楼有 5 台同类型的供水设备,调查表明,在任一时刻每台供水设备被使用的概率为 0.1,则在同一时刻

(1) 恰有 2 台设备被使用的概率是多少?

(2) 至少有 3 台设备被使用的概率是多少?

(3) 至多有 3 台设备被使用的概率是多少?

(4) 至少有 1 台设备被使用的概率是多少?

6. 设 $X\sim B(n,p)$,且分布列为 $P(X=k)=C_n^k p^k(1-p)^{n-k}(k=0,1,2,\cdots,n)$.问当 k 取何值时 $P(X=k)$ 最大.

5.3　连续型随机变量及其概率密度

非离散型随机变量中最重要的是连续型随机变量.

5.3.1　密度函数的概念

定义 3　对于随机变量 X,若存在一个定义在 $(-\infty,+\infty)$ 内的非负函数 $p(x)$,使对任意的 $a,b\ (a<b)$,皆有 $P(a<X\leqslant b)=\int_a^b p(x)\mathrm{d}x$ 成立,则称 X 为**连续型随机变量**,称 $p(x)$ 为 X 的**概率密度函数**,简称**密度函数**或**概率密度**.

密度函数在某一点处的值并不表示 X 在此点处的概率,而是表示 X 在此点处概率分布的密集程度(类似于物理中的线密度).用直角坐标系表示密度函数的图象,称为 X 的**密度曲线**.

根据定积分的几何意义,连续型随机变量 X 取区间内任一值的概率为零,即 $P(X=c)=0$ (c 为区间内特定值).由此可得连续型随机变量 X 在任一区间上取值的概率与是否包含区间端点无关,即

$$P(a<X\leqslant b)=P(a\leqslant X<b)=P(a<X<b)=P(a\leqslant X\leqslant b)$$
$$=\int_a^b p(x)\mathrm{d}x$$

由以上描述可知,若已知某连续型随机变量 X 的密度函数,则 X 在任意区间上的概率皆可以通过积分求出. 因此,密度函数全面描述了连续型随机变量的统计规律性.

例 7　设随机变量 X 的密度函数为

$$p(x)=\begin{cases}\dfrac{1}{2}\cos x & \left(|x|<\dfrac{\pi}{2}\right)\\ 0 & \left(|x|\geqslant\dfrac{\pi}{2}\right)\end{cases}$$

求:

(1) $P\left(0<X<\dfrac{\pi}{4}\right)$;

(2) $P\left(0<X\leqslant\dfrac{\pi}{6}\right)$;

(3) $P\left(0\leqslant X\leqslant\dfrac{\pi}{3}\right)$.

解　(1) $P\left(0<X<\dfrac{\pi}{4}\right)=\dfrac{1}{2}\displaystyle\int_0^{\frac{\pi}{4}}\cos x\mathrm{d}x=\dfrac{1}{2}\sin x\Big|_0^{\frac{\pi}{4}}=\dfrac{\sqrt{2}}{4}$;

(2) $P\left(0<X\leqslant\dfrac{\pi}{6}\right)=\dfrac{1}{2}\displaystyle\int_0^{\frac{\pi}{6}}\cos x\mathrm{d}x=\dfrac{1}{2}\sin x\Big|_0^{\frac{\pi}{6}}=\dfrac{1}{4}$;

(3) $P\left(0\leqslant X\leqslant\dfrac{\pi}{3}\right)=\dfrac{1}{2}\displaystyle\int_0^{\frac{\pi}{3}}\cos x\mathrm{d}x=\dfrac{1}{2}\sin x\Big|_0^{\frac{\pi}{3}}=\dfrac{\sqrt{3}}{4}$.

5.3.2　密度函数的性质

密度函数 $p(x)$ 的性质如下:

(1) $p(x)\geqslant 0\ (-\infty<x<+\infty)$;

(2) $\displaystyle\int_{-\infty}^{+\infty}p(x)\mathrm{d}x=1$.

反之,若一个函数具有上述两条性质,则它一定是某个连续型随机变量的密度函数.

例 8　设 X 的密度函数为 $p(x)=\dfrac{k}{1+x^2}\ (-\infty<x<+\infty)$.

(1) 试确定常数 k;

(2) 求 $P(-1<X<1)$.

解　(1) $\displaystyle\int_{-\infty}^{+\infty}p(x)\mathrm{d}x=\int_{-\infty}^{+\infty}\frac{k}{1+x^2}\mathrm{d}x=k\arctan x\Big|_{-\infty}^{+\infty}=\pi k=1,k=\frac{1}{\pi}$.

(2) $P(-1<X<+1)=\int_{-1}^{+1}p(x)\mathrm{d}x=\int_{-1}^{+1}\frac{1}{\pi(1+x^2)}\mathrm{d}x=\frac{1}{2}$.

5.3.3　几种常见的连续分布

1. 均匀分布

若随机变量 X 的密度函数 $p(x)=\begin{cases}\frac{1}{b-a} & (a\leqslant x\leqslant b)\\ 0 & (x<a \text{ 或 } x>b)\end{cases}$，则称 X 在区间 $[a,b]$ 上服从**均匀分布**，也称**等概率分布**，记为 $X\sim U[a,b]$.

易知 $p(x)\geqslant 0$，且 $\int_{-\infty}^{+\infty}p(x)\mathrm{d}x=\int_a^b\frac{1}{b-a}\mathrm{d}x=1$ 满足密度函数的性质.

若随机变量 X 在 $[a,b]$ 上服从均匀分布，则它落在区间 $[a,b]$ 中的任意等长度的子区间的可能性是相同的，换言之，X 落入 $[a,b]$ 中子区间 $[c,d]\subset[a,b]$ 的概率与该子区间长成正比，而与该区间在 $[a,b]$ 中的位置无关. 这也是将这种分布称为均匀分布的原因所在.

例 9　设 X 在 $[-a,a]$ 上服从均匀分布，其中 $a\geqslant 1$，且 $P(X>1)=\frac{1}{3}$，求常数 a 并计算 $P(-1<X<1)$.

解　X 服从 $[-a,a]$ 上的均匀分布，其密度函数为

$$p(x)=\begin{cases}\frac{1}{2a} & (-a\leqslant x\leqslant a)\\ 0 & (x<-a \text{ 或 } x>a)\end{cases}$$

$$P(X>1)=\int_1^a\frac{1}{2a}\mathrm{d}x=\frac{1}{2a}x\Big|_1^a=\frac{1}{3}$$

所以

$$a=3$$

$$P(-1<X<1)=\int_{-1}^{1}\frac{1}{6}\mathrm{d}x=\frac{1}{6}x\Big|_{-1}^{1}=\frac{1}{3}$$

2. 指数分布

若随机变量 X 的密度函数为 $p(x)=\begin{cases}\lambda\mathrm{e}^{-\lambda x} & (x\geqslant 0)\\ 0 & (x<0)\end{cases}$，其中 λ 为大于零的常数，则称 X 服从参数为 λ 的**指数分布**，记为 $X\sim E(\lambda)$.

易知 $p(x)\geqslant 0$，且 $\int_{-\infty}^{+\infty}p(x)\mathrm{d}x=\int_0^{+\infty}\lambda\mathrm{e}^{-\lambda x}\mathrm{d}x=-\mathrm{e}^{-\lambda x}\Big|_0^{+\infty}=1$ 满足密度函数的性质.

指数分布是一种重要的分布，通常用来描述产品的使用寿命分布.

例 10　某电子元件的使用寿命 X(单位：h) 服从参数为 0.01 的指数分布.

(1) 写出 X 的密度函数；

(2) 求此元件能使用 100 h 以上的概率.

解 (1) $p(x)=\begin{cases}0.01\mathrm{e}^{-0.01x} & (x\geqslant 0)\\ 0 & (x<0)\end{cases}$

(2) $P(X>100)=\int_{100}^{+\infty}p(x)\mathrm{d}x=\int_{100}^{+\infty}0.01\mathrm{e}^{-0.01x}\mathrm{d}x=\frac{1}{\mathrm{e}}\approx 0.368$

此外,正态分布属于比较重要的连续分布,将在5.5节详细介绍.

练　习　5.3

1. 设连续型随机变量 X 的密度函数为 $p(x)=\begin{cases}kx+1 & (0\leqslant x\leqslant 2)\\ 0 & (x>2 \text{ 或 } x<0)\end{cases}$.求:

(1) 常数 k; (2) $P\left(\frac{3}{2}<X\leqslant\frac{5}{2}\right)$.

2. 设连续型随机变量 X 的密度函数为 $p(x)=A\mathrm{e}^{-|x|}(x\in R)$.求:

(1) 常数 A; (2) $P(0<X<1)$.

3. 设某顾客在某银行窗口等待服务的时间 X(以分计)服从指数分布,其概率密度为

$$p(x)=\begin{cases}\frac{1}{4}\mathrm{e}^{-\frac{x}{4}} & (x>0)\\ 0 & (x\leqslant 0)\end{cases}$$

某顾客在窗口等待服务,问:

(1) 他等待时间超过4min的可能性有多大?

(2) 他等待时间不超过8min的可能性有多大?

4. 设 X 在[0,8]上服从均匀分布.

(1) 求 X 的密度函数;

(2) 求 $P(0<X<1)$,$P(X>5)$.

5. 设 X 在$[-a,a]$上服从均匀分布,其中 $a>1$,试分别确定下列等式中的常数 a:

(1) $P(X>1)=\frac{1}{3}$;

(2) $P(|X|<1)=P(|X|>1)$.

5.4 分布函数

5.4.1 分布函数的概念

对于非离散型随机变量 X,一般可以证明其取确定值的概率为0,即 $P(X=x)=0$.在实际中对这种变量,我们常常关心的是其在某区间取值的概率.例如,X 表示灯泡的寿命,如设定 $X\geqslant 1000$ 为正品,$X\leqslant 50$ 为次品,我们感兴趣的是 $P\{X\geqslant 1000\}$,$P\{X\leqslant 50\}$等.

设 X 是一个随机变量,x 是一个任意实数,函数 $F(x)=P(X\leqslant x)$为 X 的**分布函数**.

$X \leqslant x$ 表示一个事件，$P(X \leqslant x)$ 表示该事件的概率，$0 \leqslant P(X \leqslant x) \leqslant 1$，所以 $F(x)$ 是一个定义在$(-\infty,+\infty)$内的普通实函数，且它的值域为$[0,1]$. 对于任意两个实数 $x_1, x_2 (x_1 < x_2)$，有

$$P(x_1 < X \leqslant x_2) = P(X \leqslant x_2) - P(X \leqslant x_1) = F(x_2) - F(x_1)$$

因此，知道了分布函数，可以求出随机变量落在任何一个区间上的概率.

5.4.2 分布函数的性质

设 $F(x)$为随机变量 X 的分布函数，则 $F(x)$有下列性质：

(1) $F(x)$是个不减函数，即当 $x_1 < x_2$ 时，$F(x_1) \leqslant F(x_2)$；

(2) $0 \leqslant F(x) \leqslant 1$，且 $\lim\limits_{x \to -\infty} F(x) = 0$，$\lim\limits_{x \to +\infty} F(x) = 1$；

(3) $\lim\limits_{t \to x+0} F(t) = F(x+0) = F(x)$，即 $F(x)$是右连续的.

例 11　设 X 的分布函数为 $F(x) = \begin{cases} A - e^{-\lambda x} & (x \geqslant 0) \\ 0 & (x < 0) \end{cases}$，其中 λ 为大于零的常数，试确定系数 A.

解　$\lim\limits_{x \to +\infty} F(x) = \lim\limits_{x \to +\infty} (A - e^{-\lambda x}) = 1$，所以 $A = 1$.

5.4.3 离散型随机变量的分布函数

例 12　设 X 的分布列为

X	0	1	2
P	0.3	0.4	0.3

求 X 的分布函数 $F(x)$.

解　(1) 由 X 的取值将数轴分成 4 个区间：$x < 0$；$0 \leqslant x < 1$；$1 \leqslant x < 2$；$x \geqslant 2$.

(2) 分别让 X 属于各个区间，求出相应的 $F(x) = P\{X \leqslant x\}$.

当 $x < 0$ 时，　$F(x) = P(X \leqslant x) = P(\varnothing) = 0$；

当 $0 \leqslant x < 1$ 时，　$F(x) = P(X = 0) = 0.3$；

当 $1 \leqslant x < 2$ 时，　$F(x) = P(X = 0) + P(X = 1) = 0.7$；

当 $x \geqslant 2$ 时，　$F(x) = P(X = 0) + P(X = 1) + P(X = 2) = 1$.

所以

$$F(x) = \begin{cases} 0 & (-\infty < x < 0) \\ 0.3 & (0 \leqslant x < 1) \\ 0.7 & (1 \leqslant x < 2) \\ 1 & (x \geqslant 2) \end{cases}$$

注意：对于离散型随机变量 X，用分布函数来求概率时，要注意所取区间的端点是否包含在内.

5.4.4 连续型随机变量的分布函数

设 X 为连续型随机变量，其概率密度为 $p(x)$ $(-\infty<x<+\infty)$.

于是根据密度函数的概念，有 $P(a<X\leqslant b)=\int_a^b p(x)\mathrm{d}x$，所以

$$P(X\leqslant x)=P(-\infty<X\leqslant x)=\int_{-\infty}^{x} p(t)\mathrm{d}t$$

又根据分布函数的定义，有 $F(x)=P(X\leqslant x)$，所以

$$F(x)=P(X\leqslant x)=\int_{-\infty}^{x} p(t)\mathrm{d}t$$

即 $F(x)$ 是 $p(x)$ 的积分上限函数.

由微积分有关知识知，$F(x)$ 连续，对于 $p(x)$ 的连续点 x 还有 $F'(x)=p(x)$，且

$$P(x_1<X\leqslant x_2)=F(x_2)-F(x_1)=\int_{x_1}^{x_2} p(x)\mathrm{d}x$$

例 13　设 X 的密度函数为 $p(x)=\begin{cases}\dfrac{1}{2} & (-1\leqslant x\leqslant 1)\\ 0 & (x>1\text{ 或 }x<-1)\end{cases}$.

(1) 求 X 的分布函数 $F(x)$；

(2) 利用 $F(x)$ 求 $P(-1\leqslant X\leqslant 0)$.

解　(1) 当 $x<-1$ 时，

$$F(x)=\int_{-\infty}^{x} 0\mathrm{d}x=0$$

当 $-1\leqslant x<1$ 时，

$$F(x)=\int_{-\infty}^{x} p(x)\mathrm{d}x=\int_{-\infty}^{-1} 0\mathrm{d}x+\int_{-1}^{x}\frac{1}{2}\mathrm{d}x=\frac{x+1}{2}$$

当 $x\geqslant 1$ 时，

$$F(x)=\int_{-\infty}^{x} p(x)\mathrm{d}x=\int_{-\infty}^{-1} 0\mathrm{d}x+\int_{-1}^{1}\frac{1}{2}\mathrm{d}x+\int_{1}^{x} 0\mathrm{d}x=1$$

故

$$F(x)=\begin{cases}0 & (x<-1)\\ \dfrac{x+1}{2} & (-1\leqslant x<1)\\ 1 & (x\geqslant 1)\end{cases}$$

(2) $p(-1\leqslant X\leqslant 0)=F(0)-F(-1)=\dfrac{0+1}{2}-0=\dfrac{1}{2}$

例 14　设 X 的分布函数为 $F(x)=\begin{cases}1-\mathrm{e}^{-\lambda x} & (x\geqslant 0)\\ 0 & (x<0)\end{cases}$，其中 $\lambda>0$，求 X 的密度函数 $p(x)$.

解　当 $x<0$ 时，　　$p(x)=F'(x)=0$

当 $x>0$ 时，　　$p(x)=F'(x)=\lambda\mathrm{e}^{-\lambda x}$

当 $x=0$ 时，　　$F'_-(0)=0$，　$F'_+(0)=\lambda$

即 $F(x)$ 在 $x=0$ 处不可导. 定义 $p(x)$ 的值为 0 或 λ 中的任一个，如 $p(x)=\lambda$，则

$$p(x)=\begin{cases}\lambda e^{-\lambda x} & (x\geqslant 0)\\ 0 & (x<0)\end{cases}$$

其中 $\lambda>0$.

练　习　5.4

1. 在 10 件产品中有一件次品，现从中任取一件，求取到的次品数 X 的分布列和分布函数.

2. 设 X 的分布函数为 $F(x)=\begin{cases}0 & (x<0)\\ 0.4 & (0\leqslant x<1)\\ 0.8 & (1\leqslant x<2)\\ 1 & (x\geqslant 2)\end{cases}$，求 X 的分布列.

3. 设连续型随机变量 X 的密度函数为 $p(x)=\begin{cases}c+x & (-1<x\leqslant 0)\\ c-x & (0<x\leqslant 1)\\ 0 & (x>1 \text{ 或 } x\leqslant -1)\end{cases}$. 求：

(1) 常数 c；

(2) 分布函数；

(3) $P\left(-\frac{1}{2}<X\leqslant\frac{1}{2}\right)$.

4. 设连续型随机变量 X 的分布函数为 $F(x)=\begin{cases}0 & (x\leqslant -1)\\ A+B\arcsin x & (-1<x<1)\\ 1 & (x\geqslant 1)\end{cases}$.

(1) 求系数 A,B；　(2) 求 X 的密度函数.

5. 某仪器装有 3 只独立工作的同型号的电子元件，其寿命都服从参数为 $\lambda=\frac{1}{600}$（单位：h）的指数分布. 试求：

(1) 仪器中电子元件寿命的密度函数；

(2) 仪器在使用的最初 200 h 内，至少有一只元件损坏的概率.

5.5　正 态 分 布

5.5.1　一般正态分布

若连续型随机变量 X 的密度函数为

$$p(x)=\frac{1}{\sqrt{2\pi}\sigma}e^{-\frac{(x-\mu)^2}{2\sigma^2}}\quad(\sigma>0,-\infty<x<+\infty)$$

则称 X 服从参数为 μ,σ 的**正态分布**，或称**高斯分布**，记为 $X\sim N(\mu,\sigma^2)$.

显然，正态分布的概率密度 $p(x)\geqslant 0$，且令 $t=\dfrac{x-\mu}{\sqrt{2}\sigma}$，则

$$\int_{-\infty}^{+\infty} p(x)\mathrm{d}x = \int_{-\infty}^{+\infty} \frac{1}{\sqrt{2\pi}\sigma}\mathrm{e}^{-\frac{(x-\mu)^2}{2\sigma^2}}\mathrm{d}x = \frac{1}{\sqrt{\pi}}\int_{-\infty}^{+\infty}\mathrm{e}^{-t^2}\mathrm{d}t = 1$$

所以，$p(x)$ 具有密度函数的性质.

$p(x)$ 不仅具有密度函数的所有性质，还具有下列性质：

(1) 曲线关于 $x=\mu$ 轴对称；

(2) 当 $x=\mu$ 时，$p(x)$ 有最大值 $p(\mu)=\dfrac{1}{\sqrt{2\pi}\sigma}$；

(3) 在 $x=\mu\pm\sigma$ 处，曲线有拐点 $\left(\mu\pm\sigma,\dfrac{1}{\sqrt{2\pi}\sigma}\mathrm{e}^{-\frac{1}{2}}\right)$；

(4) x 轴为曲线的水平渐近线；

(5) 如果固定 σ 的值，那么 $p(x)$ 的图象将随 μ 的增大而右移，随 μ 的减小而左移；

(6) 如果固定 μ 的值，那么 $p(x)$ 的图象将随 σ 的增大而变平坦，随 σ 的减小而变尖锐.

正态分布的密度函数的图象如图 5-2 所示.

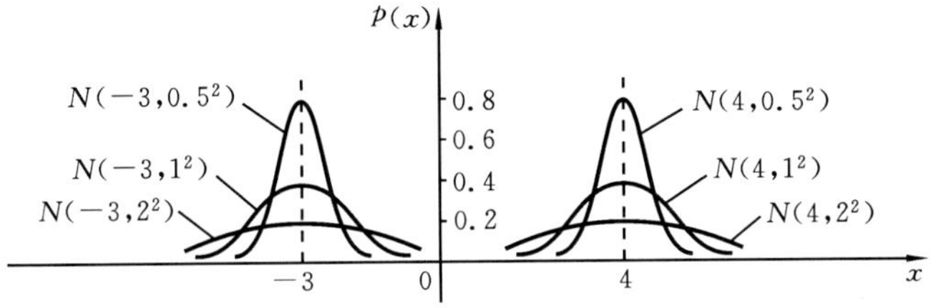

图 5-2

正态分布的分布函数为

$$F(x)=\int_{-\infty}^{x} p(x)\mathrm{d}x=\int_{-\infty}^{x}\frac{1}{\sqrt{2\pi}\sigma}\mathrm{e}^{-\frac{(x-\mu)^2}{2\sigma^2}}\mathrm{d}t$$

特别地，当 $\mu=0,\sigma=1$ 时的正态分布称为**标准正态分布**，记为 $N(0,1)$，其概率密度函数和分布函数分别用 $\varphi(x)$ 和 $\Phi(x)$ 表示.

5.5.2　标准正态分布

1. 标准正态分布的密度函数

若连续型随机变量 X 的密度函数为 $\varphi(x)=\dfrac{1}{\sqrt{2\pi}}\mathrm{e}^{-\frac{x^2}{2}}(-\infty<x<+\infty)$，则称 X 服从**标准正态分布**，记为 $X\sim N(0,1)$. 标准正态分布的密度函数图象如图 5-3 所示.

由图 5-2 和图 5-3 可知，标准正态分布的密度函数可以看成是一般正态分布的

密度函数向左（当 $\mu > 0$ 时）或向右（当 $\mu < 0$ 时）平移 $|\mu|$ 个单位的结果.

2. 标准正态分布的分布函数

标准正态分布的分布函数为

$$\Phi(x) = \int_{-\infty}^{x} \varphi(x)\,\mathrm{d}x = \int_{-\infty}^{x} \frac{1}{\sqrt{2\pi}} \mathrm{e}^{-\frac{t^2}{2}}\,\mathrm{d}t$$

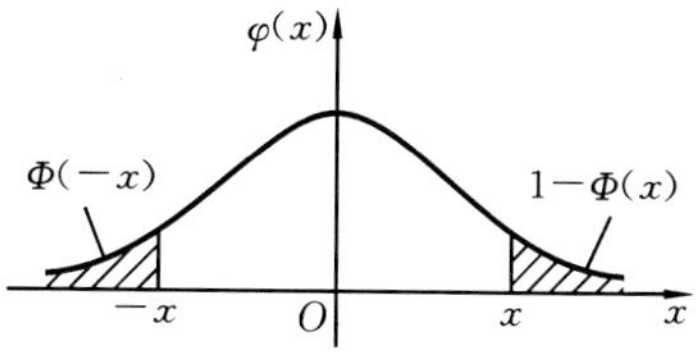

图 5-3

由 $\varphi(x)$ 的对称性和归一性易知，$\Phi(-x) = 1 - \Phi(x)$，且有：

(1) $P(a < X < b) = P(a \leqslant X < b) = P(a < X \leqslant b) = P(a \leqslant X \leqslant b) = \Phi(b) - \Phi(a)$；

(2) $P(X < b) = P(X \leqslant b) = \Phi(b)$；

(3) $P(X \geqslant a) = P(X > a) = 1 - \Phi(a)$；

(4) $P(|X| < k) = P(|X| \leqslant k) = 2\Phi(k) - 1$.

因此，标准正态分布的概率问题可以通过查标准正态分布表得到（见书后附表 Ⅱ）.

例 15　设 $X \sim N(0,1)$，求：

(1) $P(X = 1.23)$；　(2) $P(X < 2.08)$；　(3) $P(X \geqslant -0.09)$；

(4) $P(2.15 \leqslant X < 5.12)$；　(5) $P(|X| < 1.96)$.

解　(1) $P(X = 1.23) = 0$；

(2) $P(X < 2.08) = \Phi(2.08) = 0.9812$；

(3) $P(X \geqslant -0.09) = 1 - \Phi(-0.09) = \Phi(0.09) = 0.5359$；

(4) $P(2.15 \leqslant X < 5.12) = \Phi(5.12) - \Phi(2.15) = 1 - 0.9842 = 0.0158$；

(5) $P(|X| < 1.96) = 2\Phi(1.96) - 1 = 2 \times 0.9750 - 1 = 0.9500$.

当 $X \geqslant 3$ 时，近似认为 $\Phi(x) = 1$.

设 $X \sim N(\mu, \sigma^2)$，在其分布函数中令 $u = \frac{t-\mu}{\sigma}$，有

$$F(x) = \frac{1}{\sqrt{2\pi}\sigma} \int_{-\infty}^{x} \mathrm{e}^{-\frac{(t-\mu)^2}{2\sigma^2}}\,\mathrm{d}t = \frac{1}{\sqrt{2\pi}} \int_{-\infty}^{\frac{x-\mu}{\sigma}} \mathrm{e}^{-\frac{u^2}{2}}\,\mathrm{d}u = \Phi\left(\frac{x-\mu}{\sigma}\right)$$

这表明正态分布的分布函数 $F(x)$ 总能用标准正态分布的分布函数 $\Phi(x)$ 来表示，因此只要知道了 $\Phi(x)$ 的值，任一正态分布的概率问题都可以解决. 设 $X \sim N(\mu, \sigma^2)$，有：

(1) $P(a<X<b)=P(a\leqslant X<b)=P(a<X\leqslant b)=P(a\leqslant X\leqslant b)=\Phi\left(\frac{b-\mu}{\sigma}\right)-\Phi\left(\frac{a-\mu}{\sigma}\right)$；

(2) $P(X\geqslant a)=P(X>a)=1-\Phi\left(\frac{a-\mu}{\sigma}\right)$；

(3) $P(|X|<k)=P(|X|\leqslant k)=\Phi\left(\frac{k-\mu}{\sigma}\right)-\Phi\left(-\frac{k-\mu}{\sigma}\right)=2\Phi\left(\frac{k-\mu}{\sigma}\right)-1$.

例 16 设 $X\sim N(-1,4^2)$，求：

(1) $P(-5\leqslant X\leqslant 2)$；　(2) $P(|X+1|\leqslant 8)$.

解 (1) $P(-5\leqslant X\leqslant 2)=\Phi\left(\frac{2+1}{4}\right)-\Phi\left(\frac{-5+1}{4}\right)=\Phi(0.75)-\Phi(-1)$

$$=\Phi(0.75)-1+\Phi(1)=0.7734-1+0.8413=0.6147;$$

(2) $P(|X+1|\leqslant 8)=\Phi(2)-\Phi(-2)=2\times 0.9772-1=0.9544$.

例 17 设 $X\sim N(500,10^2)$，

(1) $P(X<x)=0.9$，求 x；

(2) $P(X>y)=0.04$，求 y.

解 (1) $P(X<x)=P(X\leqslant x)=\Phi\left(\frac{x-500}{10}\right)=0.9$，反查附表Ⅱ得 $\frac{x-500}{10}=1.28$，即 $x=512.8$；

(2) $P(X\geqslant y)=P(X>y)=1-\Phi\left(\frac{y-500}{10}\right)=0.04$，反查附表Ⅱ得 $\frac{y-500}{10}=1.75$，即 $y=517.5$.

例 18 设 $X\sim N(\mu,\sigma^2)$，求 $P(\mu-\sigma<X\leqslant\mu+\sigma)$.

解 $P(\mu-\sigma<X\leqslant\mu+\sigma)=\Phi\left(\frac{\mu+\sigma-\mu}{\sigma}\right)-\Phi\left(\frac{\mu-\sigma-\mu}{\sigma}\right)=\Phi(1)-\Phi(-1)=0.6826$

同理，

$$P(\mu-2\sigma<X\leqslant\mu+2\sigma)=\Phi\left(\frac{\mu+2\sigma-\mu}{\sigma}\right)-\Phi\left(\frac{\mu-2\sigma-\mu}{\sigma}\right)=\Phi(2)-\Phi(-2)=0.9544$$

$$P(\mu-3\sigma<X\leqslant\mu+3\sigma)=\Phi\left(\frac{\mu+3\sigma-\mu}{\sigma}\right)-\Phi\left(\frac{\mu-3\sigma-\mu}{\sigma}\right)=\Phi(3)-\Phi(-3)=0.9973$$

由此可见，X 的取值落在以 μ 为中心、3σ 为半径的区间外的概率不到 0.003，正态分布的这个性质称为 3σ 法则.

练　习　5.5

1. 设 $X\sim N(70,10^2)$，求：

(1) $P(X<62)$；　(2) $P(X>72)$；　(3) $P(68<X<74)$；　(4) $P(|X-70|<20)$.

2. 设随机变量 $X\sim N(108,3^2)$，求：

(1) $P(101.1<X<117.6)$；　(2) 常数 a，使 $P(X>a)=0.1$；

(3) 常数 b，使 $P(|X|>b)=0.10$.

3. 据统计，某大学男生体重的分布为 $\mu=58$ kg，$\sigma=1$ kg 的正态分布，求男生体重在 56～60 kg 之间的概率.

4. 某种产品的质量指标 $X\sim N(160,\sigma^2)$，若要求 $P(120<X<200)\geqslant 0.80$，求 σ 的最大值.

5. 某地抽样调查结果表明，考生的外语成绩（百分制）分布近似于正态分布 $N(72,\sigma^2)$，96 分以上的考生占考生总数的 2.3%，试求考生的外语成绩在 60～84 分之间的概率.

6. 在电源电压不超过 200 V，在 200～240 V 和超过 240 V 三种情况下，某种电子元件损坏的概率分别是 0.1，0.001，0.2，假设电源电压 U 服从 $N(200,25^2)$. 求：

(1) 电子元件损坏的概率；

(2) 该电子元件损坏时，电源电压在 200～240 V 的概率.

7. 设 $\ln X \sim N(1,2^2)$，求 $P\left(\frac{1}{2}<X<2\right)$. 已知 $\ln 2=0.69$.

8. 检查测高器的精确性，结果表明误差不超过 ±2.5 m 的情况占所有情况的 90%，设测高器的误差服从 $N(0,\sigma^2)$，求 σ.

内容小结

一、分布函数与概率密度

1. 分布函数的定义

$$F(x)=P(X\leqslant x)$$

连续型随机变量的分布函数　$F(x)=\int_{-\infty}^{x} p(x)\mathrm{d}x$

2. 分布函数的性质

(1) 单调不减；

(2) 右连续(对于连续型，则为连续函数)；

(3) 非负有界 $F(-\infty)=0, F(+\infty)=1$；

(4) 对于连续型随机变量，点概率为零，即 $P\{X=x\}=0$；

(5) 对于概率密度 $p(x)$，有非负性、归一性.

3. 基本计算公式

(1) $P(a<X\leqslant b)=F(b)-F(a)$，如果是开、闭、右开左闭则可通过增减端点进行概率计算；

例如　$P(a<X<b)=P\{a<X\leqslant b\}-P\{X=b\}=F(b)-F(a)-P(X=b)$

(2) 连续型

$$P(a<X\leqslant b)=P(a\leqslant X<b)=P(a\leqslant X\leqslant b)=P(a<X<b)$$
$$=F(b)-F(a)=\int_{a}^{b} p(x)\mathrm{d}x$$

二、常见分布

1. 离散型

(1) 二项分布 $X\sim b(n,p)$　　$P(X=k)=\mathrm{C}_n^k p^k(1-p)^{n-k}\ (k=0,1,2,\cdots,n)$

$n=1$ 时为二点分布.

(2) 泊松分布 $X\sim p(\lambda)$　　$P(X=k)=\frac{\mathrm{e}^{-\lambda}\lambda^k}{k!}\ (k=0,1,2,\cdots)$

凡与贝努利试验有关的随机试验均可考虑用二项分布，如放回抽样、观察车辆事故数、仪器损坏数等.

像电话呼叫数、服务窗口前等待服务人数(n 不定)等都可考虑用泊松分布. 当 n 大、p 小时,利用泊松定理可将二项分布近似用泊松分布计算.

2. 连续型

(1) 均匀分布 $X\sim U(a,b)$　$p(x)=\begin{cases}\dfrac{1}{b-a} & (a\leqslant x\leqslant b)\\ 0 & (x<a\text{ 或 }x>b)\end{cases}$

(2) 指数分布 $X\sim E(\lambda)$　$p(x)=\begin{cases}\lambda e^{-\lambda x} & (x\geqslant 0)\\ 0 & (x<0)\end{cases}$

(3) 正态分布 $X\sim N(\mu,\sigma^2)$　$p(x)=\dfrac{1}{\sqrt{2\pi}\sigma}e^{-\frac{(x-\mu)^2}{2\sigma^2}}$　$(\sigma>0,-\infty<x<+\infty)$

3. 计算公式

$$X\sim N(\mu,\sigma^2)\Rightarrow\frac{X-\mu}{\sigma}\sim N(0,1)$$

$$\begin{cases}(1)\ \Phi(-x)=1-\Phi(x)\\ (2)\ F(x)=\Phi\left(\dfrac{x-\mu}{\sigma}\right)\\ (3)\ P(a<X<b)=\Phi\left(\dfrac{b-\mu}{\sigma}\right)-\Phi\left(\dfrac{a-\mu}{\sigma}\right)\end{cases}$$

4. 关于正态分布结论

若 $X_i\sim N(\mu_i,\sigma_i^2)$ 相互独立,则

$$Y=a_1X_1+a_2X_2+\cdots+a_kX_k\sim N\left(\sum_{i=1}^{k}a_i\mu_i,\sum_{i=1}^{k}a_i^2\sigma_i^2\right)$$

综合练习五

一、填空题

1. 设离散型随机变量 X 只能取 $-\sqrt{3},-\dfrac{1}{2},0,\pi$ 四个值,且取每个值的概率相同,则 $P(X>\sqrt{2})=$______,$P(-1\leqslant X\leqslant 1)=$______.

2. 设连续型随机变量 X 在区间[1,5]上服从均匀分布,则随机变量 X 的密度函数 $p(x)=$______.

3. 设连续型随机变量 X 的分布函数为 $F(x)=\begin{cases}0 & (x<0)\\ ax^2 & (0\leqslant x<1)\\ 1 & (x\geqslant 1)\end{cases}$,则 $a=$______,$P(-2<X\leqslant 1)=$______.

4. 设 $X\sim N(0,1)$,$Y\sim N(500,10^2)$,且 $P(X<1.28)=0.90$,则 $P(Y>512.8)=$______.

5. 在三次独立试验中,事件 A 每次出现的可能性相同,且事件 A 至少出现一次的概率为 0.875,则在一次试验中事件 A 出现的概率为______.

6. 设 $X\sim N(\mu,\sigma^2)$，且 $P(X>5)=P(X<1)$，则 $\mu=$______.

7. 设随机变量 $X\sim N(3,2^2)$，若 $P(X>c)=P(X<2)$，则 $c=$______.

8. 若随机变量 $X\sim N(\mu,\sigma^2)$，则 $\dfrac{X-\mu}{\sigma}\sim$______.

二、计算题

1. 一批零件中共有 9 个合格品和 3 个废品，安装机器时从这批零件中任取一个，如果每次取到的废品不再放回，求在取得合格品之前已取出的废品数的分布列.

2. 已知连续型随机变量 X 的分布函数为 $F(x)=\dfrac{1}{\pi}\arctan x+b\ (-\infty<x<+\infty)$，求：

(1) b；

(2) 密度函数 $p(x)$；

(3) $P(-1<X<1)$.

3. 设连续型随机变量 X 的密度函数为 $p(x)$，当 $x\in[0,1]$时 $p(x)$与 x^2 成正比，其他处为零，试求 X 的分布函数 $F(x)$，并计算 $P(-1<X<1)$.

4. 设在 15 只同类型的零件中有 2 只次品，在其中取 3 次，每次取 1 只，作不放回抽样，用随机变量 X 表示取出的次品数，求 X 的分布列和分布函数.

5. 设 k 在$[0,5]$上服从均匀分布，求方程 $4x^2+4kx+k+2=0$ 有实根的概率.

6. 设 $X\sim N(110,12^2)$，求：

(1) $P(X<105)$；

(2) $P(100<X\leqslant 120)$；

(3) 确定最小的 x，使 $P(X>x)\leqslant 0.05$.

7. 设要从甲、乙两名跳远运动员中选派一名运动员参加比赛，已知其训练成绩(单位：m)分别为 $X\sim N(7,1^2)$和 $Y\sim N(7.5,0.4^2)$，如果预计比赛成绩达到 7.5 m 以上可以夺冠，则选派哪名运动员参加比赛比较有利？如果预计比赛成绩达到 8 m 以上才可以夺冠，又该选派哪名运动员？

8. 设某工程队完成某项工作所需时间 X(单位：h)近似服从 $N(100,5^2)$，工程队上级规定：若工程在 100 h 内完成，可得奖金 10 万元；在 100～115 h 内完成，可得奖金 3 万元；若超过 115 h 完成，罚款 5 万元. 求该工程队在完成该项工程时，获奖金金额的分布列.

第6章 随机变量的数字特征

知道了随机变量的分布，也就把握了随机变量取值的概率规律. 然而，有些场合并不需要了解其全貌，而是更多地关心某个特征，这类特征通常是用数字来表达的. 人们把描述随机变量特征的数字称为随机变量的数字特征. 例如比较两个班的成绩，用它们的分布反而难以比较，如果给出这两个班的平均成绩，则优劣便一目了然，这里平均成绩便是随机变量的一个数字特征.

6.1 数学期望

例1 一个年级有100名学生，年龄组成为：17岁的2人，18岁的2人，19岁的30人，20岁的56人，21岁的10人. 求该年级学生的平均年龄.

解

$$\begin{aligned}&\frac{1}{100}\times(17\times2+18\times2+19\times30+20\times56+21\times10)\\&=17\times\frac{2}{100}+18\times\frac{2}{100}+19\times\frac{30}{100}+20\times\frac{56}{100}+21\times\frac{10}{100}\\&=19.7\end{aligned}$$

如果用 X 表示从100名学生中任抽一位学生的年龄，则 $\frac{2}{100},\frac{2}{100},\frac{30}{100},\frac{56}{100},\frac{10}{100}$ 可看做 X 分别取17,18,19,20,21的概率，而19.7正是对随机变量取值的平均值，它为 X 的所有取值与取这些值的概率的乘积之和.

1. 离散型随机变量的数学期望

定义1 设离散型随机变量 X 的概率分布为 $P(X=x_k)=p_k, k=1,2,\cdots$. 如果级数 $\sum\limits_{k=1}^{\infty}x_kp_k$ 绝对收敛，则称该级数为 X 的**数学期望**，简称**期望**或**均值**，记为 $E(X)$，即

$$E(X)=\sum_{k=1}^{\infty}x_kp_k$$

例2 一批产品中有一、二、三等品及废品四种，相应比例分别为60%，20%，10%及10%，若各等级产品的产值分别为6元、4.8元、4元及0元，求产品的平均产值.

解 产品的平均产值为

$$E(X)=4\times 0.1+4.8\times 0.2+6\times 0.6=4.96$$

例 3　设 X 服从二点分布，求 $E(X)$.

解　由于 X 的分布列为

X	0	1
P	$1-p$	p

故
$$E(X)=0\times(1-p)+1\times p=p$$

可以证明：

(1) 设 $X\sim B(n,p)$，则 $E(X)=np$.

(2) 设 $X\sim\pi(\lambda)$，则 $E(X)=\lambda$.

2. 连续型随机变量的数学期望

定义 2　设连续型随机变量 X 的密度函数为 $p(x)$，如果积分 $\int_{-\infty}^{+\infty}xp(x)\mathrm{d}x$ 绝对收敛，则称该积分为 X 的数学期望，记为 $E(X)$，即 $E(X)=\int_{-\infty}^{+\infty}xp(x)\mathrm{d}x$.

例 4　设 X 在 $[a,b]$ 上服从均匀分布，求 $E(X)$.

解　由于 X 的密度函数为

$$p(x)=\begin{cases}\dfrac{1}{b-a} & (a\leqslant x\leqslant b)\\ 0 & (x<a \text{ 或 } x>b)\end{cases}$$

于是
$$E(X)=\int_{-\infty}^{+\infty}xp(x)\mathrm{d}x=\int_a^b\frac{x}{b-a}\mathrm{d}x=\frac{1}{2}(a+b)$$

同理可推得，若 X 服从参数 λ 的指数分布，则 $E(X)=\dfrac{1}{\lambda}$.

3. 随机变量函数的数学期望

设随机变量 Y 为随机变量 X 的函数，即 $Y=f(X)$. 从上述的讨论可知，要求 Y 的数学期望，只要求出 Y 的概率密度即可，但这个过程往往比较麻烦. 根据如下的定理，不用求出 Y 的概率密度，就可直接求出 Y 的数学期望.

定理 1　Y 为随机变量 X 的函数 $Y=f(X)$，这里 $f(x)$ 为连续的实值函数.

(1) 若 X 为离散型随机变量，其概率分布为

$$P(X=x_k)=p_k\quad(k=1,2,\cdots)$$

则
$$E(Y)=E[f(X)]=\sum_{k=1}^{\infty}f(x_k)p_k$$

(2) 若 X 为连续型随机变量，其密度函数为 $p(x)$，则

$$E(Y)=E[f(X)]=\int_{-\infty}^{+\infty}f(x)p(x)\mathrm{d}x$$

例 5　设随机变量 X 的分布列为

X	0	1	2
P	$\frac{1}{2}$	$\frac{1}{8}$	$\frac{3}{8}$

求 $E(X^2)$.

解　$E(X^2)=0^2\times\frac{1}{2}+1^2\times\frac{1}{8}+2^2\times\frac{3}{8}=\frac{13}{8}$

例 6　设 X 在$[0,\pi]$上服从均匀分布,求 $E(\sin X)$.

解　由于 X 的密度函数为

$$p(x)=\begin{cases}\frac{1}{\pi} & (0\leqslant x\leqslant\pi)\\ 0 & (x<0\text{ 或 }x>\pi)\end{cases}$$

于是
$$E(\sin X)=\int_{-\infty}^{+\infty}\sin x p(x)\mathrm{d}x=\int_0^{\pi}\frac{1}{\pi}\sin x\mathrm{d}x=\frac{2}{\pi}$$

4. 数学期望的性质

(1) 若 c 是一个常数,则 $E(c)=c$;

(2) 若 a 是一个常数,则 $E(aX)=aE(X)$;

(3) 若 a,b 为常数,则 $E(aX+b)=aE(X)+b$;

(4) $E(X+Y)=E(X)+E(Y)$.

练　习　6.1

1. 一袋中有 5 只乒乓球,编号为 1,2,3,4,5. 现从中任取 3 只乒乓球,求取出的 3 只乒乓球的最大编号的数学期望.

2. 设连续型随机变量 X 的密度函数为 $p(x)=\begin{cases}ax+b & (0\leqslant x\leqslant 1)\\ 0 & (x<0\text{ 或 }x>1)\end{cases}$,且已知 $E(X)=\frac{1}{3}$,求 a,b 的值.

3. 设随机变量 X 的分布列为

X	-2	0	2
P	0.4	0.3	0.3

求 $E(X)$,$E(X^2)$,$E(3X^2+5)$.

4. 设 X 在$\left[-\frac{\pi}{4},\frac{\pi}{4}\right]$上服从均匀分布,求 $E(X^3)$,$E(\cos X)$.

5. 某种电子元件的使用寿命 X 是随机变量,其密度函数为 $p(x)=\begin{cases}\frac{1}{1000}\mathrm{e}^{-\frac{x}{1000}} & (x>0)\\ 0 & (x\leqslant 0)\end{cases}$,求该电子元件的平均寿命.

6.2 方　差

教学期望固然重要，但是在实际问题中仅知道数学期望，常常不足以显示随机变量取值规律的基本特征.

例 7　已知甲、乙两射手，其射击分数分别如下所示(其得分分别记为 X,Y).

甲

X	0	1	2
P	0.5	0.1	0.4

乙

Y	0	1	2
P	0.3	0.5	0.2

显然他们的平均成绩相同，即 $E(X)=E(Y)=0.9$. 即从平均水平看，他们是相当的. 但只要稍加观察，不难发现，乙射手水平要稳定. 不妨设想让两人各射 10 枪，则甲大约 5 枪得 0 分，4 枪得 2 分，1 枪得 1 分，即成绩波动较大；乙射手 3 枪得 0 分，5 枪得 1 分，2 枪得 2 分，即乙的得分大部分在平均值附近. 从这一角度看，似可认为乙优于甲. 类似上述问题，在实际中显然多得不胜枚举. 如两灯泡厂的灯泡平均寿命都为 1000 小时，但甲厂的灯泡一部分在 1300 小时左右，另一部分在 700 小时左右；而乙厂的灯泡基本在 950～1050 小时之间，因此乙厂的产品较甲厂稳定.

设随机变量 X 的期望为 $E(X)$，则 $X-E(X)$ 表示 X 取值相对于 $E(X)$ 的偏离程度. 实际中 $X-E(X)$ 可取正、负值，它们可相互抵消. 例如，X 表工件长度，设 $E(X)=10$，如两个工件测量长度分别为 $x_1=0.9$，$x_2=1.1$，它们相对 $E(X)=10$ 的偏离量应为 $0.1\times 2=0.2$，但 $x_1-E(X)=-0.10$，$x_2-E(X)=0.10$，其和为 0，因此，这种和并不反映它们总的偏离程度. 为避免这种情况，可取绝对值 $|X-E(X)|$，用 $E(|X-E(X)|)$ 表示平均偏离程度，但这样计算又较困难. 比如对于连续型随机变量，$E(|X-E(X)|)=\int_{-\infty}^{+\infty}|x-E(X)|p(x)\mathrm{d}x$ 计算很麻烦. 为此可考虑用 $E[(X-E(X))^2]$ 代替 $E(|X-E(X)|)$. $E[(X-E(X))^2]$ 可反映随机变量 X 相对于 $E(X)$ 的偏离程度.

6.2.1　方差的定义

定义 3　设 X 为一随机变量，若 $E[(X-E(X))^2]$ 存在，则称其为 X 的**方差**，记为 $D(X)$，即 $D(X)=E[(X-E(X))^2]$，显然 $D(X)\geqslant 0$. 方差的算术平方根称为**标准差**或**均方差**，记为 $\sqrt{D(X)}$.

6.2.2　方差的计算公式

从定义看，方差实际上也是随机变量函数的数学期望，所以 $D(X)$ 可以用前面介绍的求随机变量函数的数学期望的公式求出.

(1) 对于离散型随机变量 X，设其分布列为 $P(X=x_k)=p_k$，$k=1,2,\cdots$，则

$$D(X)=\sum_{k=1}^{\infty}(x_k-E(X))^2p_k$$

(2) 对于连续型随机变量 X,设其密度函数为 $p(x)$,则

$$D(X)=\int_{-\infty}^{+\infty}(x-E(X))^2p(x)\mathrm{d}x$$

如例 7 中有

$$D(X)=(0-0.9)^2\times0.5+(1-0.9)^2\times0.1+(2-0.9)^2\times0.4=0.89$$

$$D(Y)=(0-0.9)^2\times0.3+(1-0.9)^2\times0.5+(2-0.9)^2\times0.2=0.49$$

计算表明,较大方差对应着的随机变量取值与它的数学期望有较大偏离,即随机变量取值比较分散;反之,则表示随机变量取值比较集中.因此,方差是反映随机变量对均值的偏离程度的数字特征.

实际计算方差时常用下面的计算公式:

$$D(X)=E(X^2)-[E(X)]^2$$

证略.

例 8　设 X 服从二点分布,求 $D(X)$.

解　由于 X 的分布列为

X	0	1
P	$1-p$	p

$$E(X)=p,\quad E(X^2)=1^2\times p+0^2\times(1-p)=p$$

故

$$D(X)=E(X^2)-(EX)^2=p-p^2=p(1-p)$$

同理可推得:

(1) 若 $X\sim B(n,p)$,则 $D(X)=np(1-p)$;

(2) 设 $X\sim\pi(\lambda)$,则 $D(X)=\lambda$.

例 9　设 X 在$[a,b]$上服从均匀分布,求 $D(X)$.

解　由于 X 的密度函数为

$$p(x)=\begin{cases}\dfrac{1}{b-a} & (a\leqslant x\leqslant b)\\ 0 & (x<a \text{ 或 } x>b)\end{cases}$$

$$E(X)=\frac{1}{2}(a+b)$$

而

$$E(X^2)=\int_{-\infty}^{+\infty}x^2p(x)\mathrm{d}x=\int_a^b x^2\frac{1}{b-a}\mathrm{d}x=\frac{1}{3}(b^2+ab+a^2)$$

所以

$$D(X)=E(X^2)-(EX)^2=\frac{1}{3}(b^2+ab+a^2)-\frac{1}{4}(a+b)^2=\frac{1}{12}(b-a)^2$$

同理可推得:若 X 服从参数为 λ 的指数分布,则 $D(X)=\dfrac{1}{\lambda^2}$.

6.2.3 方差的性质

假设 b,c 为常数,则

(1) $D(c)=0$;

(2) $D(X+c)=D(X)$;

(3) $D(cX)=c^2D(X)$.

例 10 设 $E(X)=-3$,$E(X^2)=11$,求 $E(2-4X)$,$D(2-4X)$.

解 $$E(2-4X)=2-4E(X)=2-4\times(-3)=14$$

$D(X)=E(X^2)-E^2(X)=11-(-3)^2=2$, $D(2-4X)=(-4)^2D(X)=16\times 2=32$

练　习　6.2

1. 测出某两批手表的走时误差(以整秒计)成如下分布列:

甲批

X	-1	0	1
P	0.1	0.8	0.1

乙批

X	-2	-1	0	1	2
P	0.1	0.2	0.4	0.2	0.1

试问甲、乙两批手表中哪批手表走时要准确些?

2. 若 X 服从参数为 1 的指数分布,求 $D(-4X+2)$.

3. 若 $X\sim B\left(3,\dfrac{2}{5}\right)$,求 $D(5X)$.

4. 设 X 密度函数为 $p(x)=\begin{cases}2-2x & (0<x<1)\\ 0 & (x\leqslant 0 \text{ 或 } x\geqslant 1)\end{cases}$,求 $D(X)$,$D(-3X)$.

5. 设 X 的密度函数为 $p(x)=\begin{cases}x & (0\leqslant x<1)\\ 2-x & (1\leqslant x<2)\\ 0 & (x<0 \text{ 或 } x>2)\end{cases}$,求 $D(X)$,$D(-2X+3)$.

内 容 小 结

一、数学期望

1. 基本公式

离散型: $$E(X)=\sum_{k=1}^{\infty}x_kp_k$$

连续型: $$E(X)=\int_{-\infty}^{+\infty}xp(x)\mathrm{d}x$$

2. 随机变量函数 $Y = f(X)$ 的数学期望

离散型：
$$E(X) = \sum_{k=1}^{\infty} f(x_k) p_k$$

连续型：
$$E(X) = \int_{-\infty}^{+\infty} f(x) p(x) \mathrm{d}x$$

3. 数学期望的性质

(1) $E(C) = C$；

(2) 线性性质：$E(c_1 X_1 + \cdots + c_n X_n) = c_1 E(X_1) + \cdots + c_n E(X_n)$；

(3) 乘积性质：如 X,Y 相互独立，则 $E(XY) = E(X)E(Y)$.

二、方差

1. 基本公式

$$D(X) = E(X^2) - [E(X)]^2$$

(1) 离散型：
$$D(X) = \sum_{1}^{\infty} x_i^2 p_i - \left(\sum_{1}^{\infty} x_i p_i\right)^2$$

(2) 连续型：
$$E(X) = \int_{-\infty}^{+\infty} x p(x) \mathrm{d}x$$

$$D(X) = \int_{-\infty}^{+\infty} x^2 p(x) \mathrm{d}x - \left[\int_{-\infty}^{+\infty} x p(x) \mathrm{d}x\right]^2$$

2. 方差的性质

(1) $D(C) = 0$；

(2) 如 X,Y 相互独立，则 $D(X+Y) = D(X) + D(Y)$；

(3) $D(cX) = c^2 D(X)$.

3. 常见分布的数学期望与方差

(1) 二项分布 $X \sim B(n,p)$

$$P(X = k) = \mathrm{C}_n^k p^k (1-p)^{n-k} \quad (k = 0,1,2,\cdots,n)$$

$$E(X) = np; \quad D(X) = np(1-p)$$

当 $n = 1$ 时为二点分布，$E(X) = p$；$D(X) = p(1-p)$

(2) 泊松分布 $X \sim \pi(\lambda)$

$$P(X = k) = \frac{\lambda^k}{k!} \mathrm{e}^{-\lambda} \quad (k = 0,1,2,\cdots)$$

$$E(X) = D(X) = \lambda$$

(3) 均匀分布 $X \sim U(a,b)$

$$p(x) = \begin{cases} \dfrac{1}{b-a} & (a < x < b) \\ 0 & (x \leqslant a \text{ 或 } x \geqslant b) \end{cases}$$

$$E(X) = \frac{a+b}{2}, \quad D(X) = \frac{(b-a)^2}{12}$$

(4) 指数分布 $X \sim E(\lambda)$　$p(x) = \begin{cases} \lambda e^{-\lambda x} & (0 < x) \\ 0 & (x \leqslant 0) \end{cases}$

$$E(X) = \frac{1}{\lambda};\quad D(X) = \frac{1}{\lambda^2}$$

(5) 正态分布 $X \sim N(\mu, \sigma^2)$　$p(x) = \frac{1}{\sqrt{2\pi}\sigma} e^{-\frac{(x-\mu)^2}{2\sigma^2}} (-\infty < x < +\infty)$

$$E(X) = \mu,\quad D(X) = \sigma^2$$

综合练习六

一、填空题

1. 随机变量 X 服从参数为 1 的指数分布，则数学期望 $E(X+e^{-2X})=$______.

2. 已知离散型随机变量 X 服从参数为 2 的泊松分布，则随机变量 $Y=3X-2$ 的数学期望 $E(Y)=$______.

3. 若随机变量 X 服从二项分布，且 $E(X)=2.4, D(X)=1.44$，则二项分布的参数 $n=$______，$p=$______.

4. 设随机变量 X 服从区间 $[2,4]$ 上的均匀分布，则 $E(X)=$______，$D(X)=$______.

5. 若 $E(X)=\mu, D(X)=\sigma^2$，则 $E(X^2)=$______.

6. 设连续型随机变量 X 的密度函数为 $p(x)=\begin{cases} 0 & (x<0) \\ Ae^{-x} & (0 \leqslant x \leqslant 1) \\ 0 & (x>1) \end{cases}$，则 $A=$______，$E(X)=$______.

二、计算题

1. 假设有 10 只同种电器元件，其中有 2 只废品. 装配仪器时，从这批元件中任取一只，如果是废品则扔掉并重新任取 1 只，如仍是废品则扔掉再取一只，试求在取到正品以前已取出的废品只数的分布、数学期望和方差.

2. 某人有 10 把不同的钥匙，用它们去开某一扇门，其中恰有 1 把钥匙能打开这扇门. 假设他试开时，取到每只钥匙是等可能的，如果试开后的钥匙不再放回，求试开次数 X 的数学期望和方差.

3. 设 X 是一个随机变量，其密度函数为 $p(x)=\begin{cases} 1+x & (-1 \leqslant x \leqslant 0) \\ 1-x & (0 < x \leqslant 1) \\ 0 & (x<-1 \text{ 或 } x>1) \end{cases}$，试求 $D(X)$.

4. 一本 500 页的书中有 100 个印刷错误，设每页的错误个数服从泊松分布，求任取一页错误个数不少于 2 的概率.

5. 设 X 的分布函数为 $F(x)=\begin{cases} 0 & (x<a) \\ 1-\dfrac{a^3}{x^3} & (x \geqslant a) \end{cases}$，其中 $a>0$，求 $E(X)$，$D(X)$，$E(3X-a)$，$D(3X-a)$.

第 7 章　样本及其统计量

在概率论中所研究的随机变量，其分布通常总是假设为已知的，在此基础上研究它的性质、特点和统计规律性. 但是在实际中，一个随机变量的分布或分布中所含的参数通常是未知的. 那么怎样知道随机变量的分布或者未知参数呢？这就是数理统计所要解决的问题. 数理统计是以概率论为理论基础，根据试验和观察得到的数据，来研究随机变量，或对所研究的随机变量的分布及其未知参数作出种种估计和推断. 数理统计中主要有两种方法，其一为估计问题(包括点估计与区间估计)，其二为假设检验问题，对此将在后面的章节中逐一讨论.

本章将介绍总体、随机样本及统计量等基本概念，并讨论几个常用的统计量及其分布.

7.1　样本及其数字特征

数理统计是从局部观测资料的统计特征，来推断随机现象整体统计特征的一门学科. 当然，要了解整体情况，最准确的方法就是普查，但在实际中往往不必要，而且有些试验也是破坏性的，例如测试灯泡寿命. 那么，就要从研究的全体对象中抽取一部分，对这一部分进行研究，从而推断整体的特征，这种方法称为**数理统计**.

7.1.1　总体和个体

在数理统计中，常把研究对象的全体称为**总体**，组成总体的每个基本单元称为**个体**. 例如，某车床在稳定状态下生产的一批零件可以作为一个总体，而其中的每个零件就是一个个体；研究某市新出生婴儿的体重时，该市新出生的婴儿就构成一个总体，其中每个新出生的婴儿就是该总体的一个个体.

在实际中，人们关心的往往只是研究对象的某一个数量指标. 例如，对于机床加工的一批零件，人们关心的是它的尺寸，如零件的长度指标，这批零件中的每个零件都有一个确定的长度值. 因此，应该把这些长度值作为总体，每个零件的长度就是个体. 同样，对于某市新出生的婴儿，如果研究的是他们的体重这一数量指标，那么所有这些该市新出生婴儿的体重值构成总体，其中每一个婴儿的体重就是个体.

显然这些数量指标都是随机变量. 总体就是某个随机变量取值的全体，在使用数理统计方法时，要善于把所研究的对象看成一个随机变量.

7.1.2　样本和样本值

设总体为 X,从中抽取 n 个个体 $x_1,x_2,\cdots,x_n$,称这些个体为**样本值或样本观察值**,n 称为**样本容量**.样本值是实际的数值,如总体表灯泡的寿命,则 $x_1,x_2,\cdots,x_n$ 是实际抽取的 n 个灯泡的寿命值,因此,样本值可看成是总体 X 的一组具体的取值.不妨从另一观点来看,即 $x_1,x_2,\cdots,x_n$ 可看做随机变量 $X_1,X_2,\cdots,X_n$ 的一组取值.这里 $X_1,X_2,\cdots,X_n$ 都是与总体同分布的相互独立的随机变量,称为一组容量为 n 的**样本**.它是一个 n 维随机变量,且每个 X_i 都与总体 X 同分布,而样本值 $x_1,x_2,\cdots,x_n$ 可看做样本的一个取值或实现.

7.1.3　简单随机抽样

从总体中抽取部分个体来观察某项数量指标的过程称为**抽样**,抽样的目的是为了对总体作出各种推断.为了保证根据抽取的部分个体能够对总体作出较可靠的推断,抽样方法必须具备下列两个条件:

(1) 独立性,即每次抽到的结果与其他各次所抽到的结果互不影响;

(2) 随机性,即总体中的每个个体被抽到的机会是等同的.

具备以上两个条件的抽样称为**简单随机抽样**,简称**抽样**.例如产品质量抽样中的放回抽样就是简单随机抽样(当总体很大而抽取的样本量很少时,不放回抽样可近似看做简单随机抽样),以后所提到的抽样均指简单随机抽样.

在实际工作中,人们最关心的是总体的数字特征(例如数学期望和方差).但是前面已经提到过,对于总体不能或不必要做普查,因此可以通过抽样得到样本的数字特征,来推导总体的对应数字特征.

7.1.4　样本均值和样本方差的概念

定义1　设 $X_1,X_2,\cdots,X_n$ 是总体 X 的一个容量为 n 的样本,称 $\overline{X}=\dfrac{1}{n}\sum\limits_{i=1}^{n}X_i$ 为**样本均值**;$S^2=\dfrac{1}{n-1}\sum\limits_{i=1}^{n}(X_i-\overline{X})^2$ 为**样本方差**,S^2 的算术平方根 S 为**样本标准差**.

容易看出,对于一组样本值 $x_1,x_2,\cdots,x_n$,样本值均值(样本均值的观察值)$\overline{x}=\dfrac{1}{n}\sum\limits_{i=1}^{n}x_i$ 表示数据集中的位置,样本值方差(样本方差的观察值)$s^2=\dfrac{1}{n-1}\sum\limits_{i=1}^{n}(x_i-\overline{x})^2$ 表达了数据对于样本均值的观察值 $\overline{x}$ 的离散程度.s^2 越大,数据越分散,波动越大;s^2 越小,数据越集中,波动越小.

例1　从某总体中抽取一个容量为5的样本,测得样本值为64,68,72,80,84,求样本值均值和样本值方差.

解 $\bar{x}=\frac{1}{5}\sum_{i=1}^{5}x_i=\frac{1}{5}(64+68+72+80+84)=73.6$

$$s^2=\frac{1}{5-1}[(64-73.6)^2+(68-73.6)^2+(72-73.6)^2+(80-73.6)^2+(84-73.6)^2]$$

$=68.80$

所以，样本值均值为 73.6，样本值方差为 68.80.

注：可以证明 s^2 有下面简化计算公式：

$$s^2=\frac{1}{n-1}\left[\sum_{i=1}^{n}x_i^2-n(\bar{x})^2\right]$$

读者不妨用该公式对例 1 进行验算.

练　习　7.1

1. 计算下面几组样本值的均值与方差：

(1) 12，13，4，11，2，12，14，5，12，9，13，6；

(2) 54，67，68，78，70，66，67，70，65，69；

(3) 50，100，80，120，200，250，40，130，300，200.

2. 从某厂生产的一批仪表中，随机抽取 9 台做寿命实验，各台从开始工作到初次发生故障时间(单位:h)为 1408，1632，1957，1968，2315，2400，2912，4315，4378. 求该批数据的均值与方差.

7.2　统计量及其分布

在数理统计中，对于同一个总体来说，由于误差的原因，不同的人去抽取得到的个体是不一样的，自然样本值也是不一样的. 但是总体相同，总体的数字特征就是确定的，那么拿样本值去估计总体数字特征显然是不准确的. 因此，并不能直接利用抽取的样本去对总体进行估计、推断，需要对样本进行提炼和加工，即针对不同的问题构造出样本的各种函数.

定义 2　若 $X_1,X_2,\cdots,X_n$ 是取自总体 X 的一个样本，则称样本的不包含任何未知参数的连续函数 $\varphi(X_1,X_2,\cdots,X_n)$ 为**统计量**.

由于 $X_1,X_2,\cdots,X_n$ 都是随机变量，所以统计量也是随机变量，统计量 $\varphi(X_1,X_2,\cdots,X_n)$ 的一组取值 $\varphi(x_1,x_2,\cdots,x_n)$ 称为**统计值**，它是 $\varphi(X_1,X_2,\cdots,X_n)$ 的一个实现.

现将正态总体下几个常用的统计量及其分布介绍如下.

7.2.1　统计量 $U=\dfrac{\overline{X}-\mu}{\sqrt{\sigma^2/n}}$ 的分布

若 $X_1,X_2,\cdots,X_n$ 是取自正态总体 $X\sim N(\mu,\sigma^2)$ 的一个样本，可以证明，样本均

值 $\overline{X}=\frac{1}{n}\sum_{i=1}^{n}X_i$ 也是正态变量，且

$$E(\overline{X})=E\left(\frac{1}{n}\sum_{i=1}^{n}X_i\right)=\frac{1}{n}\sum_{i=1}^{n}E(X_i)=\frac{1}{n}\cdot n\mu=\mu$$

$$D(\overline{X})=D\left(\frac{1}{n}\sum_{i=1}^{n}X_i\right)=\frac{1}{n^2}\sum_{i=1}^{n}D(X_i)=\frac{1}{n^2}\cdot n\sigma^2=\frac{\sigma^2}{n}$$

所以

$$\overline{X}\sim N\left(\mu,\frac{\sigma^2}{n}\right) \tag{7-1}$$

将其标准化的随机变量记为 U，可得

$$U=\frac{\overline{X}-\mu}{\sqrt{\sigma^2/n}}\sim N(0,1)$$

7.2.2　统计量 $T=\frac{\overline{X}-\mu}{\sqrt{S^2/n}}$ 的分布

若 $X_1,X_2,\cdots,X_n$ 是取自正态总体 $X\sim N(\mu,\sigma^2)$ 的一个样本，样本均值为 $\overline{X}$，样本方差为 S^2，可以证明

$$T=\frac{\overline{X}-\mu}{\sqrt{S^2/n}}=\frac{(\overline{X}-\mu)\sqrt{n}}{S} \tag{7-2}$$

是自由度为 $n-1$ 的随机变量，称其分布为自由度为 $n-1$ 的 t **分布**，记为 $T\sim t(n-1)$.

t 分布是关于 y 轴的对称分布，它的分布曲线形态上很像标准正态曲线，但峰顶比标准正态曲线峰顶要低，两端则较高. 它的密度函数与总体的均值 μ 及方差 σ^2 无关，而只与样本容量 n 有关，n 是唯一的参数. 当 $n>30$ 时，t 分布曲线与标准正态曲线极为相似，可以用标准正态分布近似代替 t 分布. 图 7-1 给出了标准正态曲线和几条不同自由度的 t 分布曲线以供参考.

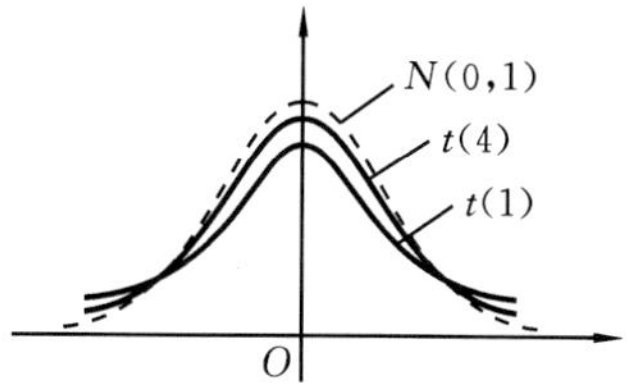

图 7-1

7.2.3　统计量 $\chi^2=\frac{(n-1)S^2}{\sigma^2}$ 的分布

若 $X_1,X_2,\cdots,X_n$ 是取自正态总体 $X\sim N(\mu,\sigma^2)$ 的一个样本，样本方差为 S^2，可以证明，$\chi^2=\frac{(n-1)S^2}{\sigma^2}$ 为服从自由度为 $n-1$ 的 χ^2 **分布**，记为

$$\chi^2\sim\chi^2(n-1) \tag{7-3}$$

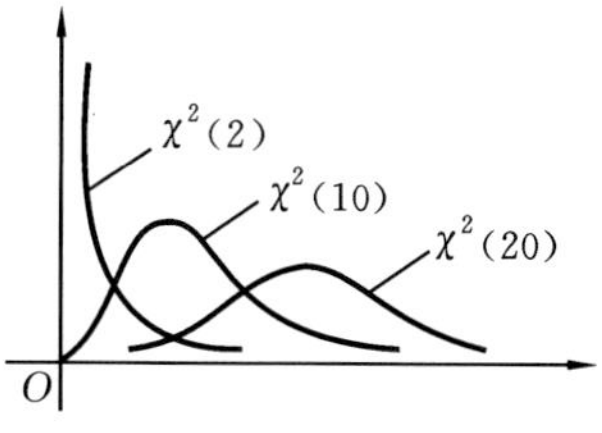

图 7-2

χ^2 分布与标准正态分布、t 分布有明显不同，它是一种不对称分布，n 是唯一参数. 图 7-2 给出了几

条不同自由度的χ^2分布曲线以供参考.

7.2.4 统计量 $F=\frac{S_1^2}{S_2^2}$ 的分布

若 $X_1, X_2, \cdots, X_{n_1}$ 是取自正态总体 $X \sim N(\mu, \sigma_1^2)$ 的一个样本，$Y_1, Y_2, \cdots, Y_{n_2}$ 是取自正态总体 $Y \sim N(\mu, \sigma_2^2)$ 的一个样本，且 X, Y 相互独立，样本方差分别为 S_1^2, S_2^2，在 $\sigma_1^2=\sigma_2^2$ 的条件下，令

$$F=\frac{S_1^2}{S_2^2} \tag{7-4}$$

称其为服从自由度为 n_1-1, n_2-1 的 F 分布，记为 $F \sim F(n_1-1, n_2-1)$，其中 n_1-1 称为**第一自由度**(或**分子自由度**)，n_2-1 称为**第二自由度**(或**分母自由度**).

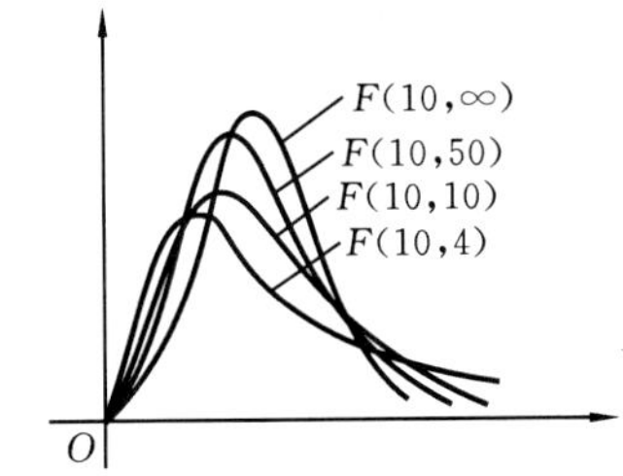

图 7-3

由以上给出的定义可知，$\frac{1}{F}=\frac{S_2^2}{S_1^2}$ 仍然服从 F 分布，它的第一自由度为 n_2-1，第二自由度为 n_1-1，记为 $\frac{1}{F} \sim F(n_2-1, n_1-1)$.

F 分布是不对称分布，n_1, n_2 是它的两个参数，当 n_1, n_2 增大时，F 分布曲线近似对称. 图 7-3 给出了几条不同参数的 F 分布曲线以供参考.

7.2.5 上侧 α 分位点(临界值)

定义 3 设随机变量 X 的分布函数为 $F(x)$，α 为一概率值(通常比较小)，若 λ_α 满足

$$F(\lambda_\alpha)=1-\alpha \quad 或 \quad P(X>\lambda_\alpha)=\alpha$$

则称 λ_α 为 X 分布的 α 上侧分位点或 α 临界值.

图 7-4 分别描绘了 $N(0,1)$，$\chi^2(n)$，$t(n)$ 和 $F(n_1, n_2)$ 分布的 α 上侧分位点的图形.

用 u_α 表示标准正态分布 $N(0,1)$ 的 α 上侧分位点，则有

$$\Phi(u_\alpha)=1-\alpha \quad 或 \quad u_\alpha=\Phi^{-1}(1-\alpha)$$

于是可以通过标准正态分布表(附表Ⅱ)查得 u_α 的值，如 $u_{0.1}=1.282$，$u_{0.05}=1.645$，$u_{0.025}=1.96$ 等.

附表Ⅲ给出了χ^2 分布的 α 上侧分位点$\chi_\alpha^2(n)$，如$\chi_{0.95}^2(20)=10.851$，$\chi_{0.01}^2(10)=23.209$ 等. 当自由度 n 大于 45 时，可用近似公式

$$\chi_\alpha^2(n)=\frac{1}{2}(u_\alpha+\sqrt{2n-1})^2 \tag{7-5}$$

如
$$\chi_{0.05}^2(60) \approx \frac{1}{2}(1.645+\sqrt{119})^2 \approx 78.798$$

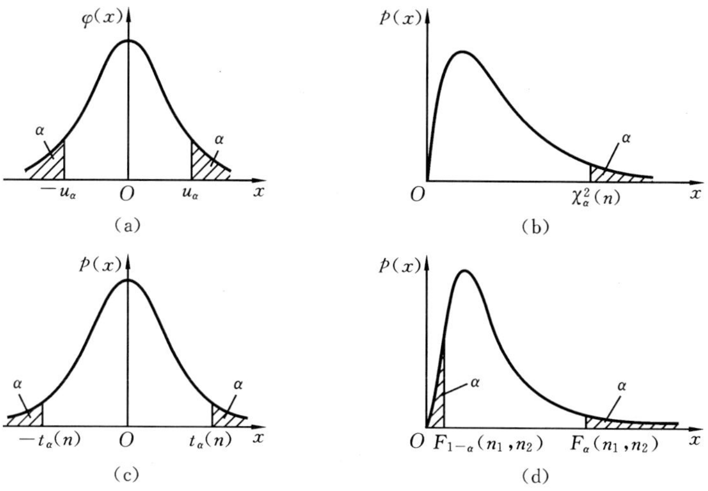

图 7-4

附表Ⅳ给出了 t 分布的 α 上侧分位点 $t_\alpha(n)$，查表可以得到，$t_{0.1}(10)=1.3722$. 由 t 分布的对称性知 $t_{1-\alpha}(n)=-t_\alpha(n)$，于是有 $t_{0.95}(20)=-t_{0.05}(20)=-1.7247$. 前面已经提到，当 n 趋于无穷时，t 分布的极限分布是标准正态分布，所以当其自由度 n 大于 45 时，可以用标准正态分布的临界值代替 t 分布的临界值，即 $t_\alpha(n)\approx u_\alpha$，如 $t_{0.01}(50)\approx u_{0.01}=2.326$.

F 分布的 α 上侧分位点由附表Ⅴ给出. 由于 F 分布有两个自由度，附表Ⅴ分别就几个比较小的 α 列出了分位点的值，由 F 分布的性质不难推得

$$F_{1-\alpha}(n_1,n_2)=\frac{1}{F_\alpha(n_2,n_1)}$$

这样即可从附表Ⅴ中查得较大的 α 分位点的值，如

$$F_{0.95}(3,7)=\frac{1}{F_{0.05}(7,3)}=\frac{1}{4.35}=0.2299$$

对于具有对称分布的统计量（如标准正态分布、t 分布），通常用双侧 α 分位点表示，即满足 $P(|X|>\lambda_\alpha)=\alpha$ 的 λ_α. 容易推出标准正态及 t 分布的双侧 α 分位点分别是 $u_{\frac{\alpha}{2}}$ 及 $t_{\frac{\alpha}{2}}$.

练　习　7.2

1. 在总体 $N(52,6.3^2)$ 中随机抽取一个容量为 36 的样本，求样本均值落在 50.8～53.8 之间的概率.

2. 在总体 $N(3.4,6^2)$ 中随机抽取一个容量为 n 的样本. 如果要求样本均值位于区间 $(1.4,5.2)$ 内的概率不小于 0.95，问样本容量 n 至少应取多少？

3. 查表求下列各式中 c 的值.

(1) 设 $Y\sim N(0,1)$，$P(Y>c)=0.05$，$P(|Y|<c)=0.95$；

(2) 设 $Y\sim\chi^2(24)$，$P(Y>c)=0.10$；

(3) 设 $Y\sim\chi^2(40)$，$P(Y<c)=0.95$；

(4) 设 $Y\sim t(6)$，$P(Y>c)=0.05$；

(5) 设 $Y\sim t(15)$，$P(Y<c)=0.01$；

(6) 查表求 $F_{0.05}(4,9)$，$F_{0.1}(10,5)$，$F_{0.9}(10,20)$.

内 容 小 结

一、基本概念

总体、样本、样本值、样本容量、统计量、抽样分布、上侧 α 分位点.

二、常见统计量及其分布

(1) 样本均值　$\overline{X}=\dfrac{1}{n}\sum\limits_{i=1}^{n}X_i$

(2) 样本方差　$S^2=\dfrac{1}{n-1}\sum\limits_{i=1}^{n}(X_i-\overline{X})^2$

样本标准差(均方差)　$S=\sqrt{\dfrac{1}{n-1}\sum\limits_{i=1}^{n}(X_i-\overline{X})^2}$

(3) χ^2 统计量：若 $X_i\sim N(0,1)$，$i=1,2,\cdots,n$，则称 $\chi^2=X_1^2+X_2^2+\cdots+X_n^2$ 为服从自由度为 n 的 χ^2 分布，记为 $\chi^2\sim\chi^2(n)$.

(4) T 统计量：$X\sim N(0,1)$，$Y\sim\chi^2(n)$ 相互独立，则称 $T=\dfrac{X}{\sqrt{Y/n}}$ 为服从自由度为 n 的 t 分布，记为 $T\sim t(n)$.

(5) F 统计量：$X\sim\chi^2(n_1)$，$Y\sim\chi^2(n_2)$ 相互独立，则称 $F=\dfrac{X/n_1}{Y/n_2}$ 为服从第一自由度为 n_1、第二自由度为 n_2 的 F 分布，记为 $F\sim F(n_1,n_2)$.

三、基于正态总体的统计量的分布

设总体 $X\sim N(\mu,\sigma^2)$，则：

(1) $\overline{X}\sim N\left(\mu,\dfrac{\sigma^2}{n}\right)\Rightarrow\dfrac{\overline{X}-\mu}{\sigma/\sqrt{n}}\sim N(0,1)$；

(2) $T=\dfrac{\overline{X}-\mu}{S/\sqrt{n}}\sim t(n-1)$；

(3) $\chi^2=\dfrac{(n-1)S^2}{\sigma^2}\sim\chi^2(n-1)$；

(4) $F=\dfrac{S_1^2}{S_2^2}\sim F(n_1-1,n_2-1)$.

四、上侧与双侧 α 分位点

设总体 $X\sim N(\mu,\sigma^2)$，统计量 Y 的分布函数为 $F(x)$，对于给定的 α $(0<\alpha<1)$，

其满足：

(1) $P(Y>\lambda_\alpha)$的点λ_α为Y的上侧α分位点；

(2) $P(|Y|>\mu_\alpha)$的点μ_α为Y的双侧α分位点.

当Y分别为标准正态统计量及T,χ^2,F统计量时可得其各自的上侧α分位点，可证标准正态T统计量的双侧α分位点为$\frac{\lambda_\alpha}{2}$.

五、注意点

(1) $U_{1-\alpha}=-U_\alpha,T_{1-\alpha}=-T_\alpha$；

(2) $F\sim F(n_1,n_2)\Rightarrow\frac{1}{F}\sim F(n_2,n_1),F_{1-\alpha}(n_1,n_2)=\frac{1}{F_\alpha(n_2,n_1)}$.

综合练习七

一、填空题

1. $X_1,X_2,\cdots,X_n$是取自正态总体$X\sim N(\mu,\sigma^2)$的样本，样本均值为$\overline{X}$，则统计量$U=\frac{\overline{X}-\mu}{\sqrt{\sigma^2/n}}$服从______分布.

2. $X_1,X_2,\cdots,X_n$是取自正态总体$X\sim N(\mu,\sigma^2)$的样本，样本均值为$\overline{X}$，则$E(\overline{X})=$______，$D(\overline{X})=$______.

3. 从某总体中抽取一个容量为5的样本，其样本值为15，25，30，40，50，则样本值均值是______，样本值方差是______.

4. $X_1,X_2,\cdots,X_{10}$是取自正态总体$X\sim N(3,2^2)$的样本，样本均值为$\overline{X}$，则$E(\overline{X})=$______，$D(\overline{X})=$______.

5. 已知样本值均值为$\bar{x}=5$，样本值方差为$s^2=100$，若将所有样本观测值都乘以$\frac{1}{5}$，则新的样本值均值$\bar{x}^*=$______，样本值方差$s^{*2}=$______.

二、计算题

1. 对以下几组样本值，计算样本值均值和方差.

(1) 4，17，18，28，20，16，17，20，15，19；

(2) 550，600，580，620，700，750，540，630，800，700.

2. 已知某种棉纱的强力X呈正态分布，并且$\mu=1.56N,\sigma=0.22N$，今从中抽取$n=50$的样本，求$\overline{X}$小于1.45N的概率.

3. 总体$X\sim N(80,20^2)$，从总体中随机抽取一个容量$n=100$的样本，求样本均值和总体均值的差的绝对值大于3的概率.

4. 设总体$X\sim N(12,4)$，抽取一个容量$n=25$的样本，求$P(\overline{X}>12.5)$.

5. 设总体$X\sim N(150,25^2)$，$\overline{X}$为样本容量为25的样本均值，求$P(140<\overline{X}\leqslant 147.5)$.

第8章 参数估计

参数估计是根据从总体中抽取的样本估计总体分布中包含的未知参数的方法，它是统计推断的一种基本形式. 本章主要介绍点估计和区间估计.

8.1 点估计

在概率论中许多随机变量(总体)的概率分布的参数都是作为已知条件给出的，例如 $X\sim N(\mu,\sigma^2)$，$X\sim B(n,p)$中的参数 μ,σ^2，其中 n,p 在概率论中均视为确定的常数. 但在实际问题中这些参数往往是未知的，需要由取的样本值来进行估计，这就是所谓**参数估计**问题. 由于参数对应直线上的一个点，因此参数估计又称**点估计**.

点估计的方法很多，这里仅介绍矩估计法.

定义1 设总体为 X，$X_1,X_2,\cdots,X_n$ 是容量为 n 的一个样本，称 $E(X^k)=\alpha_k(k=1,2,\cdots)$为**总体的 k 阶原点矩**，简称**总体 k 阶矩**. 称 $E[(X-E(X))^k]=\beta_k(k=1,2,\cdots)$为**总体的 k 阶中心矩**.

显然 $E(X)=\mu$ 为总体一阶矩，$D(X)$为总体二阶中心矩.

定义2 称$\frac{1}{n}\sum_{i=1}^{n}X_i^k=A_k(k=1,2,\cdots)$为**样本的 k 阶原点矩**，简称**样本 k 阶矩**. 称$\frac{1}{n}\sum_{i=1}^{n}(X_i-\overline{X})^k=B_k(k=1,2,\cdots)$为**样本的 k 阶中心矩**，简称**样本 k 阶中心矩**.

显然样本矩都是统计量.

所谓矩估计法，就是用样本矩估计相应的总体矩，从而求得待估参数的相应估计量(值). 该估计量(值)称为**矩估计量(值)**.

矩估计法的实施步骤如下(设有 m 个未知参数).

(1) 求总体 X 的前 m 阶矩：

$$\alpha_k=E(X^k)=g_k(\theta_1,\theta_2,\cdots,\theta_m)\quad(k=1,2,\cdots,m)\tag{8-1}$$

其中，对于离散型总体，$E(X^k)=\sum_i x_i^k p_i$；对于连续型总体，$E(X^k)=\int_{-\infty}^{+\infty}x^k p(x)\mathrm{d}x$. 它们依赖于未知参数 $\theta_1,\theta_2,\cdots,\theta_m$.

(2) 将未知参数 $\theta_1,\theta_2,\cdots,\theta_m$ 表示成$\alpha_1,\alpha_2,\cdots,\alpha_m$ 的函数，即解式(8-1)得

$$\theta_k = h_k(\alpha_1, \alpha_2, \cdots, \alpha_m) \quad (k = 1, 2, \cdots, m) \tag{8-2}$$

（3）用样本矩 $A_k = \frac{1}{n}\sum_{i=1}^{n} X_i^k$ 代替总体相应的矩 α_k，得到未知参数的矩估计

$$\hat{\theta}_k = h_k(A_1, A_2, \cdots, A_m) \quad (k = 1, 2, \cdots, m) \tag{8-3}$$

例 1　求总体数学期望 μ 和方差 σ^2 的矩估计.

解　因为 $\mu = E(X) = \alpha_1, \sigma^2 = D(X) = E(X^2) - [E(X)]^2 = \alpha_2 - \alpha_1^2$，故得 μ 和 σ^2 的矩估计为

$$\hat{\mu} = A_1 = \overline{X}$$

$$\hat{\sigma}^2 = A_2 - A_1^2 = \frac{1}{n}\sum_{i=1}^{n} X_i^2 - \overline{X}^2 = \frac{1}{n}\sum_{i=1}^{n}(X_i - \overline{X})^2 = B_2$$

注意到这一结果对总体的分布类型并没有任何限制，所以它对任何总体（只要期望和方差存在）都是有效的.

例 2　设总体服从参数为 λ 的指数分布，求未知参数 λ 的矩估计.

解　指数分布的密度函数为

$$p(x) = \begin{cases} \lambda e^{-\lambda x} & (x > 0) \\ 0 & (x \leqslant 0) \end{cases}$$

由
$$\alpha_1 = E(X) = \int_0^{+\infty} \lambda e^{-\lambda x} dx = \frac{1}{\lambda}$$

解得
$$\lambda = \frac{1}{\alpha_1}$$

故 λ 的矩估计为

$$\hat{\lambda} = \frac{1}{A_1} = \frac{1}{\overline{X}}$$

例 3　设离散型总体 X 的概率分布为

X	1	2	3
P	θ^2	$2\theta(1-\theta)$	$(1-\theta)^2$

其中 θ 为未知参数. 试由样本值 $x_1 = 1, x_2 = 2, x_3 = 1$ 求 θ 的矩估计值.

解　先求总体的一阶原点矩，有

$$\alpha_1 = E(X) = 1 \times \theta^2 + 2 \times 2\theta(1-\theta) + 3 \times (1-\theta)^2 = 3 - 2\theta$$

解得
$$\theta = \frac{3 - \alpha_1}{2}$$

于是得到 θ 的矩估计
$$\hat{\theta} = \frac{3 - \overline{X}}{2}$$

再计算样本一阶原点矩（样本均值）观察值：

$$\bar{x} = \frac{1}{3}(1 + 2 + 1) = \frac{4}{3}$$

将其代替$\hat{\theta}$中的$\overline{X}$,即得到θ的矩估计值$\hat{\theta}=\frac{5}{6}$.

例 4　设总体服从$[a,b]$区间上的均匀分布,求未知参数a和b的矩估计.

解　均匀分布的密度函数为

$$p(x)=\begin{cases}\dfrac{1}{b-a} & (a\leqslant x\leqslant b)\\ 0 & (x<a \text{ 或 } x>b)\end{cases}$$

由于要估计两个未知参数,须先求总体的前二阶矩:

$$\alpha_1=E(X)=\int_a^b\frac{x}{b-a}\mathrm{d}x=\frac{1}{2}(a+b)$$

$$\alpha_2=E(X^2)=\int_a^b\frac{x^2}{b-a}\mathrm{d}x=\frac{1}{3}(a^2+ab+b^2)$$

解以上方程得

$$a=\alpha_1-\sqrt{3(\alpha_2-\alpha_1^2)},\quad b=\alpha_1+\sqrt{3(\alpha_2-\alpha_1^2)}$$

在例 1 中已推得$A_2-A_1^2=B_2$,故a和b的矩估计为

$$\hat{a}=A_1-\sqrt{3(A_2-A_1^2)}=\overline{X}-\sqrt{3B_2},\quad \hat{b}=A_1+\sqrt{3(A_2-A_1^2)}=\overline{X}+\sqrt{3B_2}$$

由例 1 知,样本二阶中心矩B_2是总体方差σ^2的矩估计.根据这一结果可将矩估计方法推广开来.以两个参数为例,若未知参数可表示为

$$\theta_1=h_1(\alpha_1,\beta_2),\quad \theta_2=h_2(\alpha_1,\beta_2)$$

则其矩估计为

$$\hat{\theta}_1=h_1(A_1,B_2),\quad \hat{\theta}_2=h_2(A_1,B_2)$$

其中α_1和A_1仍为总体和样本的一阶原点矩(即总体均值和样本均值),β_2为总体二阶中心矩(即总体方差),$B_2=\frac{1}{n}\sum_{i=1}^{n}(X_i-\overline{X})^2$为总体二阶中心矩.用这个方法,例 4 的解题过程可大为简化,由

$$\alpha_1=E(X)=\frac{a+b}{2},\quad \beta_2=D(X)=\frac{(b-a)^2}{12}$$

解得

$$a=\alpha_1-\sqrt{3\beta_2},\quad b=\alpha_1+\sqrt{3\beta_2}$$

于是用$A_1=\overline{X}$替换α_1,用B_2替换β_2就得到矩估计

$$\hat{a}=\overline{X}-\sqrt{3B_2},\quad \hat{b}=\overline{X}+\sqrt{3B_2}$$

还要指出的是,一个未知参数的矩估计不一定唯一,例如,总体方差σ^2既可用B_2做估计量,也可用S^2做估计量.

应该注意的是:样本$X_1,X_2,\cdots,X_n$是随机变量,从而样本均值$\overline{X}$和样本方差S^2也是随机变量,而总体均值μ和总体方差σ^2都是确定的常数,所以我们是在用随机变量来估计非随机变量.由于从样本的不同观测值可以求得不同的估计值,因此衡量一个估计的好坏不能仅根据一次观测的结果就作出定论,而必须从全局上,由多次观测

得到的估计值与被估计的参数(μ 或 σ^2)的偏差大小来确定.

一般地,如果估计量的均值等于被估计参数,则此估计量称为被估计参数的**无偏估计量**.可以证明,样本均值 $\overline{X}$ 是总体均值 μ 的**无偏估计量**,样本方差 S^2 是总体方差 σ^2 的**无偏估计量**,即 $E(\overline{X})=\mu, E(S^2)=\sigma^2$,但 B_2 作为 σ^2 的估计量却是有偏差的.

练　习　8.1

一、填空题

1. 若一个样本的观察值为 0,0,1,1,0,1,则总体均值的矩估计值为______,总体方差的矩估计值为______.

2. 设 $x_1,x_2,\cdots,x_n$ 为来自正态总体 $N(\mu,\sigma^2)$ 的样本观察值,且 $\bar{x}=9, \frac{1}{n}\sum_{i=1}^{n}x_i^2=109.8$,则 μ 和 σ^2 的矩估计值分别为______和______.

二、选择题

1. 总体未知参数 θ 的估计量 $\hat{\theta}$ 是(　　).

A. 随机变量　　B. 总体　　C. θ　　D. 均值

2. 设 0,1,0,1,1 为来自于两点分布总体 $B(1,p)$ 的样本值,则 p 的矩估计值为(　　).

A. 1/5　　B. 2/5　　C. 3/5　　D. 4/5

3. 设 0,2,2,3,3 为来自于均匀分布总体 $U(0,\theta)$ 的样本值,则 θ 的矩估计值为(　　).

A. 1　　B. 2　　C. 3　　D. 4

三、计算题

1. 设 $X_1,X_2,\cdots,X_n$ 为来自于均匀分布总体 $U(0,\theta)$ 的样本,试求未知参数 θ 的矩估计量.

2. 设总体 X 的概率密度函数为

$$p(x,\theta)=\begin{cases}\frac{1}{\theta}e^{-\frac{x}{\theta}} & (x>0)\\ 0 & (x\leqslant 0)\end{cases}$$

其中 $\theta>0$,试求 θ 的矩估计量.

3. 设总体 $X\sim N(\mu,1)$,求 μ 的矩估计量.

4. 设总体 X 的概率密度函数为

$$p(x,\theta)=\begin{cases}(\theta+1)x^{\theta} & (0<x<1)\\ 0 & (x\leqslant 0 \text{ 或 } x\geqslant 1)\end{cases}$$

其中 $\theta>-1$,试由样本 $X_1,X_2,\cdots,X_n$ 求 θ 的矩估计量.

8.2　区间估计

点估计相当于近似计算中对真值确定一个近似值,例如取 $\pi=3.14$ 或 3.1416 等.近似计算中光有近似值是不够的,还必须估计误差,而区间估计相当于误差估计.

定义 3　设 θ 为总体的未知参数,$X_1,X_2,\cdots,X_n$ 为来自于总体的一个样本,构造两个统计量 $\hat{\theta}_1(X_1,X_2,\cdots,X_n)$ 和 $\hat{\theta}_2(X_1,X_2,\cdots,X_n)$,使对给定的 $\alpha\ (0<\alpha<1)$,有

$$P(\hat{\theta}_1 < \theta < \hat{\theta}_2) = 1 - \alpha \tag{8-4}$$

则称$(\hat{\theta}_1,\hat{\theta}_2)$为$\theta$的一个**置信区间**,$1-\alpha$为**置信度**,$\hat{\theta}_1$为**置信下限**,$\hat{\theta}_2$为**置信上限**.

人们往往会把式(8-4)解释成θ落在区间$(\hat{\theta}_1,\hat{\theta}_2)$的概率为$1-\alpha$,这种说法不够确切.因为$\hat{\theta}_1$和$\hat{\theta}_2$都是统计量,即$(\hat{\theta}_1,\hat{\theta}_2)$是随机区间,而$\theta$则是一个客观存在的未知数,所以确切的解释应该是随机区间$(\hat{\theta}_1,\hat{\theta}_2)$包含$\theta$的概率为$1-\alpha$.

置信度$1-\alpha$反映了置信区间的可靠程度,其值要根据实际情况选定,常用的值为0.90,0.95,0.99等.如取$1-\alpha=0.95$,则可对式(8-4)作这样的解释:对总体取100个容量为n的样本观察值,可得到100个确定的区间$(\hat{\theta}_1,\hat{\theta}_2)$,其中平均有95个区间包含了未知参数$\theta$,还有大约5个区间不包含$\theta$.

设$X_1,X_2,\cdots,X_n$为取自正态总体$N(\mu,\sigma^2)$的一个样本,$\overline{X}$和S^2分别为样本均值和样本方差.下面考虑μ和σ^2的区间估计问题.

1. σ^2已知时μ的置信区间

由式(7-1),有$X\sim N(\mu,\sigma^2/n)$,将$\overline{X}$标准化,得

$$U=\frac{\overline{X}-\mu}{\sigma/\sqrt{n}}\sim N(0,1) \tag{8-5}$$

对于给定的α,查附表Ⅱ得分位点$u_{\alpha/2}$(见图8-1),使

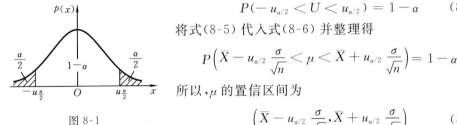

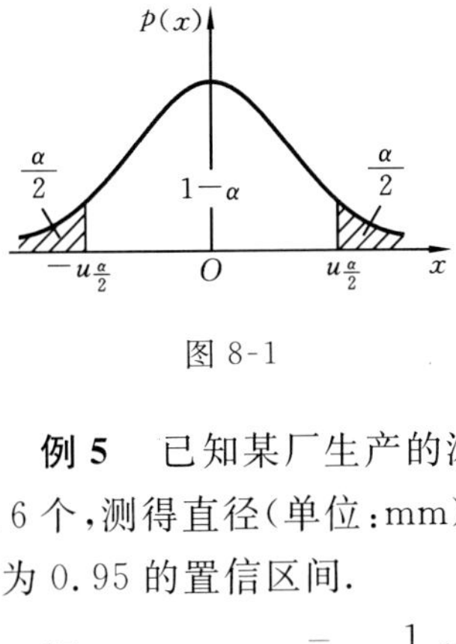

图 8-1

$$P(-u_{\alpha/2}<U<u_{\alpha/2})=1-\alpha \tag{8-6}$$

将式(8-5)代入式(8-6)并整理得

$$P\left(\overline{X}-u_{\alpha/2}\frac{\sigma}{\sqrt{n}}<\mu<\overline{X}+u_{\alpha/2}\frac{\sigma}{\sqrt{n}}\right)=1-\alpha$$

所以,μ的置信区间为

$$\left(\overline{X}-u_{\alpha/2}\frac{\sigma}{\sqrt{n}},\overline{X}+u_{\alpha/2}\frac{\sigma}{\sqrt{n}}\right) \tag{8-7}$$

例5　已知某厂生产的滚珠直径$X\sim N(\mu,0.06)$,从某天生产的滚珠中随机抽取6个,测得直径(单位:mm)分别为14.6,15.1,14.9,14.8,15.2,15.1,求μ的置信度为0.95的置信区间.

解
$$\bar{x}=\frac{1}{6}(14.6+15.1+\cdots+15.1)=14.95$$

查表得$u_{\alpha/2}=u_{0.025}=1.96$,再将$\sigma=\sqrt{0.06}$,$n=6$代入式(8-7)得,$\mu$的置信区间为(14.75,15.15).

例6　设$X_1,X_2,\cdots,X_n$为取自正态总体$X\sim N(\mu,\sigma^2)$的一个样本,其中σ^2已知,μ未知.

(1) 求μ的置信度为0.9的置信区间长度L_1,并确定样本容量n,使L_1不超过σ;

(2) 求μ的置信度为0.99的置信区间长度L_2,并确定样本容量n,使L_2不超过σ.

解　由式(8-7)知置信区间长度$L=2u_{\alpha/2}\sigma/\sqrt{n}$.

(1) 查附表 Ⅱ 得 $u_{\alpha/2}=u_{0.05}=1.645$,欲使 $L_1=2\times1.645\sigma/\sqrt{n}\leqslant\sigma$,应有 $n\geqslant 3.29$,即样本容量达到 4 时,置信区间长度 L_1 不超过 σ.

(2) 查附表 Ⅱ 得 $u_{\alpha/2}=u_{0.005}=2.576$,欲使 $L_2=2\times2.576\sigma/\sqrt{n}\leqslant\sigma$,应有 $n\geqslant 5.152$,即样本容量至少为 6 时,置信区间长度 L_2 才不超过 σ.

对于区间估计而言,其置信度 $1-\alpha$ 和区间长度 L 都体现了估计精度,置信度越大精度越高,区间长度越小精度越高.例 6 的结果说明,当区间长度固定时,要想提高置信度就要增加样本容量.类似地可以发现,当置信度不变时,增加样本容量可以缩小区间长度.总而言之,增加样本容量可以提高区间估计的精度.

2. σ^2 未知时 μ 的置信区间

当 σ^2 未知时,式(8-7)的两个置信限含有未知参数 σ^2,就不是统计量,从而得不到确定的置信区间.那么,是否可以用 σ^2 的估计量 S^2 取而代之,形成新的置信区间呢?这的确是一个正确的思路.事实上,由式(7-2),有

$$T=\frac{\overline{X}-\mu}{S}\sqrt{n}\sim t(n-1)$$

对给定的 α,查附表 Ⅳ 得分位点 $t_{\alpha/2}(n-1)$,使

$$P(-t_{\alpha/2}(n-1)<T<t_{\alpha/2}(n-1))=1-\alpha \tag{8-8}$$

将 T 的表达式代入式(8-8)并整理得

$$P\left\{\overline{X}-t_{\alpha/2}(n-1)\frac{S}{\sqrt{n}}<\mu<\overline{X}+t_{\alpha/2}(n-1)\frac{S}{\sqrt{n}}\right\}=1-\alpha$$

所以,μ 的置信区间为

$$\left(\overline{X}-t_{\alpha/2}(n-1)\frac{S}{\sqrt{n}},\overline{X}+t_{\alpha/2}(n-1)\frac{S}{\sqrt{n}}\right) \tag{8-9}$$

或

$$\left(\overline{X}-t_{\alpha/2}(n-1)\sqrt{\frac{B_2}{n-1}},\overline{X}+t_{\alpha/2}(n-1)\sqrt{\frac{B_2}{n-1}}\right) \tag{8-10}$$

这里 $B_2=\frac{1}{n}\sum_{i}^{n}(X_i-\overline{X})^2$ 为样本二阶中心矩.

例 7　对某型号飞机的飞行速度进行了 15 次试验,测得最大飞行速度(单位:m/s)如下:

422.2	417.2	425.6	420.3	425.8
423.1	418.7	428.2	438.3	434.0
412.3	431.5	441.3	423.0	413.5

根据长期经验,可以认为最大飞行速度服从正态分布.试就上述试验数据对最大飞行速度的期望值 μ 进行区间估计(置信度取 0.95).

解

$$\bar{x}=\frac{1}{15}(422.2+417.2+\cdots+413.5)=425.0$$

$$s=\sqrt{\frac{1}{14}[(422.2^2+417.2^2+\cdots+413.5^2)-15\times425.0^2]}=8.5$$

查附表Ⅳ得 $t_{\alpha/2}(n-1)=t_{0.025}(14)=2.145$，代入式(8-9)得 μ 的置信度为 0.95 的置信区间为(420.3,429.7).

例 8　在例 5 中，若滚珠直径的方差 σ^2 未知，试用同样的数据求 μ 的置信度为 0.95 的置信区间.

解　由于 σ^2 未知，除计算 $\bar{x}$ 外，还要计算 s，有

$$s=\sqrt{\frac{1}{5}[(14.6^2+15.1^2+\cdots+15.1^2)-6\times 14.95^2]}=0.226$$

查附表Ⅳ得 $t_{\alpha/2}(n-1)=t_{0.025}(5)=2.5706$，代入式(8-9)得 μ 的置信度为0.95 的置信区间为(14.713,15.187).

比较例 5 与例 8 的结果会发现，由同一组样本观察值，按同样的置信度，对 μ 作的置信区间会因为 σ^2 的已知与否而不一样. 这是因为当 σ^2 已知时，人们掌握的信息多一些，在其他条件相同的情况下，对 μ 的估计精度就要高一些，这就表现为 μ 的置信区间长度要小一些. 反之，当 σ^2 未知时，对 μ 的估计精度将降低，从而导致 μ 的区间长度增加.

3. 求 σ^2 的置信区间

样本方差 $S^2=\frac{1}{n-1}\sum_{i=1}^{n}(X_i-\bar{X})^2$ 是 σ^2 的一个无偏估计量，所以以 S^2 为基础来构造 σ^2 的置信区间是一个好的选择. 又式(7-3)给出了它的分布

$$\frac{n-1}{\sigma^2}S^2\sim\chi^2(n-1)$$

对给定的 α，查附表Ⅲ得 χ^2 分布的分位点 $\chi^2_{1-\alpha/2}(n-1)$ 和 $\chi^2_{\alpha/2}(n-1)$（见图 8-2），使

$$P\left\{\chi^2_{1-\alpha/2}(n-1)<\frac{n-1}{\sigma^2}S^2<\chi^2_{\alpha/2}(n-1)\right\}=1-\alpha$$

解得

$$P\left\{\frac{(n-1)S^2}{\chi^2_{\alpha/2}(n-1)}<\sigma^2<\frac{(n-1)S^2}{\chi^2_{1-\alpha/2}(n-1)}\right\}=1-\alpha \tag{8-11}$$

即得到 σ^2 的置信区间

$$\left(\frac{(n-1)S^2}{\chi^2_{\alpha/2}(n-1)},\frac{(n-1)S^2}{\chi^2_{1-\alpha/2}(n-1)}\right) \tag{8-12}$$

同时，式(8-11)也意味着

$$P\left\{\sqrt{\frac{(n-1)S^2}{\chi^2_{\alpha/2}(n-1)}}<\sigma<\sqrt{\frac{(n-1)S^2}{\chi^2_{1-\alpha/2}(n-1)}}\right\}=1-\alpha$$

从而可得到标准差 σ 的置信区间

$$\left(\sqrt{\frac{(n-1)S^2}{\chi^2_{\alpha/2}(n-1)}},\sqrt{\frac{(n-1)S^2}{\chi^2_{1-\alpha/2}(n-1)}}\right) \tag{8-13}$$

区间估计式(8-12)和式(8-13)中的 $(n-1)S^2$ 也可写成 nB_2.

例 9　从自动机床加工的同类零件中抽取 16 件，测得长度值(单位：mm)为

12.15　12.12　12.01　12.28　12.09　12.16　12.03　12.03

12.06　12.01　12.13　12.13　12.07　12.11　12.08　12.01

若可认为这是来自正态总体的样本观察值，分别求总体方差 σ^2 和标准差 σ 的置信度为 0.99 的置信区间.

解　经计算，得

$$\bar{x}=12+\frac{1}{100}\left(\frac{15+12+\cdots+1}{16}\right)=12.09$$

$$(n-1)s^2=\frac{1}{100^2}[(15-9)^2+(12-9)^2+\cdots+(1-9)^2]=0.0768$$

查附表Ⅲ得

$$\chi^2_{1-\alpha/2}(n-1)=\chi^2_{0.995}(15)=4.601$$

$$\chi^2_{\alpha/2}(n-1)=\chi^2_{0.005}(15)=32.801$$

代入式(8-12)得 σ^2 的置信区间(0.0023,0.0167).

代入式(8-13)，即将两置信限同时开方，得到 σ 的置信区间(0.0484,0.1292).

在估计 μ 时两端各取 $\alpha/2$ 分位点，是为了在给定的置信度下使区间长度最小. 在估计 σ^2 时，由于 χ^2 分布不对称，取分位点 $\chi^2_{1-\alpha/2}(n-1)$ 和 $\chi^2_{\alpha/2}(n-1)$ 只是为了查表方便，并不一定能使区间长度最小，有兴趣的读者可根据图 8-2 提出改进方案.

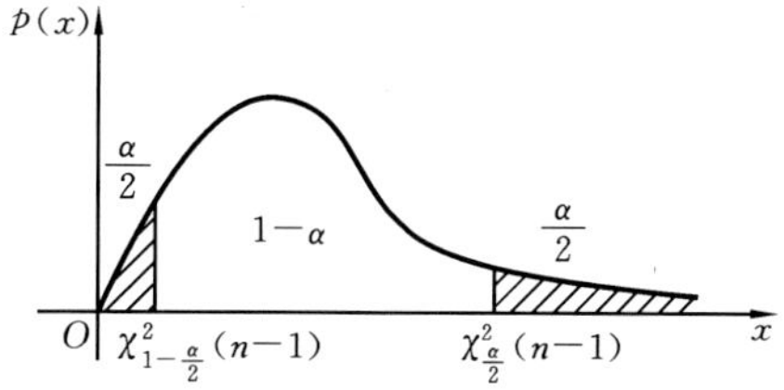

图 8-2

练　习　8.2

1. 什么是区间估计？置信区间的长度与置信度是否有关？

2. 区间估计与点估计有何不同？

3. 某化纤强力服从正态分布，其标准差稳定为 $\sigma=1.19$. 现抽取一个容量 $n=100$ 的样本，求得样本值均值 $\bar{x}=6.35$. 试求其化纤强力均值的置信度为 0.95 的置信区间.

4. 设总体 $X\sim N(\mu,\sigma^2)$，现抽得样本值为

1.2,3.4,0.6,5.6

求当 $\sigma=\sqrt{3}$ 时，均值 μ 的 0.95 置信区间.

5. 设取自正态总体 $X\sim N(\mu,\sigma^2)$ 的一组样本值

140,153,148,165,155,169,158,149

求总体均值 μ 的置信度为 0.90 的置信区间.

6. 设取自正态总体 $X\sim N(\mu,\sigma^2)$ 的一组样本值

140,153,148,165,155,169,158,149

试求总体方差 σ^2 的置信度为 0.90 的置信区间.

内容小结

一、总体与样本矩与矩估计量

$E(X^k)$ 称为总体 k 阶原点矩，记为 α_k；$E[(X-E(X))^k]$ 称为总体 k 阶中心矩，记为 β_k. $\frac{1}{n}\sum_{i=1}^{n}X_i^k$ 称为样本 k 阶原点矩，记为 A_k；$\frac{1}{n}\sum_{i=1}^{n}(X_i-\overline{X})^k$ 称为样本 k 阶中心矩，记为 B_k. 以上式中均有 $k=1,2,\cdots,n$.

注：① 总体均值 $E(X)$ 为总体一阶原点矩，记为 α_1；样本均值 $\overline{X}$ 为样本一阶原点矩，记为 A_1；总体方差 $D(X)$ 为总体二阶中心矩，记为 β_2；样本方差 $D(X)$ 为样本二阶中心矩，记为 B_2；样本矩作为统计量，称为矩估计量.

② 若估计量的数学期望等于待估参数，则称该估计量为相应参数的无偏估计量. $\overline{X}$，S^2 是总体均值与方差的无偏估计量.

二、矩估计法的实施步骤

设有 m 个未知参数 $\theta_1,\theta_2,\cdots,\theta_m$.

(1) 设总体前 m 阶矩表示为参数 $\theta_1,\theta_2,\cdots,\theta_m$ 的函数：

$$\begin{aligned}\alpha_1&=g_1(\theta_1,\theta_2,\cdots,\theta_m)\\ \alpha_2&=g_2(\theta_1,\theta_2,\cdots,\theta_m)\\ &\vdots\\ \alpha_m&=g_m(\theta_1,\theta_2,\cdots,\theta_m)\end{aligned}$$

(2) 求其反函数：

$$\begin{cases}\theta_1=h_1(\alpha_1,\alpha_2,\cdots,\alpha_m)\\ \theta_2=h_2(\alpha_1,\alpha_2,\cdots,\alpha_m)\\ \quad\vdots\\ \theta_m=h_m(\alpha_1,\alpha_2,\cdots,\alpha_m)\end{cases}$$

(3) 将样本矩代替上述式中相应总体矩，即得相应参数矩估计量：

$$\begin{cases}\hat{\theta}_1=h_1(A_1,A_2,\cdots,A_m)\\ \hat{\theta}_2=h_2(A_1,A_2,\cdots,A_m)\\ \quad\vdots\\ \hat{\theta}_m=h_m(A_1,A_2,\cdots,A_m)\end{cases}$$

三、区间估计

1. 置信区间的相关概念

设 θ 为总体未知参数，$X_1,X_2,\cdots,X_n$ 为一个样本，对于给定的 α $(0<\alpha<1)$，称满足 $P(\hat{\theta}_1<\theta<\hat{\theta}_2)=1-\alpha$ 的随机区间 $(\hat{\theta}_1<\theta<\hat{\theta}_2)$ 为 θ 的一个置信区间，$1-\alpha$ 称为置信度，$\hat{\theta}_1$，$\hat{\theta}_2$ 分别称为置信下限和置信上限，其中 $\hat{\theta}_1$，$\hat{\theta}_2$ 是给定的两个统计量.

2. 单正态总体的置信区间

(1) σ^2 已知，μ 的置信区间为

$$\left(\overline{X}-u_{\frac{\alpha}{2}}\frac{\sigma}{\sqrt{n}},\overline{X}+u_{\frac{\alpha}{2}}\frac{\sigma}{\sqrt{n}}\right)$$

(2) σ^2 未知，μ 的置信区间为

$$\left(\overline{X}-t_{\frac{\alpha}{2}}(n-1)\frac{S}{\sqrt{n}},\overline{X}+t_{\frac{\alpha}{2}}(n-1)\frac{S}{\sqrt{n}}\right)$$

(3) σ^2 的置信区间为

$$\left(\frac{(n-1)S^2}{\chi^2_{\frac{\alpha}{2}}(n-1)},\frac{(n-1)S^2}{\chi^2_{1-\frac{\alpha}{2}}(n-1)}\right)$$

σ 的置信区间为

$$\left(\sqrt{\frac{(n-1)S^2}{\chi^2_{\frac{\alpha}{2}}(n-1)}},\sqrt{\frac{(n-1)S^2}{\chi^2_{1-\frac{\alpha}{2}}(n-1)}}\right)$$

综合练习八

一、填空题

1. 若由总体 $F(x,\theta)$ (θ 为未知参数)的样本观察值求得 $P(35.5<\theta<45.5)=0.9$，则称______是 θ 的一个置信度为______的置信区间.

2. 当 σ^2 已知时，正态总体均值 μ 的 90%的置信区间的长度为______.

二、选择题

1. 无论 σ^2 是否已知，正态总体均值 μ 的置信区间的中心都是(　　).

A. μ　　B. σ^2　　C. $\overline{X}$　　D. S^2

2. 当 σ^2 未知时，正态总体均值 μ 的置信度为 $1-\alpha$ 的置信区间的长度是 S 的(　　)倍.

A. $2t_\alpha(n)$　　B. $\frac{2}{\sqrt{n}}t_{\alpha-2}(n-1)$　　C. $\frac{S}{\sqrt{n}}t_{\alpha-2}(n-1)$　　D. $\frac{S}{\sqrt{n-1}}$

三、计算题

1. 设轴承内环锻压零件的高度 $X\sim N(\mu,0.4^2)$，现抽取 20 只环. 测得其高度的算术平均值 $\overline{x}=32.3$ mm，求内环高度的 95%置信区间.

2. 随机地从一批钉子中抽取 16 枚，测得其长度(单位：mm)为

2.14　2.13　2.10　2.15　2.13　2.12　2.13　2.10
2.15　2.12　2.14　2.10　2.13　2.11　2.14　2.11

若钉长分布为正态的，试对下面情况分别求出总体期望 μ 的置信度为 0.9 的置信区间：

(1) 已知 $\sigma=0.01$ cm；

(2) σ 未知.

3. 为了得到某种新型塑料抗压力的资料，对 10 个试验件做压力试验，得数据(单位：1 0000 N/cm^2)如下：

49.3　48.6　47.5　48.0　51.2　45.6　47.7　49.5　46.0　50.6

若试验数据服从正态分布. 试以 0.95 的置信度估计：

(1) 该种塑料平均抗压力的区间；

(2) 该种塑料抗压力方差的区间.

第 9 章 假设检验

统计推断的另一类重要问题是假设检验问题. 本章主要介绍假设检验的基本思想和步骤,以及正态总体参数的常用检验方法.

9.1 假设检验

在总体的分布函数完全未知或只知其形式、但不知其参数的情况下,为了推断总体的某些性质,人们提出了某些关于总体的假设,例如总体服从泊松分布的假设,对于正态总体提出数学期望等于 μ_0 的假设等. 假设检验就是根据样本对所提出的假设作出判断,接受或者拒绝. 这里,先结合例子来说明假设检验的基本思想和做法.

例 1 某车间用一台包装机包装葡萄糖. 包得的袋装糖重是一个随机变量,它服从正态分布. 当机器正常时,其均值为 0.5 kg,标准差为 0.015 kg. 某日开工后为检验包装机是否正常,随机地抽取它所包装的糖 9 袋,称得净重(单位:kg)分别为

$$0.497\quad 0.506\quad 0.518\quad 0.524\quad 0.498\quad 0.511\quad 0.520\quad 0.515\quad 0.512$$

问机器是否正常?

解 以 μ,σ 分别表示这一天袋装糖重总体 X 的均值和标准差. 由于长期实践表明标准差比较稳定,设 $\sigma=0.015$. 于是 $X\sim N(\mu,0.015^2)$,这里 μ 未知. 问题是根据样本值来判断 $\mu=0.5$ 还是 $\mu\neq 0.5$. 为此,提出假设

$$H_0:\mu=\mu_0=0.5\quad(\text{常称为}\textbf{原假设})$$

和

$$H_1:\mu\neq\mu_0\quad(\text{常称为}\textbf{备择假设})$$

这是两个对立的假设. 然后给出一个合理的法则,根据这一法则,利用已知样本值判断是接受假设 H_0(即拒绝假设 H_1),还是拒绝假设 H_0(即接受假设 H_1). 如果作出的判断是接受 H_0,则认为 $\mu=\mu_0$,即认为机器工作是正常的,否则,则认为是不正常的.

由于要检验的假设涉及总体均值 μ,故首先想到是否可借助样本均值 $\overline{X}$ 这一统计量来进行判断. $\overline{X}$ 是 μ 的无偏估计,$\overline{X}$ 的观察值的大小在一定程度上反映了 μ 的大小. 因此,如果假设 H_0 为真,则样本值的观察值 $\bar{x}$ 与 μ_0 的偏差 $|\bar{x}-\mu_0|$ 一般不应太大. 若 $|\bar{x}-\mu_0|$ 过分大,就怀疑假设 H_0 的正确性而拒绝 H_0,并考虑到当 H_0 为真

时$\frac{\overline{X}-\mu_0}{\sigma/\sqrt{n}}\sim N(0,1)$. 而衡量$|\overline{X}-\mu_0|$的大小可归结为衡量$\frac{|\overline{X}-\mu_0|}{\sigma/\sqrt{n}}$的大小. 基于上面的想法,可适当选定一正数 k,使当 $\bar{x}$ 满足$\frac{|\bar{x}-\mu_0|}{\sigma/\sqrt{n}}\geqslant k$ 时就拒绝假设 H_0,$\frac{|\bar{x}-\mu_0|}{\sigma/\sqrt{n}}<k$ 时就接受假设 H_0. 这里 k 称**阈值或临界值**.

问题是如何来确定阈值 k 呢?

对于给定的 α ($0<\alpha<1$,α 称为显著性水平),由标准正态分布 $U=\frac{\overline{X}-\mu_0}{\sigma/\sqrt{n}}$的双侧 α 分位点得

$$P\{|U|\geqslant u_{\alpha/2}\}=P\left\{\left|\frac{\overline{X}-\mu_0}{\sigma/\sqrt{n}}\right|\geqslant u_{\alpha/2}\right\}=P\left\{|\overline{X}-\mu_0|\geqslant u_{\alpha/2}\frac{\sigma}{\sqrt{n}}\right\}=\alpha$$

即阈值 k 可取为 $u_{\alpha/2}\frac{\sigma}{\sqrt{n}}$.

接下来就要利用样本值均值 $\bar{x}$ 对假设进行检验. 如果 $\bar{x}$ 代入满足上式,则拒绝 H_0(接受 H_1),反之拒绝 H_1(接受 H_0).

在例 1 中取 $\alpha=0.05$,$u_{\alpha/2}=1.96$,$n=9$,$\sigma=0.015$,经计算得 $\bar{x}=0.511$,即有

$$\left|\frac{\bar{x}-\mu_0}{\sigma/\sqrt{n}}\right|=2.2>1.96$$

故拒绝 H_0,即认为这天包装机工作不正常.

由$\left|\frac{\overline{X}-\mu_0}{\sigma/\sqrt{n}}\right|\geqslant u_{\alpha/2}$可确定一个包含 μ_0 的区域——称为**拒绝域**,当被检验值 $\bar{x}$ 落入该区域时即可拒绝 H_0,否则接受 H_0.

综上所述,可得处理参数的假设检验问题的步骤如下:

(1) 根据实际问题的要求,提出原假设 H_0 及备择假设 H_1;

(2) 给定显著性水平 α 以及样本容量 n;

(3) 确定检验统计量以及拒绝域的形式;

(4) 按 $P\{$拒绝 $H_0|H_0$ 为真$\}=\alpha$ 求出拒绝域;

(5) 取样,根据样本观察值确定接受还是拒绝 H_0.

练　习　9.1

1. 什么是参数的假设检验? 用自己的语言叙述假设检验的方法和步骤.

2. 什么是假设检验的拒绝域? 它在假设检验中有何意义? 如何确定假设检验的拒绝域?

3. 假设检验的临界值有何作用? 它与拒绝域有何关系?

9.2　正态总体的假设检验

本节介绍正态总体参数的常用假设检验方法.

9.2.1 u 检验法

当正态总体的方差 σ^2 已知时，对总体均值 μ 进行假设检验，用 u 检验法.

设 $X_1, X_2, \cdots, X_n$ 为来自正态总体 $N(\mu, \sigma^2)$ 的一个样本，σ^2 已知，现对 μ 提出假设

$$H_0: \mu=\mu_0, \quad H_1: \mu \neq \mu_0$$

由于样本均值 $\overline{X}$ 是 μ 的无偏估计，以 $\overline{X}$ 为核心来构造检验统计量，当 H_0 为真时

$$U=\frac{\overline{X}-\mu_0}{\sigma/\sqrt{n}} \sim N(0,1)$$

从图 9-1 可以看出，对给定的显著水平 α，有

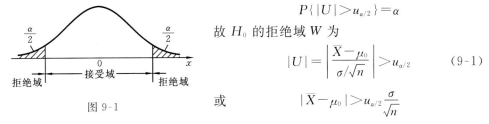

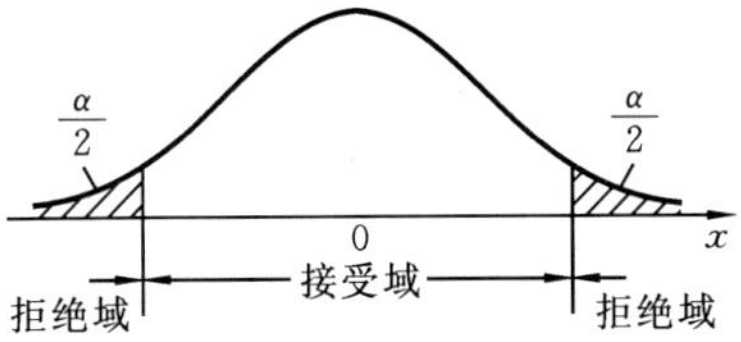

图 9-1

$$P\{|U|>u_{\alpha/2}\}=\alpha$$

故 H_0 的拒绝域 W 为

$$|U|=\left|\frac{\overline{X}-\mu_0}{\sigma/\sqrt{n}}\right|>u_{\alpha/2} \tag{9-1}$$

或 $$|\overline{X}-\mu_0|>u_{\alpha/2}\frac{\sigma}{\sqrt{n}}$$

例 2 已知某铁厂铁液含碳量服从正态分布 $N(4.55.1.08^2)$，现测定了 9 炉铁液，其平均含碳量为 4.484. 如果方差没有变化，能否认为铁液的平均含碳量仍为 4.55($\alpha=0.05$)?

解 先将问题表示为假设

$$H_0: \mu=4.55, \quad H_1: \mu \neq 4.55$$

将 $\overline{x}=4.484, n=9, \sigma=1.08$ 代入式(9-1)，得

$$|u|=\left|\frac{4.484-4.55}{1.08/3}\right|=0.183$$

查附表Ⅱ得 $u_{\alpha/2}=u_{0.025}=1.96$，由于 $|u|=1.183<1.96$，故接受 H_0，即可以认为铁液的平均含碳量仍为 4.55.

9.2.2 t 检验法

当正态总体的方差未知时，对总体均值进行假设检验，用 t 检验法.

设 $X_1, X_2, \cdots, X_n$ 为来自正态总体 $N(\mu, \sigma^2)$ 的样本，$\overline{X}$ 和 S^2 为分别为样本均值和样本方差. σ^2 未知，对 μ 检验假设

$$H_0: \mu=\mu_0, \quad H_1: \mu \neq \mu_0$$

由于是对 μ 进行检验，仍以 $\overline{X}$ 为核心构造统计量，由前述可知，当 H_0 为真时

$$T=\frac{\overline{X}-\mu_0}{S}\sqrt{n} \sim t(n-1)$$

对于给定的显著水平 α，有

$$P\{|T|>t_{\alpha/2}(n-1)\}=\alpha$$

故 H_0 的拒绝域 W 为

$$|T|=\frac{|\overline{X}-\mu_0|\sqrt{n}}{S}>t_{\alpha/2}(n-1)$$

或

$$|\overline{X}-\mu_0|>t_{\alpha/2}(n-1)\frac{S}{\sqrt{n}} \tag{9-2}$$

例 3　对一批新的液体存储罐进行耐裂试验,随机抽测了 5 个,得到爆破压力值(单位:$\mathrm{kg/cm^2}$)如下:

54.5　53.0　54.5　55.0　54.5

根据经验可以认为爆破压力是服从正态分布的,而过去该种存储罐的平均爆破压力为 54.9 $\mathrm{kg/cm^2}$. 问这批新罐的平均爆破压力与过去的有无显著差异(取 $\alpha=0.05$).

解　设新罐的平均爆破压力为 μ,则问题可以表示为假设

$$H_0:\mu=54.9,\quad H_1:\mu\neq 54.9$$

计算 $\bar{x}=54.3$, $s^2=0.575$. 查表得 $t_{\alpha/2}(n-1)=t_{0.025}(4)=2.776$,代入式(9-2)比较,得

$$|t|=\frac{|54.3-54.9|}{\sqrt{0.575/5}}=1.769<2.776$$

故接受 H_0,即认为新罐的平均爆破压力与过去的无显著差异.

9.2.3　χ^2 检验法

对单正态总体的方差进行假设检验时,用 χ^2 检验法.

设 $X_1,X_2,\cdots,X_n$ 为来自正态总体 $N(\mu,\sigma^2)$ 的样本,S^2 为样本方差. μ 未知,对 σ^2 检验假设

$$H_0:\sigma^2=\sigma_0^2,\quad H_1:\sigma^2\neq\sigma_0^2$$

在第 8 章已多次用 S^2 估计 σ^2,所以在此以 S^2 为核心构造检验统计量.

当 H_0 为真时

$$\chi^2=\frac{n-1}{\sigma_0^2}S^2\sim\chi^2(n-1)$$

对于给定的显著水平 α,有

$$P\{\chi^2<\chi^2_{1-\alpha/2}(n-1)\}=P\{\chi^2>\chi^2_{\alpha/2}(n-1)\}=\frac{\alpha}{2}$$

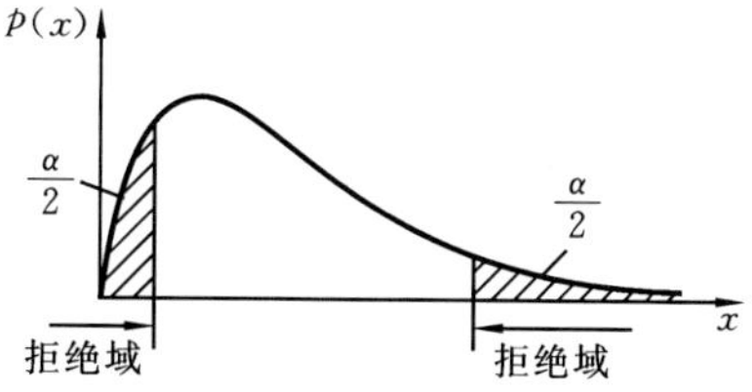

图 9-2

从而得 H_0 的拒绝域 W 为

$$\frac{(n-1)S^2}{\sigma_0^2}<\chi^2_{1-\alpha/2}(n-1)\quad 或\quad \frac{(n-1)S^2}{\sigma_0^2}>\chi^2_{\alpha/2}(n-1) \tag{9-3}$$

当 μ 已知时,可类似地得到 H_0 的拒绝域. 如图 9-2 所示.

例 4　某车间生产铜丝,其折断力服从正态分布. 现从产品中随机地取 10 根铜丝检查其折断力(单位:N)如下

292　289　286　285　284　286　285　285　286　298

问能否认为该车间生产的铜丝方差为16($\alpha=0.05$).

解 依题意要检验假设

$$H_0:\sigma^2=16,\quad H_1:\sigma^2\neq 16$$

查附表Ⅲ得临界值

$$\chi^2_{1-\alpha/2}(n-1)=\chi^2_{0.975}(9)=2.70,\quad \chi^2_{\alpha/2}(n-1)=\chi^2_{0.025}(9)=19.02$$

计算χ^2统计量,得

$$\chi^2=\frac{(n-1)S^2}{\sigma_0^2}=\frac{1}{\sigma_0^2}\sum_{i=1}^{n}(x_i-\bar{x})^2=\frac{170.4}{16}=10.65$$

由于$2.70<\chi^2<19.02$.故接受H_0,即在显著水平0.05下,可以认为该车间生产的铜丝折断力的方差为16.

9.2.4 F检验法

对双正态总体的方差进行假设检验时,用F检验法.

设$X_1,X_2,\cdots,X_{n_1}$为来自正态总体$N(\mu_1,\sigma_1^2)$的样本,S_1^2为样本方差;$Y_1,Y_2,\cdots,Y_{n_2}$为来自总体$N(\mu_2,\sigma_2^2)$的样本,S_2^2为样本方差,μ_1、μ_2均未知,对σ_1^2、σ_2^2检验齐性假设

$$H_0:\sigma_1^2=\sigma_2^2,\quad H_1:\sigma_1^2\neq\sigma_2^2$$

由于S_1^2和S_2^2分别为σ_1^2和σ_2^2的无偏估计,则比值S_1^2/S_2^2的大小可以反映σ_1^2与σ_2^2的差异.由式(7-4)知,当H_0为真时

$$F=\frac{S_1^2}{S_2^2}\sim F(n_1-1,n_2-1)$$

对于给定的显著水平α,有

$$P\{F<F_{1-\alpha/2}(n_1-1,n_2-1)\}=P\{F>F_{\alpha/2}(n_1-1,n_2-1)\}=\frac{\alpha}{2}$$

其图形与图9-2类似.于是得到H_0的拒绝域为

$$F<F_{1-\alpha/2}(n_1-1,n_2-1)\quad 或\quad F>F_{\alpha/2}(n_1-1,n_2-1)\tag{9-4}$$

例5 某卷烟厂生产两种香烟,现分别对两种烟的尼古丁含量做了6次测量,结果如表9-1所示.

表9-1 两种烟的尼古丁含量

甲	25	28	23	26	29	22
乙	28	23	30	35	21	27

若香烟中尼古丁含量服从正态分布,且方差相等(称为方差齐性),试问这两种香烟中尼古丁含量是否有显著差异($\alpha=0.05$).

解 该假定实际上就是方差的齐性假设:

$$H_0:\sigma_1^2=\sigma_2^2,\quad H_1:\sigma_1^2\neq\sigma_2^2$$

查附表Ⅴ得临界值

$$F_{\alpha/2}(n_1-1,n_2-1)=F_{0.025}(5,5)=7.15$$

$$F_{1-\alpha/2}(n_1-1,n_2-1)=[F_{\alpha/2}(n_2-1,n_1-1)]^{-1}=\frac{1}{7.15}=0.14$$

解得 $s_1^2=7.5$，$s_2^2=25.07$，$f=\frac{7.5}{25.07}=0.299$.

由于 $0.14<F<7.15$. 故接受 H_0，即本例中的假定是合理的.

与前面 χ^2 的检验一样，方差的齐性检验通常是在两个总体均值均未知的情况下进行的. 若总体均值已知，则可类似导出 H_0 的拒绝域.

练　习　9.2

1. 某厂生产一种产品，其厚度 $X\sim N(0.140,\sigma^2)$，某日检测 10 件产品，得如下数据(单位：mm)：

$$0.135,0.138,0.140,0.142,0.145,0.149,0.153,0.155,0.163,0.175$$

问该日生产的产品，其厚度的均值与 0.140 mm 有无显著差异($\alpha=0.05$).

2. 某纺织厂在正常工作条件下，平均每台布机每小时轻纱断头率为 0.973，每台布机的平均断头率的均方差为 0.162. 该厂做轻浆试验，将轻纱上浆率降低 20%，在 200 台布机上进行实验，结果平均每台每小时轻纱断头次数为 0.994 根，方差为 0.16^2，问新的上浆率能否推广($\alpha=0.05$).

3. 设保险丝的熔化时间 $X\sim N(\mu,\sigma^2)$，现从一批保险丝中任抽 10 根，测试熔化时间(单位：h)如下：

$$70,50,53,48,60,68,81,78,73,65$$

在显著性水平 $\alpha=0.05$ 下，能否认为其熔化时间的方差为 $\sigma^2=150$？

4. 设某车间纺出的细纱支数 $X\sim N(\mu,1.5^2)$，现随机地抽取 15 缕进行支数测算，得标准差 $s=2.3$，问纱的均匀度有无显著变化($\alpha=0.1$).

5. 设香烟的尼古丁含量 $X\sim N(\mu,\sigma^2)$，对甲、乙两厂的香烟分别做了 8 次测定，得样本值为(单位：mg)

甲：23,26,27,24,25,28,25,23

乙：26,29,23,22,25,27,30,21

试问：这两厂的香烟的尼古丁含量的方差有无显著差异($\alpha=0.1$)？

6. 某种羊毛在处理油脂前后，各抽取样本值，测得含脂率(质量分数，%)如下.

处理前 x：8,18,30,19,66,12,42,27,30,21

处理后 y：8,13,7,15,19,24,20,4

设含脂率服从正态分布，问处理前后含脂率的方差有无显著变化($\alpha=0.05$).

内 容 小 结

一、假设检验的步骤

(1) 根据实际问题提出原假设 H_0 及备择假设 H_1；

(2) 给定显著性水平 α $(0<\alpha<1)$ 及样本容量 n；

(3) 确定检验统计量及拒绝域形式；

(4) 按 P(拒绝 $H_0 | H_0$ 为真)$=\alpha$ $(0<\alpha<1)$ 求出拒绝域；

(5) 取样，根据样本观察值确定接受还是拒绝 H_0.

二、基于正态总体下各种检验方法的拒绝域

1. U 检验法

拒绝域为
$$|\overline{X}-\mu_0|>u_{\frac{\alpha}{2}}\frac{\sigma}{\sqrt{n}}$$

2. T 检验法

拒绝域为
$$|\overline{X}-\mu_0|>t_{\frac{\alpha}{2}}(n-1)\frac{S}{\sqrt{n}}$$

3. χ^2 检验法

拒绝域为　$\dfrac{(n-1)S^2}{\sigma_0^2}<\chi^2_{1-\frac{\alpha}{2}}(n-1)$　或　$\dfrac{(n-1)S^2}{\sigma_0^2}>\chi^2_{\frac{\alpha}{2}}(n-1)$

4. F 检验法

拒绝域为　$F<F_{1-\frac{\alpha}{2}}(n_1-1,n_2-1)$　或　$F>F_{\frac{\alpha}{2}}(n_1-1,n_2-1)$

综合练习九

一、填空题

1. 对正态总体 $N(\mu,4)$ 中的 μ 进行检验时，采用______法.

2. 对正态总体 $N(\mu,\sigma^2)$(μ 未知)中的 σ^2 检验时，检验统计量服从______分布.

3. 对总体 $N(\mu,\sigma^2)$，当 σ^2 未知时，$H_0:\mu=0$ 的拒绝域为______.

二、计算题

1. 已知某电子器材厂生产一种云母带的厚度服从正态分布，其均值 $\mu=0.13$ mm，标准差 $\sigma=0.015$ mm，某日开工后检查10处厚度，算出其平均值 $\bar{x}=0.146$ mm. 若厚度的方差不变，试问该日云母带厚度的平均值与0.13 mm有无显著差异(取 $\alpha=0.05$).

2. 已知矿砂的标准镍含量为3.25%. 某批矿砂的5个样品中的镍含量(%)经测定为

3.25，3.27，3.24，3.28，3.24

设测定值服从正态分布. 问在显著水平 $\alpha=0.01$ 下，能否认为这批矿砂的镍含量符合标准.

3. 从某种煤中取出20个样品，测量其发热量. 计算平均发热量 $\bar{x}=2\ 450$ kJ/kg，样本标准差 $s=42$ kJ/kg. 假设发热量服从正态分布，问在显著水平 $\alpha=0.05$ 下，能否认为发热量的均值是2480 kJ/kg?

4. 从一批轴料中取15件测量其椭圆度. 计算得样本标准差 $s=0.023$，问该批轴料椭圆度的总体方差与规定的 $\sigma^2=0.004$ 有无显著差异($\alpha=0.05$，椭圆度服从正态分布).

5. 从一批保险丝中抽取10根试验其熔化时间(单位:ms)，结果为

43，65，75，78，71，59，57，69，55，57

若熔化时间服从正态分布，问在显著水平 $\alpha=0.05$ 下，可否认为熔化时间的标准差为9 ms.

6. 从某厂甲、乙两个班组中抽查9人和10人调查劳动生产率(件/小时),结果如下:

甲:28,33,39,40,41,42,45,46,47

乙:34,40,41,42,43,44,46,48,49,52

在显著性水平 $\alpha=0.05$ 下,两个班的劳动生产率是否相同?

附表Ⅰ 泊松分布表

$$1-F(x-1)=\sum_{r=x}^{r=\infty}\frac{e^{-\lambda}\lambda^{r}}{r!}$$

x	$\lambda=0.2$	$\lambda=0.3$	$\lambda=0.4$	$\lambda=0.5$	$\lambda=0.6$	$\lambda=0.7$	$\lambda=0.8$
0	1.000 000 0	1.000 000 0	1.000 000 0	1.000 000 0	1.000 000 0	1.000 000 0	1.000 000 0
1	0.181 269 2	0.259 181 8	0.329 680 0	0.393 469	0.451 188	0.503 415	0.550 671
2	0.017 523 1	0.036 936 3	0.061 551 9	0.090 204	0.121 901	0.155 805	0.191 208
3	0.001 148 5	0.003 599 5	0.007 926 3	0.014 388	0.023 115	0.034 142	0.047 432
4	0.000 056 8	0.000 265 8	0.000 776 3	0.001 752	0.003 358	0.005 753	0.009 080
5	0.000 002 3	0.000 015 8	0.000 061 2	0.000 172	0.000 394	0.000 786	0.001 411
6	0.000 000 1	0.000 000 8	0.000 004 0	0.000 014	0.000 039	0.000 090	0.000 184
7			0.000 000 2	0.000 001	0.000 003	0.000 009	0.000 021
8						0.000 001	0.000 002
9							
10							

x	$\lambda=0.9$	$\lambda=1.0$	$\lambda=1.2$	$\lambda=1.4$	$\lambda=1.6$	$\lambda=1.8$	
0	1.000 000 0	1.000 000 0	1.000 000 0	1.000 000	1.000 000	1.000 000	
1	0.593 430	0.632 121	0.698 806	0.753 403	0.798 103	0.834 701	
2	0.227 518	0.264 241	0.337 373	0.408 167	0.475 069	0.537 163	
3	0.062 857	0.080 301	0.120 513	0.166 502	0.216 642	0.269 379	
4	0.013 459	0.018 988	0.033 769	0.053 725	0.078 813	0.108 708	
5	0.002 344	0.003 660	0.007 746	0.014 253	0.023 682	0.036 407	
6	0.000 343	0.000 594	0.001 500	0.003 201	0.006 040	0.010 378	
7	0.000 043	0.000 083	0.000 251	0.000 622	0.001 336	0.002 569	
8	0.000 005	0.000 010	0.000 037	0.000 107	0.000 260	0.000 562	
9		0.000 001	0.000 005	0.000 016	0.000 045	0.000 110	
10			0.000 001	0.000 002	0.000 007	0.000 019	
11					0.000 001	0.000 003	

续表

x	$\lambda=2.5$	$\lambda=3.0$	$\lambda=3.5$	$\lambda=4.0$	$\lambda=4.5$	$\lambda=5.0$	
0	1.000 000 0	1.000 000 0	1.000 000 0	1.000 000 0	1.000 000 0	1.000 000 0	
1	0.917 915	0.950 213	0.969 803	0.981 684	0.988 891	0.993 262	
2	0.712 703	0.800 852	0.864 112	0.908 422	0.938 901	0.959 572	
3	0.456 187	0.576 810	0.679 153	0.761 897	0.826 422	0.875 348	
4	0.242 424	0.352 768	0.463 367	0.566 530	0.657 704	0.734 974	
5	0.108 822	0.184 737	0.274 555	0.371 163	0.467 896	0.559 507	
6	0.042 021	0.083 918	0.142 386	0.214 870	0.297 070	0.384 039	
7	0.014 187	0.033 509	0.065 288	0.110 674	0.168 949	0.237 817	
8	0.004 247	0.011 905	0.026 739	0.051 134	0.086 586	0.133 372	
9	0.001 140	0.003 803	0.009 874	0.021 363	0.040 257	0.068 094	
10	0.000 277	0.001 102	0.003 315	0.008 132	0.017 093	0.031 828	
11	0.000 062	0.000 292	0.001 019	0.002 840	0.006 669	0.013 695	
12	0.000 013	0.000 071	0.000 289	0.000 915	0.002 404	0.005 453	
13	0.000 002	0.000 016	0.000 076	0.000 274	0.000 805	0.002 019	
14		0.000 003	0.000 019	0.000 076	0.000 252	0.000 698	
15		0.000 001	0.000 004	0.000 020	0.000 074	0.000 226	
16			0.000 001	0.000 005	0.000 020	0.000 069	
17				0.000 001	0.000 005	0.000 020	
18					0.000 001	0.000 005	
19						0.000 001	

附表Ⅱ　正态分布表

$$\Phi(z)=\int_{-\infty}^{z}\frac{1}{\sqrt{2\pi}}e^{-u^2/2}du=P(Z\leqslant z)$$

z	0	1	2	3	4	5	6	7	8	9
0.0	0.500 0	0.504 0	0.508 0	0.512 0	0.516 0	0.519 9	0.523 9	0.527 9	0.531 9	0.535 9
0.1	0.539 8	0.543 8	0.547 8	0.551 7	0.555 7	0.559 6	0.563 6	0.567 5	0.571 4	0.575 3
0.2	0.579 3	0.583 2	0.587 1	0.591 0	0.594 8	0.598 7	0.602 6	0.606 4	0.610 3	0.614 1
0.3	0.617 9	0.621 7	0.625 5	0.629 3	0.633 1	0.636 8	0.640 6	0.644 3	0.648 0	0.651 7
0.4	0.655 4	0.659 1	0.662 8	0.666 4	0.670 0	0.673 6	0.677 2	0.680 8	0.684 4	0.687 9
0.5	0.691 5	0.695 0	0.698 5	0.701 9	0.705 4	0.708 8	0.712 3	0.715 7	0.719 0	0.722 4
0.6	0.725 7	0.729 1	0.732 4	0.735 7	0.738 9	0.742 2	0.745 4	0.748 6	0.751 7	0.754 9
0.7	0.758 0	0.761 1	0.764 2	0.767 3	0.770 3	0.773 4	0.776 4	0.779 4	0.782 3	0.785 2
0.8	0.788 1	0.791 0	0.793 9	0.796 7	0.799 5	0.802 3	0.805 1	0.807 8	0.810 6	0.813 3
0.9	0.815 9	0.818 6	0.821 2	0.823 8	0.826 4	0.828 9	0.831 5	0.834 0	0.836 5	0.838 9
1.0	0.841 3	0.843 8	0.846 1	0.848 5	0.850 8	0.853 1	0.855 4	0.857 7	0.859 9	0.862 1
1.1	0.864 3	0.866 5	0.868 6	0.870 8	0.872 9	0.874 9	0.877 0	0.879 0	0.881 0	0.883 0
1.2	0.884 9	0.886 9	0.888 8	0.890 7	0.892 5	0.894 4	0.896 2	0.898 0	0.899 7	0.901 5
1.3	0.903 2	0.904 9	0.906 6	0.908 2	0.909 9	0.911 5	0.913 1	0.914 7	0.916 2	0.917 7
1.4	0.919 2	0.920 7	0.922 2	0.923 6	0.925 1	0.926 5	0.927 8	0.929 2	0.930 6	0.931 9
1.5	0.933 2	0.934 5	0.935 7	0.937 0	0.938 2	0.939 4	0.940 6	0.941 8	0.943 0	0.944 1
1.6	0.945 2	0.946 3	0.947 4	0.948 4	0.949 5	0.950 5	0.951 5	0.952 5	0.953 5	0.954 5
1.7	0.955 4	0.956 4	0.957 3	0.958 2	0.959 1	0.959 9	0.960 8	0.961 6	0.962 5	0.963 3
1.8	0.964 1	0.964 8	0.965 6	0.966 4	0.967 1	0.967 8	0.968 6	0.969 3	0.970 0	0.970 6
1.9	0.971 3	0.971 9	0.972 6	0.973 2	0.973 8	0.974 4	0.975 0	0.975 6	0.976 2	0.976 7
2.0	0.977 2	0.977 8	0.978 3	0.978 8	0.979 3	0.979 8	0.980 3	0.980 8	0.981 2	0.981 7
2.1	0.982 1	0.982 6	0.983 0	0.983 4	0.983 8	0.984 2	0.984 6	0.985 0	0.985 4	0.985 7
2.2	0.986 1	0.986 4	0.986 8	0.987 1	0.987 4	0.987 8	0.988 1	0.988 4	0.988 7	0.989 0
2.3	0.989 3	0.989 6	0.989 8	0.990 1	0.990 4	0.990 6	0.990 9	0.991 1	0.991 3	0.991 6
2.4	0.991 8	0.992 0	0.992 2	0.992 5	0.992 7	0.992 9	0.993 1	0.993 2	0.993 4	0.993 6
2.5	0.993 8	0.994 0	0.994 1	0.994 3	0.994 5	0.994 6	0.994 8	0.994 9	0.995 1	0.995 2
2.6	0.995 3	0.995 5	0.995 6	0.995 7	0.995 9	0.996 0	0.996 1	0.996 2	0.996 3	0.996 4
2.7	0.996 5	0.996 6	0.996 7	0.996 8	0.996 9	0.997 0	0.997 1	0.997 2	0.997 3	0.997 4
2.8	0.997 4	0.997 5	0.997 6	0.997 7	0.997 7	0.997 8	0.997 9	0.997 9	0.998 0	0.998 1
2.9	0.998 1	0.998 2	0.998 2	0.998 3	0.998 4	0.998 4	0.998 5	0.998 5	0.998 6	0.998 6
3.0	0.998 7	0.999 0	0.999 3	0.999 5	0.999 7	0.999 8	0.999 8	0.999 9	0.999 9	1.000 0

α	0.10	0.05	0.025	0.01	0.005	0.002 5	0.001	0.000 5
u_α	1.282	1.645	1.960	2.326	2.576	2.808	3.090	3.291

附表Ⅲ　χ^2 分布表

$$P\{\chi^2(n)>\chi^2_\alpha(n)\}=\alpha$$

n	α=0.995	0.99	0.975	0.95	0.90	0.75
1	—	—	0.001	0.004	0.016	0.102
2	0.010	0.020	0.051	0.103	0.211	0.575
3	0.072	0.115	0.216	0.352	0.584	1.213
4	0.207	0.297	0.484	0.711	1.064	1.923
5	0.412	0.554	0.831	1.145	1.610	2.675
6	0.676	0.872	1.237	1.635	2.204	3.455
7	0.989	1.239	1.690	2.167	2.833	4.255
8	1.344	1.646	2.180	2.733	3.490	5.071
9	1.735	2.088	2.700	3.325	4.168	5.899
10	2.156	2.558	3.247	3.940	4.865	6.737
11	2.603	3.053	3.816	4.575	5.578	7.584
12	3.074	3.571	4.404	5.226	6.304	8.438
13	3.565	4.107	5.009	5.892	7.042	9.299
14	4.075	4.660	5.629	6.571	7.790	10.165
15	4.601	5.229	6.262	7.261	8.547	11.037
16	5.142	5.812	6.908	7.962	9.312	11.912
17	5.697	6.408	7.564	8.672	10.085	12.792
18	6.265	7.015	8.231	9.390	10.865	13.675
19	6.844	7.633	8.907	10.117	11.651	14.562
20	7.434	8.260	9.591	10.851	12.443	15.452
21	8.034	8.897	10.283	11.591	13.240	16.344
22	8.643	9.542	10.982	12.338	14.042	17.240
23	9.260	10.196	11.689	13.091	14.848	18.137
24	9.886	10.856	12.401	13.848	15.659	19.037
25	10.520	11.524	13.120	14.611	16.473	19.939
26	11.160	12.198	13.844	15.379	17.292	20.843
27	11.808	12.879	14.573	16.151	18.114	21.749
28	12.461	13.565	15.308	16.928	18.939	22.657
29	13.121	14.257	16.047	17.708	19.768	23.567
30	13.787	14.954	16.791	18.493	20.599	24.478
31	14.458	15.655	17.539	19.281	20.434	25.390
32	15.134	16.362	18.291	20.072	22.271	26.304
33	15.815	17.074	19.047	20.867	23.110	27.219
34	16.501	17.789	19.806	21.664	23.952	28.136
35	17.192	18.509	20.569	22.465	24.797	29.054

续表

n	$\alpha=0.995$	0.99	0.975	0.95	0.90	0.75
36	17.887	19.233	21.336	23.269	25.643	29.973
37	18.586	19.960	22.106	24.075	26.492	30.893
38	19.289	20.691	22.878	24.884	27.343	31.815
39	19.996	21.426	23.654	25.695	28.196	32.737
40	20.707	22.164	24.433	26.509	29.051	33.660
41	21.421	22.906	25.215	27.326	29.907	34.585
42	22.138	23.650	25.999	28.144	30.765	35.510
43	22.859	24.398	26.785	28.965	31.625	36.436
44	23.584	25.148	27.575	29.787	32.487	37.363
45	24.311	25.901	28.366	30.612	33.350	38.291

n	$\alpha=0.25$	0.10	0.05	0.025	0.01	0.005
1	1.323	2.706	3.841	5.024	6.635	7.879
2	2.773	4.605	5.991	7.378	9.210	10.597
3	4.108	6.251	7.815	9.348	11.345	12.838
4	5.385	7.779	9.488	11.143	13.277	14.860
5	6.626	9.236	11.071	12.833	15.086	16.750
6	7.841	10.645	12.592	14.449	16.812	18.548
7	9.037	12.017	14.067	16.013	18.475	20.278
8	10.219	13.362	15.507	17.535	20.090	21.955
9	11.389	14.684	16.919	19.023	21.666	23.589
10	12.549	15.987	18.307	20.483	23.209	25.188
11	13.701	17.275	19.675	21.920	24.725	26.757
12	14.845	18.549	21.026	23.337	26.217	28.299
13	15.984	19.812	22.362	24.736	27.688	29.819
14	17.117	21.064	23.685	26.119	29.141	31.319
15	18.245	22.307	24.996	27.488	30.578	32.801
16	19.369	23.542	26.296	28.845	32.000	34.267
17	20.489	24.769	27.587	30.191	33.409	35.718
18	21.605	25.989	28.869	31.526	34.805	37.156
19	22.718	27.204	30.144	32.852	36.191	38.582
20	23.828	28.412	31.410	34.170	37.566	39.997
21	24.935	29.615	32.671	35.479	38.932	41.401
22	26.039	30.813	33.924	36.781	40.289	42.796
23	27.141	32.007	35.172	38.076	41.638	44.181
24	28.241	33.196	36.415	39.364	42.980	45.559
25	29.339	34.382	37.652	40.646	44.314	46.928

续表

n	$\alpha=0.25$	0.10	0.05	0.025	0.01	0.005
26	30.435	35.563	38.885	41.923	45.642	48.290
27	31.528	36.741	40.113	43.194	45.963	49.645
28	32.620	37.916	41.337	44.461	48.278	50.993
29	33.711	39.087	42.557	45.722	47.588	52.336
30	34.800	40.256	43.773	46.979	50.892	53.672
31	35.887	41.422	44.985	48.232	52.191	55.003
32	36.973	42.585	46.194	49.480	53.486	56.328
33	38.058	43.745	47.400	50.725	54.776	57.648
34	39.141	44.903	48.602	51.966	56.061	58.964
35	40.223	46.059	49.802	53.203	57.342	60.275
36	41.304	47.212	50.998	54.437	58.619	61.581
37	42.383	48.363	52.192	55.668	59.892	62.883
38	43.462	49.513	53.384	56.896	61.162	64.181
39	44.539	50.660	54.572	58.120	62.428	65.476
40	45.616	51.805	55.758	59.342	63.691	66.766
41	46.692	52.949	56.942	60.561	64.950	68.053
42	47.766	54.090	58.124	61.777	66.206	69.336
43	48.840	55.230	59.304	62.990	67.459	70.616
44	49.913	56.369	60.481	64.201	68.710	71.893
45	50.985	57.505	61.656	65.410	69.957	73.166

附表Ⅳ　t 分布表

$$P\{t(n)>t_{\alpha}(n)\}=\alpha$$

n	$\alpha=0.25$	0.10	0.05	0.025	0.01	0.005
1	1.000 0	3.077 7	6.313 8	12.706 2	31.820 7	63.657 4
2	0.816 5	1.885 6	2.920 0	4.302 7	6.964 6	9.924 8
3	0.764 9	1.637 7	2.353 4	3.182 4	4.540 7	5.840 9
4	0.740 7	1.533 2	2.131 8	2.776 4	3.746 9	4.604 1
5	0.726 7	1.475 9	2.015 0	2.570 6	3.364 9	4.032 2
6	0.717 6	1.439 8	1.943 2	2.446 9	3.142 7	3.707 4
7	0.711 1	1.414 9	1.894 6	2.364 6	2.998 0	3.499 5
8	0.706 4	1.396 8	1.859 5	2.306 0	2.896 5	3.355 4
9	0.702 7	1.383 0	1.833 1	2.262 2	2.821 4	3.249 8
10	0.699 8	1.372 2	1.812 5	2.228 1	2.763 8	3.169 3
11	0.697 4	1.363 4	1.795 9	2.201 0	2.718 1	3.105 8
12	0.695 5	1.356 2	1.782 3	2.178 8	2.681 0	3.054 5
13	0.693 8	1.350 2	1.770 9	2.160 4	2.650 3	3.012 3
14	0.692 4	1.345 0	1.761 3	2.144 8	2.624 5	2.976 8
15	0.691 2	1.340 6	1.753 1	2.131 5	2.602 5	2.946 7
16	0.690 1	1.336 8	1.745 9	2.119 9	2.583 5	2.920 8
17	0.689 2	1.333 4	1.739 6	2.109 8	2.566 9	2.898 2
18	0.688 4	1.330 4	1.734 1	2.100 9	2.552 4	2.878 4
19	0.687 6	1.327 7	1.729 1	2.093 0	2.539 5	2.860 9
20	0.687 0	1.325 3	1.724 7	2.086 0	2.528 0	2.845 3
21	0.686 4	1.323 2	1.720 7	2.079 6	2.517 7	2.831 4
22	0.685 8	1.321 2	1.717 1	2.073 9	2.508 3	2.818 8
23	0.685 3	1.319 5	1.713 9	2.068 7	2.499 9	2.807 3
24	0.684 8	1.317 8	1.710 9	2.063 9	2.492 2	2.796 9
25	0.634 4	1.316 3	1.708 1	2.059 5	2.485 7	2.787 4
26	0.684 0	1.315 0	1.705 6	2.055 5	2.478 6	2.778 7
27	0.683 7	1.313 7	1.703 3	2.051 8	2.472 7	2.770 7
28	0.683 4	1.312 5	1.701 1	2.048 4	2.467 1	2.763 3
29	0.683 0	1.311 4	1.699 1	2.045 2	2.462 0	2.756 4
30	0.682 8	1.310 4	1.697 3	2.042 3	2.457 3	2.750 0

续表

n	$\alpha=0.25$	0.10	0.05	0.025	0.01	0.005
31	0.682 5	1.309 5	1.695 5	2.039 5	2.452 8	2.744 0
32	0.682 2	1.308 6	1.693 9	2.036 9	2.448 7	2.738 5
33	0.682 0	1.307 7	1.692 4	2.034 5	2.444 8	2.733 3
34	0.681 8	1.307 0	1.690 9	2.032 2	2.441 1	2.728 4
35	0.681 6	1.306 2	1.689 6	2.030 1	2.437 7	2.723 8
36	0.681 4	1.305 5	1.688 3	2.028 1	2.424 5	2.719 5
37	0.681 2	1.304 9	1.687 1	2.026 2	2.431 4	2.715 4
38	0.681 0	1.304 2	1.686 0	2.024 4	2.428 6	2.711 6
39	0.680 8	1.303 6	1.684 9	2.022 7	2.425 8	2.707 9
40	0.680 7	1.303 1	1.683 9	2.021 1	2.423 3	2.704 5
41	0.680 5	1.302 5	1.682 9	2.019 5	2.420 8	2.701 2
42	0.680 4	1.302 0	1.682 0	2.018 1	2.418 5	2.698 1
43	0.680 2	1.301 6	1.681 1	2.016 7	2.416 3	2.695 1
44	0.680 1	1.301 1	1.680 2	2.015 4	2.414 1	2.692 3
45	0.680 0	1.300 6	1.679 4	2.014 1	2.412 1	2.689 6

附表V　F分布表

$$P\{F(n_1,n_2)>F_\alpha(n_1,n_2)\}=\alpha$$

$$\alpha=0.10$$

n_2 \ n_1	1	2	3	4	5	6	7	8	9
1	39.86	49.50	53.59	55.83	57.24	58.20	58.91	59.44	59.86
2	8.53	9.00	9.16	9.24	9.29	9.33	9.35	9.37	9.38
3	5.54	5.46	5.39	5.34	5.31	5.28	5.27	5.25	5.24
4	4.54	4.32	4.19	4.11	4.05	4.01	3.98	3.95	3.94
5	4.06	3.78	3.62	3.52	3.45	3.40	3.37	3.34	3.32
6	3.78	3.46	3.29	3.18	3.11	3.05	3.01	2.98	2.96
7	3.59	3.26	3.07	2.96	2.88	2.83	2.78	2.75	2.72
8	3.46	3.11	2.92	2.81	2.73	2.67	2.62	2.59	2.56
9	3.36	3.01	2.81	2.69	2.61	2.55	2.51	2.47	2.44
10	3.29	2.92	2.73	2.61	2.52	2.46	2.41	2.38	2.35
11	3.23	2.86	2.66	2.54	2.45	2.39	2.34	2.30	2.27
12	3.18	2.81	2.61	2.48	2.39	2.33	2.28	2.24	2.21
13	3.14	2.76	2.56	2.43	2.35	2.28	2.23	2.20	2.16
14	3.10	2.73	2.52	2.39	2.31	2.24	2.19	2.15	2.12
15	3.07	3.70	2.49	2.36	2.27	2.21	2.16	2.12	2.09
16	3.05	2.67	2.46	2.33	2.24	2.18	2.13	2.09	2.06
17	3.03	2.64	2.44	2.31	2.22	2.15	2.10	2.06	2.03
18	3.01	2.62	2.42	2.29	2.20	2.13	2.08	2.04	2.00
19	2.99	2.61	2.40	2.27	2.18	2.11	2.06	2.02	1.98
20	2.97	2.59	2.38	2.25	2.16	2.09	2.04	2.00	1.96
21	2.96	2.57	2.36	2.23	2.14	2.08	2.02	1.98	1.95
22	2.95	2.56	2.35	2.22	2.13	2.06	2.01	1.97	1.93
23	2.94	2.55	2.34	2.21	2.11	2.05	1.99	1.95	1.92
24	2.93	2.54	2.33	2.19	2.10	2.04	1.98	1.94	1.91
25	2.92	2.53	2.32	2.18	2.09	2.02	1.97	1.93	1.89
26	2.91	2.52	2.31	2.17	2.08	2.01	1.96	1.92	1.88
27	2.90	2.51	2.30	2.17	2.07	2.00	1.95	1.91	1.87
28	2.89	2.50	2.29	2.16	2.06	2.00	1.94	1.90	1.87
29	2.89	2.50	2.28	2.15	2.06	1.99	1.93	1.89	1.86
30	2.88	2.49	2.28	2.14	2.05	1.98	1.93	1.88	1.85
40	2.84	2.44	2.23	2.09	2.00	1.93	1.87	1.83	1.79
60	2.79	2.39	2.18	2.04	1.95	1.87	1.82	1.77	1.74
120	2.75	2.35	2.13	1.99	1.90	1.82	1.77	1.72	1.68
∞	2.71	2.30	2.08	1.94	1.85	1.77	1.72	1.67	1.63

续表

10	12	15	20	24	30	40	60	120	∞
60.19	60.71	61.22	61.74	62.00	62.26	62.53	62.79	63.06	63.33
9.39	9.41	9.42	9.44	9.45	9.46	9.47	9.47	9.48	9.49
5.23	5.22	5.20	5.18	5.18	5.17	5.16	5.15	5.14	5.13
3.92	3.90	3.87	3.84	3.83	3.82	3.80	3.79	3.78	3.76
3.30	3.27	3.24	3.21	3.19	3.17	3.16	3.14	3.12	3.10
2.94	2.90	2.87	2.84	2.82	2.80	2.78	2.76	2.74	2.72
2.70	2.67	2.63	2.59	2.58	2.56	2.54	2.51	2.49	2.47
2.54	2.50	2.46	2.42	2.40	2.38	2.36	2.34	2.32	2.29
2.42	2.38	2.34	2.30	2.28	2.25	2.23	2.21	2.18	2.16
2.32	2.28	2.24	2.20	2.18	2.16	2.13	2.11	2.08	2.06
2.25	2.21	2.17	2.12	2.10	2.08	2.05	2.03	2.00	1.97
2.19	2.15	2.10	2.06	2.04	2.01	1.99	1.96	1.93	1.90
2.14	2.10	2.05	2.01	1.98	1.96	1.93	1.90	1.88	1.85
2.10	2.05	2.01	1.96	1.94	1.91	1.89	1.86	1.83	1.80
2.06	2.02	1.97	1.92	1.90	1.87	1.85	1.82	1.79	1.76
2.03	1.99	1.94	1.89	1.87	1.84	1.81	1.78	1.75	1.72
2.00	1.96	1.91	1.86	1.84	1.81	1.78	1.75	1.72	1.69
1.98	1.93	1.89	1.84	1.81	1.78	1.75	1.72	1.69	1.66
1.96	1.91	1.86	1.81	1.79	1.76	1.73	1.70	1.67	1.63
1.94	1.89	1.84	1.79	1.77	1.74	1.71	1.68	1.64	1.61
1.92	1.87	1.83	1.78	1.75	1.72	1.69	1.66	1.62	1.59
1.90	1.86	1.81	1.76	1.73	1.70	1.67	1.64	1.60	1.57
1.89	1.84	1.80	1.74	1.72	1.69	1.66	1.62	1.59	1.55
1.88	1.83	1.78	1.73	1.70	1.67	1.64	1.61	1.57	1.53
1.87	1.82	1.77	1.72	1.69	1.66	1.63	1.59	1.56	1.52
1.86	1.81	1.76	1.71	1.68	1.65	1.61	1.58	1.54	1.50
1.85	1.80	1.75	1.70	1.67	1.64	1.60	1.57	1.53	1.49
1.84	1.79	1.74	1.69	1.66	1.63	1.59	1.56	1.52	1.48
1.83	1.78	1.73	1.68	1.65	1.62	1.58	1.55	1.51	1.47
1.82	1.77	1.72	1.67	1.64	1.61	1.57	1.54	1.50	1.46
1.76	1.71	1.66	1.61	1.57	1.54	1.51	1.47	1.42	1.38
1.71	1.66	1.60	1.54	1.51	1.48	1.44	1.40	1.35	1.29
1.65	1.60	1.55	1.48	1.45	1.41	1.37	1.32	1.26	1.19
1.60	1.55	1.49	1.42	1.38	1.34	1.30	1.24	1.17	1.00

附表Ⅴ （续 1）

$\alpha=0.05$

n_2 \ n_1	1	2	3	4	5	6	7	8	9
1	161.4	199.5	215.7	224.6	230.2	234.0	236.8	238.9	240.5
2	18.51	19.00	19.16	19.25	19.30	19.33	19.35	19.37	19.38
3	10.13	9.55	9.28	9.12	9.01	8.94	8.89	8.85	8.81
4	7.71	6.94	6.59	6.39	6.26	6.16	6.09	6.04	6.00
5	6.61	5.79	5.41	5.19	5.05	4.95	4.88	4.82	4.77
6	5.99	5.14	4.76	4.53	4.39	4.28	4.21	4.15	4.10
7	5.59	4.74	4.35	4.12	3.97	3.87	3.79	3.73	3.68
8	5.32	4.46	4.07	3.84	3.69	3.58	3.50	3.44	3.39
9	5.12	4.26	3.86	3.63	3.48	3.37	3.29	3.23	3.18
10	4.96	4.10	3.71	3.48	3.33	3.22	3.14	3.07	3.02
11	4.84	3.98	3.59	3.36	3.20	3.09	3.01	2.95	2.90
12	4.75	3.89	3.49	3.26	3.11	3.00	2.91	2.83	2.80
13	4.67	3.81	3.41	3.18	3.03	2.92	2.83	2.77	2.71
14	4.60	3.74	3.34	3.11	2.96	2.85	2.76	2.70	2.65
15	4.54	3.68	3.29	3.06	2.90	2.79	2.71	2.64	2.59
16	4.49	3.63	3.24	3.01	2.85	2.74	2.66	2.59	2.54
17	4.45	3.59	3.20	2.96	2.81	2.70	2.61	2.55	2.49
18	4.41	3.55	3.16	2.93	2.77	2.66	2.58	2.51	2.46
19	4.38	3.52	3.13	2.90	2.74	2.63	2.54	2.48	2.42
20	4.35	3.49	3.10	2.87	2.71	2.60	2.51	2.45	2.39
21	4.32	3.47	3.07	2.84	2.68	2.57	2.49	2.42	2.37
22	4.30	3.44	3.05	2.82	2.66	2.55	2.46	2.40	2.34
23	4.28	3.42	3.03	2.80	2.64	2.53	2.44	2.37	2.32
24	4.26	3.40	3.01	2.78	2.62	2.51	2.42	2.36	2.30
25	4.24	3.39	2.99	2.76	2.60	2.49	2.40	2.34	2.28
26	4.23	3.37	2.98	2.74	2.59	2.47	2.39	2.32	2.27
27	4.21	3.35	2.96	2.73	2.57	2.46	2.37	2.31	2.25
28	4.20	3.34	2.95	2.71	2.56	2.45	2.36	2.29	2.24
29	4.18	3.33	2.93	2.70	2.55	2.43	2.35	2.28	2.22
30	4.17	3.32	2.92	2.69	2.53	2.42	2.33	2.27	2.21
40	4.08	3.23	2.84	2.61	2.45	2.34	2.25	2.18	2.12
60	4.00	3.15	2.76	2.53	2.37	2.25	2.17	2.10	2.04
120	3.92	3.07	2.68	2.45	2.29	2.17	2.09	2.02	1.96
∞	3.84	3.00	2.60	2.37	2.21	2.10	2.01	1.94	1.88

续表

10	12	15	20	24	30	40	60	120	∞
241.9	243.9	245.9	248.0	249.1	250.1	251.1	252.2	253.3	254.3
19.40	19.41	19.43	19.45	19.45	19.46	19.47	19.48	19.49	19.50
8.79	8.74	8.70	8.66	8.64	8.62	8.59	8.57	8.55	8.53
5.96	5.91	5.86	5.80	5.77	5.75	5.72	5.69	5.66	5.63
4.47	4.68	4.62	4.56	4.53	4.50	4.46	4.43	4.40	4.36
4.06	4.00	3.94	3.87	3.84	3.81	3.77	3.74	3.70	3.67
3.64	3.57	3.51	3.44	3.41	3.38	3.34	3.30	3.27	3.23
3.35	3.28	3.22	3.15	3.12	3.08	3.04	3.01	2.97	2.93
3.14	3.07	3.01	2.94	2.90	2.86	2.83	2.79	2.75	2.71
2.98	2.91	2.85	2.77	2.74	2.70	2.66	2.62	2.58	2.54
2.85	2.79	2.72	2.65	2.61	2.57	2.53	2.49	2.45	2.40
2.75	2.69	2.62	2.54	2.51	2.47	2.43	2.38	2.34	2.30
2.67	2.60	2.53	2.46	2.42	2.38	2.34	2.30	2.25	2.21
2.60	2.53	2.46	2.39	2.35	2.31	2.27	2.22	2.18	2.13
2.54	2.48	2.40	2.33	2.29	2.25	2.20	2.16	2.11	2.07
2.49	2.42	2.35	2.28	2.24	2.19	2.15	2.11	2.06	2.01
2.45	2.38	2.31	2.23	2.19	2.15	2.10	2.06	2.01	1.96
2.41	2.34	2.27	2.19	2.15	2.11	2.06	2.02	1.97	1.92
2.38	2.31	2.23	2.16	2.11	2.07	2.03	1.98	1.93	1.88
2.35	2.28	2.20	2.12	2.08	2.04	1.99	1.95	1.90	1.84
2.32	2.25	2.18	2.10	2.05	2.01	1.96	1.92	1.87	1.81
2.30	2.23	2.15	2.07	2.03	1.98	1.94	1.89	1.84	1.78
2.27	2.20	2.13	2.05	2.01	1.96	1.91	1.86	1.81	1.76
2.25	2.18	2.11	2.03	1.98	1.94	1.89	1.84	1.79	1.73
2.24	2.16	2.09	2.01	1.96	1.92	1.87	1.82	1.77	1.71
2.22	2.15	2.07	1.99	1.95	1.90	1.85	1.80	1.75	1.69
2.20	2.13	2.06	1.97	1.93	1.88	1.84	1.79	1.73	1.67
2.19	2.12	2.04	1.96	1.91	1.87	1.82	1.77	1.71	1.65
2.18	2.10	2.03	1.94	1.90	1.85	1.81	1.75	1.70	1.64
2.16	2.09	2.01	1.93	1.89	1.84	1.73	1.74	1.68	1.62
2.08	2.00	1.92	1.84	1.79	1.74	1.69	1.64	1.58	1.51
1.99	1.92	1.84	1.75	1.70	1.65	1.59	1.53	1.47	1.39
1.91	1.83	1.75	1.66	1.61	1.55	1.50	1.43	1.35	1.25
1.83	1.75	1.67	1.57	1.52	1.46	1.39	1.32	1.22	1.00

附表Ⅴ　(续 2)

$\alpha=0.01$

n_2 \ n_1	1	2	3	4	5	6	7	8	9
1	4052	4999.5	5403	5625	5764	5859	5928	5982	6022
2	98.50	99.00	99.17	99.25	99.30	99.33	99.36	99.37	99.39
3	34.12	30.82	29.46	28.71	28.24	27.91	27.67	27.49	27.35
4	21.20	18.00	16.69	15.98	15.52	15.21	14.98	14.80	14.66
5	16.26	13.27	12.06	11.39	10.97	10.67	10.46	10.29	10.16
6	13.75	10.92	9.78	9.15	8.75	8.47	8.26	8.10	7.98
7	12.25	9.55	8.45	7.85	7.46	7.19	6.99	6.84	6.72
8	11.26	8.65	7.59	7.01	6.63	6.37	6.18	6.03	5.91
9	10.56	8.02	6.99	6.42	6.06	5.80	5.61	5.47	5.35
10	10.04	7.56	6.55	5.99	5.64	5.39	5.20	5.06	4.94
11	9.65	7.21	6.22	5.67	5.32	5.07	4.89	4.74	4.63
12	9.33	6.93	5.95	5.41	5.06	4.82	4.64	4.50	4.39
13	9.07	6.70	5.74	5.21	4.86	4.62	4.44	4.30	4.19
14	8.86	6.51	5.56	5.04	4.69	4.46	4.28	4.14	4.03
15	8.68	6.36	5.42	4.89	4.56	4.32	4.14	4.00	3.89
16	8.53	6.23	5.29	4.77	4.44	4.20	4.03	3.89	3.78
17	8.40	6.11	5.18	4.67	4.34	4.10	3.93	3.79	3.68
18	8.29	6.01	5.09	4.58	4.25	4.01	3.84	3.71	3.60
19	8.18	5.93	5.01	4.50	4.17	3.94	3.77	3.63	3.52
20	8.10	5.85	4.94	4.43	4.10	3.87	3.70	3.56	3.46
21	8.02	5.78	4.87	4.37	4.04	3.81	3.64	3.51	3.40
22	7.95	5.72	4.82	4.31	3.99	3.76	3.59	3.45	3.35
23	7.88	5.66	4.76	4.26	3.94	3.71	3.54	3.41	3.30
24	7.82	5.61	4.72	4.22	3.90	3.67	3.50	3.36	3.26
25	7.77	5.57	4.68	4.18	3.85	3.63	3.46	3.32	3.22
26	7.72	5.53	4.64	4.14	3.82	3.59	3.42	3.29	3.18
27	7.68	5.49	4.60	4.11	3.78	3.56	3.39	3.26	3.15
28	7.64	5.45	4.57	4.07	3.75	3.53	3.36	3.23	3.12
29	7.60	5.42	4.54	4.04	3.73	3.50	3.33	3.20	3.09
30	7.56	5.39	4.51	4.02	3.70	3.47	3.30	3.17	3.07
40	7.31	5.18	4.31	3.83	3.51	3.29	3.12	2.99	2.89
60	7.08	4.98	4.13	3.65	3.34	3.12	2.95	2.82	2.72
120	6.85	4.79	3.95	3.48	3.17	2.96	2.79	2.66	2.56
∞	6.63	4.61	3.78	3.32	3.02	2.80	2.64	2.51	2.41

续表

10	12	15	20	24	30	40	60	120	∞
6056	6106	6157	6209	6235	6261	6287	6313	6339	6366
99.40	99.42	99.43	99.45	99.46	99.47	99.47	99.48	99.49	99.50
27.23	27.05	26.87	26.69	26.60	26.50	26.41	26.32	26.22	26.13
14.55	14.37	14.20	14.02	13.93	13.84	13.75	13.65	13.56	13.46
10.05	9.89	9.72	9.55	9.47	9.38	9.25	9.20	9.11	9.02
7.87	7.72	7.56	7.40	7.31	7.23	7.14	7.06	6.97	6.88
6.62	6.47	6.31	6.16	6.07	5.99	5.91	5.82	5.74	5.65
5.81	5.67	5.52	5.36	5.28	5.20	5.12	5.03	4.95	4.86
5.26	5.11	4.96	4.81	4.73	4.65	4.57	4.48	4.40	4.31
4.85	4.71	4.56	4.41	4.33	4.25	4.17	4.08	4.00	3.91
4.54	4.40	4.25	4.10	4.02	3.94	3.86	4.78	3.69	3.60
4.30	4.16	4.01	3.86	3.78	3.70	3.62	3.54	3.45	3.36
3.10	3.96	3.82	3.66	3.59	3.51	3.43	3.34	3.25	3.17
3.94	3.80	3.66	3.51	3.43	3.35	3.27	3.18	3.09	3.00
3.80	3.67	3.52	3.37	3.29	3.21	3.13	3.05	2.96	2.87
3.69	3.55	3.41	3.26	3.18	3.10	3.02	2.93	2.84	2.75
3.59	3.46	3.31	3.16	3.08	3.00	2.92	2.83	2.75	2.65
3.51	3.37	3.23	3.08	3.00	2.92	2.84	2.75	2.66	2.57
3.43	3.30	3.15	3.00	2.92	2.84	2.76	2.67	2.58	2.49
3.37	3.23	3.09	2.94	2.86	2.78	2.69	2.61	2.52	2.42
3.31	3.17	3.03	2.88	2.80	2.72	2.64	2.55	2.46	2.36
3.26	3.12	2.98	2.83	2.75	2.67	2.58	2.50	2.40	2.31
3.21	3.07	2.93	2.78	2.70	2.62	2.54	2.45	2.35	2.26
3.17	3.03	2.89	2.74	2.66	2.58	2.49	2.40	2.31	2.21
3.13	2.99	2.85	2.70	2.62	2.54	2.45	2.36	2.27	2.17
3.09	2.96	2.81	2.66	2.58	2.50	2.42	2.33	2.23	2.13
3.06	2.93	2.78	2.63	2.55	2.47	2.38	2.29	2.20	2.10
3.03	2.90	2.75	2.60	2.52	2.44	2.35	2.26	2.17	2.06
3.00	2.87	2.73	2.57	2.49	2.41	2.33	2.23	2.14	2.03
2.98	2.84	2.70	2.55	2.47	2.39	2.30	2.21	2.11	2.01
2.80	2.66	2.52	2.37	2.29	2.20	2.11	2.02	1.92	1.80
2.63	2.50	2.35	2.20	2.12	2.03	1.94	1.84	1.73	1.60
2.47	2.34	2.19	2.03	1.95	1.86	1.76	1.66	1.53	1.38
2.32	2.18	2.04	1.88	1.79	1.70	1.59	1.47	1.32	1.00

附表Ⅴ　(续3)

$\alpha=0.005$

n_2 \ n_1	1	2	3	4	5	6	7	8	9
1	16211	20000	21615	22500	23056	23437	23715	23925	24091
2	198.5	199.0	199.2	199.2	199.3	199.3	199.4	199.4	199.4
3	55.55	49.80	47.47	46.19	45.39	44.84	44.43	44.13	43.88
4	31.33	26.28	24.26	23.15	22.46	21.97	21.62	21.35	21.14
5	22.78	18.31	16.53	15.56	14.94	14.51	14.20	13.96	13.77
6	18.63	14.54	12.92	12.03	11.46	11.07	10.79	10.57	10.39
7	16.24	12.40	10.88	10.05	9.52	9.16	8.89	8.68	8.51
8	14.69	11.04	9.60	8.81	8.30	7.95	7.69	7.50	7.34
9	13.61	10.11	8.72	7.96	7.47	7.13	6.88	6.69	6.54
10	12.83	9.43	8.08	7.34	6.87	6.54	6.30	6.12	5.97
11	12.23	8.91	7.60	6.88	6.42	6.10	5.86	5.68	5.54
12	11.75	8.51	7.23	6.52	6.07	5.76	5.52	5.35	5.20
13	11.37	8.19	6.93	6.23	5.79	5.48	5.25	5.08	4.94
14	11.06	7.92	6.68	6.00	5.56	5.26	5.03	4.86	4.72
15	10.80	7.70	6.48	5.80	5.37	5.07	4.85	4.67	4.54
16	10.58	7.51	6.30	5.64	5.21	4.91	4.69	4.52	4.38
17	10.38	7.35	6.16	5.50	5.07	4.78	4.56	4.39	4.25
18	10.22	7.21	6.03	5.37	4.96	4.66	4.44	4.28	4.14
19	10.07	7.09	5.92	5.27	4.85	4.56	4.34	4.18	4.04
20	9.94	6.99	5.82	5.17	4.76	4.47	4.26	4.09	3.96
21	9.83	6.89	5.73	5.09	4.68	4.39	4.18	4.01	3.88
22	9.73	6.81	5.65	5.02	4.61	4.32	4.11	3.94	3.81
23	9.63	6.73	5.58	4.95	4.54	4.26	4.05	3.88	3.75
24	9.55	6.66	5.52	4.89	4.49	4.20	3.99	3.83	3.69
25	9.48	6.60	5.46	4.84	4.43	4.15	3.94	3.78	3.64
26	9.41	6.54	5.41	4.79	4.38	4.10	3.89	3.73	3.60
27	9.34	6.49	5.36	4.74	4.34	4.06	3.85	3.69	3.56
28	9.28	6.44	5.32	4.70	4.30	4.02	3.81	3.65	3.52
29	9.23	6.40	5.28	4.66	4.26	3.98	3.77	3.61	3.48
30	9.18	6.35	5.24	4.62	4.23	3.95	3.74	3.58	3.45
40	8.83	6.07	4.98	4.37	3.99	3.71	3.51	3.35	3.22
60	8.49	5.79	4.73	4.14	3.76	3.49	3.29	3.13	3.01
120	8.18	5.54	4.50	3.92	3.55	3.28	3.09	2.93	2.81
∞	7.88	5.30	4.28	3.72	3.35	3.09	2.90	2.74	2.62

续表

10	12	15	20	24	30	40	60	120	∞
24224	24426	24630	24836	24940	25044	25148	25253	25359	25465
199.4	199.4	199.4	199.4	199.5	199.5	199.5	199.5	199.5	199.5
43.69	43.39	43.08	42.78	42.62	42.47	42.31	42.15	41.99	41.83
20.97	20.70	20.44	20.17	20.03	19.89	19.75	19.61	19.47	19.32
13.62	13.38	13.15	12.90	12.78	12.66	12.53	12.40	12.27	12.14
10.25	10.03	9.81	9.59	9.47	9.36	9.24	9.12	9.00	8.88
8.38	8.18	7.79	7.75	7.65	7.53	7.42	7.31	7.19	7.08
7.21	7.01	6.81	6.61	6.50	6.40	6.29	6.18	6.06	5.95
6.42	6.23	6.03	5.83	5.73	5.62	5.52	5.41	5.30	5.19
5.85	5.66	5.47	5.27	5.17	5.07	4.97	4.86	4.75	4.64
5.42	5.24	5.05	4.86	4.76	4.65	4.55	4.44	4.34	4.23
5.09	4.91	4.72	4.53	4.43	4.33	4.23	4.12	4.01	3.90
4.82	4.64	4.46	4.27	4.17	4.07	3.97	3.87	3.76	3.65
4.60	4.43	4.25	4.06	3.96	3.86	3.76	3.66	3.55	3.44
4.42	4.25	4.07	3.88	3.79	3.69	3.55	3.48	3.37	3.26
4.27	4.10	3.92	3.73	3.64	3.54	3.44	3.33	3.22	3.11
4.14	3.97	3.79	3.61	3.51	3.41	3.31	3.21	3.10	2.98
4.03	3.86	3.68	3.50	3.40	3.30	3.20	3.10	2.99	2.87
3.93	3.76	3.59	3.40	3.31	3.21	3.11	3.00	2.89	2.78
3.85	3.68	3.50	3.32	3.22	3.12	3.02	2.92	2.81	2.69
3.77	3.60	3.43	3.24	3.15	3.05	2.95	2.84	2.73	2.61
3.70	3.54	3.36	3.18	3.08	2.98	2.88	2.77	2.66	2.55
3.64	3.47	3.30	3.12	3.02	2.92	2.82	2.71	2.60	2.48
3.59	3.42	3.25	3.06	2.97	2.87	2.77	2.66	2.55	2.43
3.54	3.37	3.20	3.01	2.92	2.82	2.72	2.61	2.50	2.38
3.49	3.33	3.15	2.97	2.87	2.77	2.67	2.56	2.45	2.33
3.45	3.28	3.11	2.93	2.83	2.73	2.63	2.52	2.41	2.29
3.41	3.25	3.07	2.89	2.79	2.69	2.59	2.48	2.37	2.25
3.38	3.21	3.04	2.86	2.76	2.66	2.56	2.45	2.33	2.21
3.34	3.18	3.01	2.82	2.73	2.63	2.52	2.42	2.30	2.18
3.12	2.95	2.78	2.60	2.50	2.40	2.30	2.18	2.06	1.93
2.90	2.74	2.57	2.39	2.29	2.19	2.08	1.96	1.83	1.69
2.71	2.54	2.37	2.19	2.09	1.98	1.87	1.75	1.61	1.43
2.52	2.36	2.19	2.00	1.90	1.79	1.67	1.53	1.36	1.00

附表Ⅴ （续4）

$\alpha=0.001$

n_2 \ n_1	1	2	3	4	5	6	7	8	9
1	4053^{+}	5000^{+}	5404^{+}	5625^{+}	5764^{+}	5859^{+}	5929^{+}	5981^{+}	6023^{+}
2	998.5	999.0	999.2	999.2	999.3	999.3	999.4	999.4	999.4
3	167.0	148.5	141.1	137.1	134.6	132.8	131.6	130.6	129.9
4	74.14	61.25	53.18	53.44	51.71	50.53	49.66	49.00	48.47
5	47.18	37.12	33.20	31.09	29.75	28.84	28.16	27.64	27.24
6	35.51	27.00	23.70	21.92	20.81	20.03	19.46	19.03	18.69
7	29.25	21.69	18.77	17.19	16.21	15.52	15.02	14.63	14.33
8	25.42	18.49	15.83	14.39	13.49	12.86	12.40	12.04	11.77
9	22.86	16.39	13.90	12.56	11.71	11.13	10.70	10.37	10.11
10	21.04	14.91	12.55	11.28	10.48	9.92	9.52	9.20	8.96
11	19.69	13.81	11.56	10.35	9.58	9.05	8.66	8.35	8.12
12	18.34	12.97	10.80	9.63	8.89	8.38	8.00	7.71	7.48
13	17.81	12.31	10.21	9.07	8.35	7.86	7.49	7.21	6.98
14	17.14	11.78	9.73	8.62	7.92	7.43	7.08	6.80	6.58
15	16.59	11.34	9.34	8.25	7.57	7.09	6.74	6.47	6.26
16	16.12	10.97	9.00	7.94	7.27	6.81	6.46	6.19	5.98
17	15.72	10.66	8.73	7.68	7.02	6.56	6.22	5.96	5.75
18	15.38	10.39	8.49	7.46	6.81	6.35	6.02	5.76	5.56
19	15.08	10.16	8.28	7.26	6.62	6.18	5.85	5.59	5.39
20	14.82	9.95	8.10	7.10	6.46	6.02	5.69	5.44	5.24
21	14.59	9.77	7.94	6.95	6.32	5.88	5.56	5.31	5.11
22	14.38	9.61	7.80	6.81	6.19	5.76	5.44	5.19	4.99
23	14.19	9.47	7.67	6.69	6.08	5.65	5.33	5.09	4.89
24	14.03	9.34	7.55	6.59	5.98	5.55	5.23	4.99	4.80
25	13.88	9.22	7.45	6.49	5.88	5.46	5.15	4.91	4.71
26	13.74	9.12	7.36	6.41	5.80	5.38	5.07	4.83	4.64
27	13.61	9.02	7.27	6.33	5.73	5.31	5.00	4.76	4.57
28	13.50	8.93	7.19	6.25	5.66	5.24	4.93	4.69	4.50
29	13.39	8.85	7.12	6.19	5.59	5.18	4.87	4.64	4.45
30	13.29	8.77	7.05	6.12	5.53	5.12	4.82	4.58	4.39
40	12.61	8.25	6.60	5.70	5.13	4.73	4.44	4.21	4.02
60	11.97	7.76	6.17	5.31	4.76	4.37	4.09	3.87	3.69
120	11.38	7.32	5.79	4.95	4.42	4.04	3.77	3.55	3.38
∞	10.83	6.91	5.42	4.62	4.10	3.74	3.47	3.27	3.10

续表

10	12	15	20	24	30	40	60	120	∞
6056+	6107+	6158+	6209+	6235+	6261+	6287+	6313+	6340+	6366+
999.4	999.4	999.4	999.4	999.5	999.5	999.5	999.5	999.5	999.5
129.2	128.3	127.4	126.4	125.9	125.4	125.0	124.5	124.0	123.5
48.05	47.41	46.76	46.10	45.77	45.43	45.09	44.75	44.40	44.05
26.92	26.42	25.91	25.39	25.14	24.87	24.60	24.33	24.06	23.79
18.41	17.99	17.56	17.12	16.89	16.67	16.44	16.21	15.99	15.75
14.08	13.71	13.32	12.93	12.73	12.53	12.33	12.12	11.91	11.70
11.54	11.19	10.84	10.48	10.30	10.11	9.92	9.73	9.53	9.33
9.89	9.57	9.24	8.90	8.72	8.55	8.37	8.19	8.00	7.81
8.75	8.45	8.13	7.80	7.64	7.47	7.30	7.12	6.94	6.76
7.92	7.63	7.32	7.01	6.85	6.68	6.52	6.35	6.17	6.00
7.29	7.00	6.71	6.40	6.25	6.09	5.93	5.76	5.59	5.42
6.80	6.52	6.23	5.93	5.78	5.63	5.47	5.30	5.14	4.97
6.40	6.13	5.85	5.56	5.41	5.25	5.10	4.94	4.77	4.60
6.08	5.81	5.54	5.25	5.10	4.95	4.80	4.64	4.47	4.31
5.81	5.55	5.27	4.99	4.85	4.70	4.54	4.39	4.23	4.06
5.58	5.32	5.05	4.78	4.63	4.48	4.33	4.18	4.02	3.85
5.39	5.13	4.87	4.59	4.45	4.30	4.15	4.00	3.84	3.67
5.22	4.97	4.70	4.43	4.29	4.14	3.99	3.84	3.68	3.51
5.08	4.82	4.56	4.29	4.15	4.00	3.86	3.70	3.54	3.38
4.95	4.70	4.44	4.17	4.03	3.88	3.74	3.58	3.42	3.26
4.83	4.58	4.33	4.06	3.92	3.78	3.63	3.48	3.32	3.15
4.73	4.48	4.23	3.96	3.82	3.68	3.53	3.38	3.22	3.05
4.64	4.39	4.14	3.87	3.74	3.59	3.45	3.29	3.14	2.97
4.56	4.31	4.06	3.79	3.66	3.52	3.37	3.22	3.06	2.89
4.48	4.24	3.99	3.72	3.59	3.44	3.30	3.15	2.99	2.82
4.41	4.17	3.92	3.66	3.52	3.38	3.23	3.08	2.92	2.75
4.35	4.11	3.86	3.60	3.46	3.32	3.18	3.02	2.86	2.69
4.29	4.05	3.80	3.54	3.41	3.27	3.12	2.97	2.81	2.64
4.24	4.00	3.75	3.49	3.36	3.22	3.07	2.92	2.76	2.59
3.87	3.64	3.40	3.15	3.01	2.87	2.73	2.57	2.41	2.23
3.54	3.31	3.08	2.83	2.69	2.55	2.41	2.25	2.08	1.89
3.24	3.02	2.78	2.53	2.40	2.26	2.11	1.95	1.76	1.54
2.96	2.74	2.51	2.27	2.13	1.99	1.84	1.66	1.45	1.00

+表示要将所列数乘以100

部分习题答案与提示

第1章

练　习　1.1

1. -9；0　　**2.**（1）$x_1=a\cos\theta+b\sin\theta, x_2=b\cos\theta-a\sin\theta$；（2）$x_1=1, x_2=2, x_3=1$

练　习　1.2

1. 略(提示:第二、三行加到第一行)　　**2.**（1）5；（2）$4abcdef$；（3）$a^{n-2}(a^2-1)$；

4. $\lambda_1=0, \lambda_2=-4$

练　习　1.3

1.（1）128；（2）$(a_2-a_1)(a_3-a_1)(a_3-a_2)(1-a_1)(1-a_2)(1-a_3)$

2.（1）$x^n+(-1)^{n+1}y^n$；（2）$a^{n-2}(a^2-b^2)$

练　习　1.4

1. $x_1=3, x_2=-4, x_3=-1, x_4=1$　　**2.** 仅有零解　　**3.** $k=1$ 或 $k=-2$

4. $y=-3x^2+12x-9$

综合练习一

一、填空题

1. $(a_1b_4-a_4b_1)(a_2b_3-a_3b_2)$　　**2.** 24

二、计算下列行列式

1. $(a+b+c+d)(a-b)(a-c)(a-d)(b-c)(b-d)(c-d)$(提示:仿本章例6做)

2. $a_1a_2\cdots a_n\left(1+\sum_{i=1}^{n}\frac{1}{a_i}\right)$(提示:从第二行开始,各行减第一行)

第2章

练　习　2.1

1. $\begin{bmatrix}22 & 19 & 16\\ 18 & 15 & 13\end{bmatrix}$　　**2.** $\boldsymbol{A}=\begin{bmatrix}3 & 7 & 5 & 2\\ 0 & 2 & 1 & 4\\ 1 & 3 & 0 & 6\end{bmatrix}$；$\boldsymbol{B}=\begin{bmatrix}1 & 0 & 1 & 2\\ 3 & 2 & 4 & 3\\ 0 & 1 & 5 & 2\end{bmatrix}$　　**3.** $x=y=2$

练　习　2.2

1. $\begin{bmatrix}0 & 3 & -4\\ 0 & 0 & -1\\ 0 & 0 & 0\end{bmatrix}$

2. (1) $\begin{bmatrix} a^2 & ab & ac \\ ba & b^2 & bc \\ ca & cb & c^2 \end{bmatrix}$；(2) $a^2+b^2+c^2$；

(3) $\begin{bmatrix} \lambda_1 a_{11} & \lambda_2 a_{12} & \lambda_3 a_{13} \\ \lambda_1 a_{21} & \lambda_2 a_{22} & \lambda_3 a_{23} \\ \lambda_1 a_{31} & \lambda_2 a_{32} & \lambda_3 a_{33} \end{bmatrix}$（对角阵右乘矩阵等于对角元乘相应列）；

(4) $\begin{bmatrix} \lambda_1 a_{11} & \lambda_1 a_{12} & \lambda_1 a_{13} \\ \lambda_2 a_{21} & \lambda_2 a_{22} & \lambda_2 a_{23} \\ \lambda_3 a_{31} & \lambda_3 a_{32} & \lambda_3 a_{33} \end{bmatrix}$（对角阵左乘矩阵等于对角元乘相应行）；

(5) $\begin{bmatrix} 1 & n \\ 0 & 1 \end{bmatrix}$

3. $\begin{bmatrix} a & b & c \\ 0 & a & b \\ 0 & 0 & a \end{bmatrix}$　　**4.** $\begin{bmatrix} 21 & 24 \\ 16 & 5 \end{bmatrix}$

5. (1) √；(2) √；(3) ×；(4) √；(5) ×；(6) ×

练　习　2.3

1. -21　　**2.** 2^{n+3}　　**3.** $2^{n-1}\begin{bmatrix} 1 & 0 & 1 \\ 0 & 0 & 0 \\ 1 & 0 & 1 \end{bmatrix}$，16

4. 略　　**5.** (1) ×；(2) √；(3) √；(4) ×

练　习　2.4

1. (1) $\boldsymbol{A}^{-1}=\begin{bmatrix} \frac{1}{a_1} & 0 & 0 \\ 0 & \frac{1}{a_2} & 0 \\ 0 & 0 & \frac{1}{a_3} \end{bmatrix}$；(2) $\boldsymbol{A}^{-1}=\begin{bmatrix} 0 & 0 & a_3^{-1} \\ 0 & a_2^{-1} & 0 \\ a_1^{-1} & 0 & 0 \end{bmatrix}$；(3) $\boldsymbol{A}^{-1}=\frac{1}{5}\begin{bmatrix} 2 & -1 \\ 1 & 2 \end{bmatrix}$；

(4) $\boldsymbol{A}^{-1}=\begin{bmatrix} 1 & -2 & 1 \\ 0 & 1 & -2 \\ 0 & 0 & 1 \end{bmatrix}$；(5) $\boldsymbol{A}^{-1}=-\frac{1}{3}\begin{bmatrix} -11 & 4 & -8 \\ 4 & -2 & 1 \\ 2 & -1 & 2 \end{bmatrix}$

2. (1) $\boldsymbol{X}=\frac{1}{2}\begin{bmatrix} -1 & -1 \\ 7 & 3 \\ -3 & -1 \end{bmatrix}$；(2) $\boldsymbol{X}=\begin{bmatrix} -3 & 3 & 1 \\ -2 & \frac{13}{3} & -\frac{2}{3} \end{bmatrix}$；

(3) $\boldsymbol{B}=6(\boldsymbol{I}-\boldsymbol{A})^{-1}\boldsymbol{A}=\begin{bmatrix} 3 & 0 & 0 \\ 0 & 2 & 0 \\ 0 & 0 & 1 \end{bmatrix}$

3. (1) ×；(2) √；(3) √；(4) ×；(5) ×；(6) √；(7) ×

综合练习二

一、填空题

1. $\frac{3}{2}(1+2^{n+1})$　**2.** 10　**3.** 20　**4.** 9　**5.** 1，$\begin{bmatrix} 0 & -1 & 0 & 0 \\ \frac{1}{2} & \frac{1}{2} & 0 & 0 \\ 0 & 0 & \frac{a}{a^2-1} & \frac{1}{a^2-1} \\ 0 & 0 & \frac{-1}{a^2-1} & \frac{a}{a^2-1} \end{bmatrix}$

二、判断题

1. ×　**2.** ×（提示：考虑，$\boldsymbol{AA}^* = |\boldsymbol{A}|\boldsymbol{I}$）　**3.** √　**4.** √　**5.** ×　**6.** √

三、计算题

1. $\boldsymbol{B}=\boldsymbol{I}+\boldsymbol{A}=\begin{bmatrix} 2 & 0 & 1 \\ 0 & 3 & 0 \\ -1 & 0 & 2 \end{bmatrix}$　**2.** $\boldsymbol{B}=\begin{bmatrix} 0 & 1 & 2 \\ 0 & 0 & 1 \\ 0 & 0 & 0 \end{bmatrix}$

3. $|\boldsymbol{A}^n|=(-25)^n$，$\boldsymbol{A}^{2n}=\begin{bmatrix} 5^{2n} & 0 & 0 & 0 \\ 0 & 5^{2n} & 0 & 0 \\ 0 & 0 & 1 & 4n \\ 0 & 0 & 0 & 1 \end{bmatrix}$（提示：$|\boldsymbol{A}^n|=|\boldsymbol{A}|^n$）　**4.** $\frac{(-11)^n}{2^{n+1}}$

四、证明题

1. 略（提示：利用 $\boldsymbol{AA}^*=|\boldsymbol{A}|\boldsymbol{I}$）　**2.** 略（提示：令 $\boldsymbol{X}=[1,1,\cdots,1]^{\mathrm{T}}$，则 $\boldsymbol{AX}=a\boldsymbol{X}$）

3. 略（提示：$\boldsymbol{I}=\boldsymbol{I}-\boldsymbol{A}^k$）

第 3 章

练　习　3.1

1. 略　**2.** 略　**3.**（1）$\begin{bmatrix} 1 & 2 & 1 & 1 \\ 0 & 1 & 1 & 1 \\ 0 & 0 & 0 & 1 \end{bmatrix}$；（2）$\begin{bmatrix} 1 & 1 & 2 & 2 \\ 0 & 1 & -1 & 1 \\ 0 & 0 & 3 & 0 \\ 0 & 0 & 0 & 0 \end{bmatrix}$

4.（1）$\begin{bmatrix} 1 & 0 & 0 & 0 \\ 0 & 1 & 0 & 0 \\ 0 & 0 & 1 & 0 \\ 0 & 0 & 0 & 1 \end{bmatrix}$；（2）$\begin{bmatrix} 1 & 0 & 0 & 0 \\ 0 & 1 & 0 & 0 \\ 0 & 0 & 1 & 0 \end{bmatrix}$　**5.** √；×；×　**6.** 略

练　习　3.2

1.（1）$\boldsymbol{A}^{-1}=\begin{bmatrix} 1 & -1 & 0 \\ 0 & 1 & -1 \\ 0 & 0 & 1 \end{bmatrix}$；（2）$\boldsymbol{A}^{-1}=\frac{1}{12}\begin{bmatrix} -6 & -6 & 6 \\ 3 & -3 & -3 \\ 2 & 6 & 2 \end{bmatrix}$；

（3）$\boldsymbol{A}^{-1}=\begin{bmatrix} 1 & -1 & 0 \\ -2 & 3 & -4 \\ -2 & 3 & -3 \end{bmatrix}$

2. (1) $\boldsymbol{X}=\begin{bmatrix}-5 & 1\\ 8 & -1\\ 6 & -1\end{bmatrix}$； (2) $\boldsymbol{X}=\begin{bmatrix}-2 & 2 & 1\\ -\frac{8}{3} & 5 & -\frac{2}{3}\end{bmatrix}$

练 习 3.3

1. (1) 2； (2) 3 **2.** $\boldsymbol{A}=\begin{bmatrix}1&0&1&0&0\\0&1&1&0&0\\0&0&1&0&0\\0&0&0&1&0\\0&0&0&0&0\end{bmatrix}$

练 习 3.4

1. (1) $x_1=x_2=x_3=x_4=0$； (2) $[x_1\quad x_2\quad x_3\quad x_4]^{\mathrm{T}}=k_1[-1\quad 0\quad 1\quad 0]^{\mathrm{T}}+k_2[2\quad -1\quad 0\quad 1]^{\mathrm{T}}$

2. (1) $[x_1\quad x_2\quad x_3\quad x_4]^{\mathrm{T}}=k_1[1\quad -1\quad 0\quad 0]^{\mathrm{T}}+k_2[1\quad 0\quad -1\quad 2]^{\mathrm{T}}+\left[\frac{1}{2}\quad 0\quad -\frac{1}{2}\quad 0\right]^{\mathrm{T}}$；

(2) $x_1=4,x_2=-3,x_3=1,x_4=2$

3. (1) 当 $\alpha\neq 0$,且 $\alpha=\beta$ 时有唯一解； (2) 当 $\alpha=0$ 时无解；

(3) 当 $\alpha=\beta\neq 0$ 时,有无穷多组解,$[x_1\quad x_2\quad x_3]^{\mathrm{T}}=k[0\quad 1\quad 1]^{\mathrm{T}}+\left[1-\frac{1}{\alpha}\quad \frac{1}{\alpha}\quad 0\right]^{\mathrm{T}}$

4. (1) √； (2) ×； (3) ×； (4) √； (5) ×

综合练习三

一、填空题

1. 2 **2.** 1 **3.** -2 **4.** $\neq\frac{3}{5}$

二、判断题

1. √ **2.** √ **3.** × **4.** √ **5.** √

三、计算题

1. 当 $\lambda=2,\mu=2$ 时,$r(\boldsymbol{A})=1$；当 $\lambda=2,\mu\neq 2$ 或 $\lambda\neq 2,\mu=2$ 时,$r(\boldsymbol{A})=2$；当 $\lambda\neq 2$ 且 $\mu\neq 2$ 时,$r(\boldsymbol{A})=3$

2. $k=0,l=2$

3. $\lambda=-1,[x_1\quad x_2\quad x_3]^{\mathrm{T}}=k[0\quad -1\quad 1]^{\mathrm{T}}$；$\lambda=0,[x_1\quad x_2\quad x_3]^{\mathrm{T}}=k[1\quad -2\quad 1]^{\mathrm{T}}$

4. 当 $\lambda=1,\mu\neq 1$ 时无解；当 $\lambda=1,\mu=1$ 时有无穷多组解,$[x_1\quad x_2\quad x_3\quad x_4]^{\mathrm{T}}=k_1[-1,1,0,0]^{\mathrm{T}}+k_2[-1,0,1,0]^{\mathrm{T}}+k_3[-1,0,0,1]^{\mathrm{T}}+[1,0,0,0]^{\mathrm{T}}$；当 $\lambda\neq 1$ 时有唯一解.

四、证明题

1. 略(提示:利用齐次方程组有非零解的结论) **2.** 略(提示:利用 $r(\boldsymbol{A}^{\mathrm{T}}\boldsymbol{A})\leqslant r(\boldsymbol{A})\leqslant m<n$)

3. 略 **4.** 略 **5.** 略

第 4 章

练 习 4.1

1. 24 **2.** 100, 180 **3.** 10 **4.** (1) 56； (2) 21； (3) 35

练　习　4.2

1.（1）必然事件；（2）随机事件；（3）不可能事件；（4）随机事件

2.（1）互不相容，但不对立；（2）不是；（3）不是；（4）对立

3. $\overline{A}$ 表示三件都是正品，$\overline{B}$ 表示三件中至多有一件是废品，$\overline{C}$ 表示三件中至少有一件是废品，$A+B$ 表示三件中至少有一件是废品，AC 表示不可能事件.

4.（1）$A\overline{B}\,\overline{C}$；（2）$\overline{A}BC$；（3）$ABC$；（4）$\overline{A}\,\overline{B}\,\overline{C}$；（5）$A+B+C$；

（6）$A\overline{B}\overline{C}+\overline{A}B\overline{C}+\overline{A}\,\overline{B}C$；（7）$\overline{A}BC+A\overline{B}C+AB\overline{C}$；（8）$A\overline{B}\,\overline{C}+\overline{A}B\overline{C}+\overline{A}\,\overline{B}C+\overline{A}\,\overline{B}\,\overline{C}$

5.（1）$\{2,3,\cdots,12\}$；（2）{白$_1$，白$_2$，白$_3$，白$_4$，白$_5$，黑$_1$，黑$_2$，黑$_3$，红$_1$，红$_2$，红$_3$，红$_4$}；

（3）$\{k\mid k\leqslant 1$ 或 $k\geqslant 2\}$；（4）$\{0,1,2,\cdots,n\}$；（5）$\{(x,y)\mid 0\leqslant x^2+y^2\leqslant 1\}$；

6.（1）$\subseteq,\subseteq$；（2）$=$；（3）$=$；（4）$\bigcup$　（5）$=$；（6）$\bigcap$

7.（1）前三次至少被击中一次；（2）前三次均被击中；

（3）第二次未被击中，第三次被击中；（4）前两次均未击中；（5）三次内恰好被击中两次

8.（1）$C_{13}^5=1287, C_4^2C_6^2C_3^1=270$；（2）$4^3=64, A_4^3=24$；（3）60，24，36，24，12，12

练　习　4.3

1.（1）$\dfrac{C_{18}^2C_{12}^1}{C_{30}^3}=0.4522$；（2）$P(A)=\dfrac{9A_9^5}{9\cdot 10^5}=0.1512, P(B)=\dfrac{C_8^1C_5^1A_8^4}{9\cdot 10^5}=\dfrac{28}{375}$；

（3）$\dfrac{C_3^1C_4^1}{A_{12}^2}=\dfrac{1}{11}$，$\dfrac{C_5^1C_4^1}{12^2}=\dfrac{5}{36}$.

2.（1）不一定，在 A,B 互不相容时恒成立；（2）恒成立；（3）不一定，$A\subseteq B$ 时恒成立；

（4）恒成立.

3.（1）0.4，0.1；（2）0.2；（3）0.6

4.（1）$p_1=\dfrac{1C_{10}^2}{C_{15}^3}=0.0989$；（2）$p_2=\dfrac{1C_4^2}{C_{15}^3}=0.0132$

5.（1）$P(A)=\dfrac{C_3^1C_{97}^4}{C_{100}^5}=0.1845$；（2）$P(B)=\dfrac{C_{97}^5}{C_{100}^5}=0.8560$；

（3）$P(C)=\dfrac{C_3^3C_{97}^2}{C_{100}^5}=0.000064$；（4）$P(D)=\dfrac{A_3^1A_{97}^4}{A_{100}^5}=0.03$

6. 样本空间 $\Omega=\{(x,y)\mid 0\leqslant y=6-x, x=1,2,3,4,5\}$，$|\Omega|=5$；有一颗骰子的点数为 1 的事件 $A=\{(1,5),(5,1)\}$，$|A|=2$；故 $P(A)=\dfrac{2}{5}$

7. 解一：令事件 A={4 只鞋任 2 只都不能配成双}

$$P(A)=\frac{|A|}{|\Omega|}=\frac{C_6^4C_2^1C_2^1C_2^1C_2^1}{C_{12}^4}=\frac{16}{33}$$

则对于 4 只鞋子至少有 2 只能配对的事件 $\overline{A}$，有

$$P(\overline{A})=1-P(A)=\frac{17}{33}$$

解二：$|\Omega|=C_{12}^4=45\times 11$，$|\overline{A}|=C_6^1C_{10}^2-C_6^2$，故 $P(\overline{A})=\dfrac{17}{33}$

8. 令 A_i={杯中球最多有 i 个}$(i=1,2,3)$，则

$$P(A_1)=\frac{C_4^3\,3!}{4^3}=\frac{3}{8}$$

$$P(A_2)=\frac{C_4^1C_3^2(4-1)^1}{4^3}=\frac{9}{16}$$

$$P(A_3)=\frac{C_4^1C_3^3(4-1)^0}{4^3}=\frac{1}{16}$$

练 习 4.4

1. (1) $P(A\cup B)\leqslant 1$，等号当且仅当 $A\cup B=\Omega$ 时成立；

故
$$P_{\min}(AB)=0.7+0.6-1=0.3$$

(2) $P(A\cup B)\geqslant\max\{P(A),P(B)\}$，故

$$P_{\min}(A\cup B)=\max\{P(A),P(B)\}=0.7$$

$$P_{\max}(AB)=0.7+0.6-0.7=0.6$$

2. (1) $P(A\cup B\cup C)=P(A)+P(B)+P(C)-P(AB)-P(AC)-P(BC)+P(ABC)$

$$=\frac{3}{4}-\frac{3}{16}+0=\frac{9}{16};$$

(2) $P(\bar{A}\,\bar{B}\,\bar{C})=1-P(A\cup B\cup C)=\dfrac{7}{16}$

3. $A_j=\{$第 j 次抽奇数卡$\}$，$\bar{A}_j=\{$第 j 次抽偶数卡$\}$ $(j=1,2)$.

(1) $P(A_2/\bar{A}_1)=\dfrac{C_3^1}{C_4^1}=\dfrac{3}{4}$；

(2) $P(\bar{A}_1)=\dfrac{C_2^1}{C_5^1}=\dfrac{2}{5}$，故 $P(\bar{A}_1A_2)=P(A_2|\bar{A}_1)\cdot P(\bar{A}_1)=\dfrac{3}{4}\times\dfrac{2}{5}=\dfrac{3}{10}$；

(3) $P(A_2)=P(\bar{A}_1A_2\cup A_1A_2)=P(\bar{A}_1A_2)+P(A_1A_2)-P(\bar{A}_1A_2A_1A_2)=\dfrac{3}{10}+\dfrac{C_3^2}{C_5^2}-0=\dfrac{6}{10}$

$$=\frac{3}{5}$$

4. $\dfrac{1}{2}$ **5.** $\dfrac{2}{3}$ **6.** 0.72 **7.** 0.976

练 习 4.5

1. (1) ×； (2) ×； (3) √； (4) ×； (5) √

2. (1) 0.18，0.12； (2) $\dfrac{1}{3}$

3. $P=\{$仅失败一次$\}=C_3^2p^2(1-p)=3p^2(1-p)$；

$P=\{$至少失败一次$\}=1-P\{$次次失败$\}=1-C_3^3p^3(1-p)^0=1-p^3$

4. 4 次中至少命中一次的概率为

$$\frac{80}{81}=1-C_4^0p^0(1-p)^4=1-(1-p)^4$$

故
$$p=1-\sqrt[3]{\frac{1}{81}}=\frac{2}{3}$$

5. 0.124 **6.** 0.6 **7.** 0.91

练 习 4.6

1. 设 A 表示产品为正品，B_1、B_2 分别表示从甲、乙盒抽产品，则

$$P(A)=P(A|B_1)P(B_1)+P(A|B_2)P(B_2)=\frac{6}{10}\times\frac{1}{2}+\frac{5}{7}\times\frac{1}{2}=\frac{23}{35}$$

2. 设 $A=\{人为色盲\}$，B_1、B_2 分别表示人是男人、女人，则

$$P(A|B_1)=0.04,\quad P(A|B_2)=0.0025,\quad P(B_1)=P(B_2)=0.5$$

$$P(A)=P(A|B_1)P(B_1)+P(A|B_2)P(B_2)=0.5(0.04+0.0025)=0.02125$$

$$P(B_1|A)=\frac{P(B_1)P(A|B_1)}{P(A)}=\frac{0.5\times 0.04}{0.02125}=\frac{16}{17}$$

3. (1) 以 A、B、C 分别表示人来自 A、B、C 地区，F 表示人被感染，则

$$P(F|A)=\frac{1}{6},\quad P(F|B)=\frac{1}{4},\quad P(F|C)=\frac{1}{3}$$

$$P(A)=P(B)=P(C)=\frac{1}{3}$$

$$P(F)=P(F|A)P(A)+P(F|B)P(B)+P(F|C)P(C)=\frac{1}{3}\left(\frac{1}{6}+\frac{1}{4}+\frac{1}{3}\right)=\frac{1}{4}$$

(2) $P(B|F)=\dfrac{P(B)P(F|B)}{P(F)}=\dfrac{\frac{1}{3}\times\frac{1}{4}}{\frac{1}{4}}=\dfrac{1}{3}$

4. (1) 以 R_1，R_2 分别表示零件取自甲、乙车间，F 表示零件为次品，则

$$P(R_1)=\frac{2}{3},\quad P(R_2)=\frac{1}{3},\quad P(F|R_1)=2\%,\quad P(F|R_2)=3\%$$

$$P(F)=P(R_1)P(F|R_1)+P(R_2)P(F|R_2)=\frac{2}{3}\times 2\%+\frac{1}{3}\times 3\%=\frac{7}{300};$$

(2) $P(\bar{F})=1-\dfrac{7}{300}=\dfrac{293}{300}$;

(3) $P(R_2|F)=\dfrac{P(R_2)P(F|R_2)}{P(F)}=\dfrac{\frac{1}{3}\times 3\%}{\frac{7}{300}}=\dfrac{3}{7}$

综合练习四

一、

1. 0.3，0.5　**2.** $1-(1-p)^n$　**3.** $\dfrac{2}{5}$　**4.** $\dfrac{1}{6}$　**5.** 0.7　**6.** $\dfrac{3}{64}$

二、计算题

1. $\dfrac{252}{2431}$　**2.** $\dfrac{1}{3}$　**3.** (1) $\dfrac{28}{45}$；(2) $\dfrac{1}{45}$；(3) $\dfrac{16}{45}$；(4) $\dfrac{1}{5}$

4. (1) $\dfrac{1}{32}$；(2) $\dfrac{13}{20}$　**5.** $\dfrac{196}{197}$

第 5 章

练　习　5.1

1. (1)，(3)是离散型的其他为连续型　**2.** “$X=0$”表示 A 出现，$P(X=0)=1$

练　习　5.2

1.

X	1	2	3
P	3/6	2/6	1/6

2.

X	0	1	2	3	4
P	1/2	1/4	1/8	1/16	1/16

3. 10/243　**4.** 公平　**5.** (1) 0.073；(2) 0.0086；(3) 0.9995；(4) 0.41

6. 当$(n+1)p$为整数时，$k=(n+1)p-1$或$(n+1)p$；当$(n+1)p$不为整数时$k=[(n+1)p]$

练　习　5.3

1. (1) $-1/2$；(2) 0.0625　**2.** (1) 1/2；(2) $\frac{1}{2}(1-e^{-1})$　**3.** (1) 1/e；(2) $(1-e^{-2})$

4. (1) $p(x)=\begin{cases}\frac{1}{8} & (0\leqslant x\leqslant 8)\\ 0 & (x<0 \text{ 或 } x>8)\end{cases}$　(2) $\frac{1}{8},\frac{3}{8}$　**5.** (1) 3；(2) 2

练　习　5.4

1. 分布列为

X	0	1
P	0.9	0.1

分布函数为 $F(x)=\begin{cases}0 & (x<0)\\ 0.9 & (0\leqslant x<1)\\ 0.1 & (x\geqslant 1)\end{cases}$

2.

X	0	1	2
P	0.4	0.4	0.2

3. (1) 1；(2) $F(x)=\begin{cases}0 & (x<-1)\\ \frac{(x+1)^2}{2} & (-1\leqslant x<0)\\ 1-\frac{(x-1)^2}{2} & (0\leqslant x<1)\\ 1 & (x\geqslant 1)\end{cases}$；(3) 3/4

4. (1) $A=\frac{1}{2},B=\frac{1}{\pi}$；(2) $p(x)=\begin{cases}\frac{1}{\pi\sqrt{1-x^2}} & (-1<x<1)\\ 0 & (x\leqslant -1 \text{ 或 } x\geqslant 1)\end{cases}$

5. (1) $p(x)=\begin{cases}\frac{1}{600}e^{-\frac{1}{600}x} & (x\geqslant 0)\\ 0 & (x<0)\end{cases}$；(2) $1-e^{-1}$

练　习　5.5

1. (1) 0.2119；(2) 0.4207；(3) 0.2347；(4) 0.9544

2. (1) 0.9998；(2) 111.84；(3) 57.5　**3.** 0.9544　**4.** 31　**5.** 0.682

6. (1) 0.0642；(2) 0.009　**7.** 0.2387　**8.** 1.52

综合练习五

一、填空题

1. 1/4，1/2　**2.** $\begin{cases}\frac{1}{4} & (1\leqslant x\leqslant 5)\\ 0 & (1>x \text{ 或 } x>5)\end{cases}$　**3.** 1,1　**4.** 0.10　**5.** 1/2

6. 3　**7.** 4　**8.** $N(0,1)$

二、计算题

1.

X	0	1	2	3
P	3/4	9/44	9/220	1/220

2. (1) 1/2；(2) $p(x)=\frac{1}{\pi(1+x^2)}$；(3) 1/2

3. 略　**4.**

X	0	1	2
P	22/35	12/35	1/35

$$F(x)=\begin{cases}0 & (x<0)\\ \frac{22}{35} & (0\leqslant x<1)\\ \frac{34}{35} & (1\leqslant x<2)\\ 1 & (x\geqslant 1)\end{cases}$$

5. 3/5　**6.** (1) 0.3384；(2) 0.5962；(3) 129.8　**7.** 乙,甲

8.

X	−5	3	10
P	0.0013	0.4987	0.5000

第6章

练　习　6.1

1. 4.5　**2.** $a=-2,b=2$　**3.** −0.2,2.8,13.4　**4.** $0,\frac{\sqrt{2}}{\pi}$　**5.** 1000

练　习　6.2

1. 甲批　**2.** 16　**3.** 3.6　**4.** $\frac{1}{18},\frac{1}{2}$　**5.** $\frac{1}{6},\frac{2}{3}$

综合练习六

一、填空题

1. $\frac{4}{3}$　**2.** 4　**3.** 6，0.4　**4.** 3，2　**5.** $\mu^2+\sigma^2$　**6.** $\frac{e}{e-1},\frac{e-2}{e-1}$

二、计算题

1.

X	0	1	2
P	0.8	$\frac{8}{45}$	$\frac{1}{45}$

$E(X)=\frac{2}{9}$，　$D(X)=\frac{88}{405}$

2. 5.5，8.25　**3.** $\frac{1}{6}$　**4.** $1-\frac{5}{6}e^{\frac{1}{5}}$　**5.** $\frac{3}{2}a,\frac{3}{4}a^2,0,\frac{1}{3}a^2$

第7章

练　习　7.1

1. (1) 12.8,1.29；(2) 67.4,35.16；(3) 147,7579.4　**2.** 25877,1054485.5

练　习　7.2

1. 0.8293　**2.** 35　**3.** (1) 1.645,1.960；(2) 33.196；(3) 26.509；(4) 1.9432；(5) 2.6025；(6) 3.63,3.30,0.455

综合练习七

一、填空题

1. 正态　**2.** $\mu,\frac{\lambda^2}{n}$　**3.** 32,146　**4.** 3,0.4　**5.** 1,100

二、计算题

1. (1) 17.4,35.16；(2) 647,7579.44 **2.** 0.00016 **3.** 0.1336

4. 0.1056 **5.** 0.2858

第 8 章

练 习 8.1

一、填空题

1. $\frac{1}{2}$，$\frac{3}{10}$ **2.** 9，28.8

二、选择题

1. A **2.** C **3.** D

三、计算题

1. $2\overline{X}$ **2.** $\overline{X}$ **3.** $\overline{X}$ **4.** $\frac{1}{1-\overline{X}}-2$

练 习 8.2

1. 略 **2.** 略 **3.** [6.117,6.583] **4.** [1.00,4.40] **5.** [144.62,162.38]

6. [56.16,364.57]

综合练习八

一、填空题

1. (35.5,45.5)， 0.9 **2.** $2u_{0.05}\frac{\sigma}{\sqrt{n}}$

二、选择题

1. C **2.** B

三、计算题

1. (23.13,32.48) **2.** (1) (2.121,2.129)；(2) (2.117,2.133)

3. (1) (47.1,49.7)；(2) (1.567,11.037)

第 9 章

练 习 9.1

1. 略 **2.** 略 **3.** 略

练 习 9.2

1. 拒绝 H_0，即该日生产的产品厚度的均值与 0.140 mm 有显著的差异.

2. 拒绝 H_0，不能推广.

3. 可以认为其融化时间的方差为 150.

4. 拒绝 H_0，即纱的均匀度有显著的变化.

5. 这两厂的香烟的尼古丁含量的方差无显著差异.

6. 处理前后含脂率的方差有显著变化.

综合练习九

一、填空题

1. u 检验　**2.** $\chi^2(n-1)$　**3.** $\frac{\sqrt{n-1}\,|X|}{S}>t_{\alpha/2}(n-1)$

二、计算题

1. 有显著差异　**2.** 符合标准　**3.** 不能认为　**4.** 有显著差异　**5.** 可以认为